党的自我革命与纪检监察研究丛书

全面从严治党
与党内法规制度建设

陈家刚　著

中国人民大学出版社
·北京·

前　言

办好中国的事情，关键在党，关键在党要管党、从严治党。中国共产党是中国工人阶级的先锋队，同时是中国人民和中华民族的先锋队。中国共产党坚持以马克思主义为指导，是代表最广大人民根本利益的无产阶级政党，具有区别于其他政党的彻底的、大无畏的自我革命精神。“打铁必须自身硬”，党要团结带领人民进行伟大斗争、建设伟大工程、推进伟大事业、实现伟大梦想，必须毫不动摇坚持和完善党的领导，毫不动摇把党建设得更加坚强有力。党的十八大以来，党的自我净化、自我完善、自我革新、自我提高能力显著增强，党在革命性锻造中更加坚强有力、更加充满活力，在政治建设、反腐倡廉、正风肃纪及党的自我革命制度规范体系建设等方面成效显著。全面从严治党取得了历史性、开创性成就，产生了全方位、深层次影响。

全面从严治党是无产阶级政党的内在要求。马克思、恩格斯在《共产党宣言》中指出，共产党“没有任何同整个无产阶级的利益不同的利益”，“共产党人为工人阶级的最近的目的和利益而斗争，但是他们在当前的运动中同时代表运动的未来”。无产阶级政党的先进性必然要求在党内的政治生活中坚持严的基调。无产阶级政党在进行革命、建设和改革的斗争中，始终站在最前沿，也时刻面临着各种风险和挑战。要抵御各种风险考验，保持坚强的斗争意志和斗争精神，就必须以从严治党的姿态清除一切影响自身斗争性的因素。“在实践方面，共产党人是各国工人政党中最坚决的、始终起推动作用的部分；在理论方面，他们胜过其余无产阶级群众的地方在于他们了解无产阶级运动的条件、进程和一般结果。”保持无产阶级政党领导地位必须使自己的路线、方针、政策真正地体现以人民为中心，必须对自己的所属组织和党员严格要求。

全面从严治党是无产阶级政党推进自我革命的基本路径。马克思、恩格斯在《德意志意识形态》中指出：“革命之所以必需，不仅是因为没有任何其他的办法能够推翻统治阶级，而且还因为推翻统治阶级的那个阶级，只有在革命中才能抛掉自己身上的一切陈旧的肮脏东西，才能成为社会的新基础。”中国特色社会主义进入新时代，中国共产党要实现长期执政的目标，就必须不断推进自我革命。中国共产党的奋斗历程本质上就是一部自我净化、自我完善、自我革新、自我提高的革命历程。全面从严治党是整体的而不是局部的、是系统的而不是零碎的、是持久的而不是短暂的、是高标准的而不是一般化的。这就要求我们必须发扬彻底的自我革命精神，将党的自我革命进行到底。中国共产党之所以能够在一次又一次的生死存亡时刻战胜艰难险阻并保持旺盛的生命力，根本原因就在于能够根据当时的形势需要不断推进自我革命，并始终保持自我革命精神。

全面从严治党是走好新的赶考之路的必由之路。全面从严治党是立足新时代历史方位的战略部署，体现了对党的初心使命的坚守。中国共产党是为中国人民谋幸福、为中华民族谋复兴的党。这样的初心使命、性质宗旨，决定了我们党能够以彻底的自我革命精神检视自身、直面矛盾问题，坚决同一切损害党的先进性和纯洁性的因素作斗争，始终保持同人民群众的血肉联系。依靠全面从严治党、推进自我革命，勇于坚持真理、修正错误。全面从严治党凝聚党心民心，保持不变质、不变色、不变味，初心不改、使命不移，体现了巩固党的长期执政地位的必然选择。要始终赢得人民拥护、巩固长期执政地位，必须时刻保持解决大党独有难题的清醒和坚定。全面从严治党，以顽强意志和坚韧定力推进党风廉政建设和反腐败斗争，开辟了大党自我革命的新境界。坚定不移把全面从严治党向纵深推进，增强忧患意识，做到居安思危，确保党和国家长治久安。

全面从严治党是实现中华民族伟大复兴的根本保障。“没有中国共产党的领导，民族复兴必然是空想。”实现伟大梦想，必须建设伟大工程，强调只要把党建设好、建设强，就一定能够引领承载着中国人民伟大梦想的航船破浪前行，胜利驶向光辉的彼岸。中国共产党是民族复兴希望之光的矢志播火者，是民族复兴披荆斩棘的奋力开拓者，更是民族复兴伟大征程的坚强领导者。中国特色社会主义进入新时代，民族复兴伟业站在了新的历史起点上。实现中华民族伟大复兴，绝不是轻轻松松、敲锣打鼓就能实现的，必须进行具有许多新的历史特点的伟大斗争。必须坚定不移全面从严治党，勇于直面问题，敢于刮骨疗毒，不断增强党的政治领导力、思想引领力、群众组织力、社会号召力，确保我们党永葆旺盛生命力和强大战斗力。

全面从严治党是中国共产党的长期战略、永恒课题，事关党长期执政、国家长治久安、人民幸福安康，始终坚持问题导向，保持战略定力，发扬彻底的自我革命精神，才能够把严的基调、严的措施、严的氛围长期坚持下去，把党的伟大自我革命进行到底。作为世界上最大的马克思主义执政党，如何始终不忘初心、牢记使命，如何始终统一思想、统一意志、统一行动，如何始终具备强大的执政能力和领导水平，如何始终保持干事创业精神状态，如何始终能够及时发现和解决自身存在的问题，如何始终保持风清气正的政治生态，是中国共产党必须解决的独有难题。解决这些难题，是全面从严治党适应新形势新要求必须啃下的硬骨头。

全面从严治党必须从党内政治生活严起。严肃认真的党内生活是我们党应对风险挑战、解决党内突出问题的法宝。1929年，毛泽东同志在古田会议决议中指出，纠正党内主观主义错误的方法“主要是教育党员使党员的思想和党内的生活都政治化，科学化”。“为了全面恢复和进一步发扬党的优良传统和作风，健全党的民主生活，维护党的集中统一，增强党的团结，巩固党的组织和纪律，提高党的战斗力”，1980年召开的党的十一届五中全会通过了《关于党内政治生活的若干准则》，明确向全党重申了党内政治生活的十二条准则，确立了党内政治生活的基本规范。“为更好进行具有许多新的历史特点的伟大斗争、推进党的建设新的伟大工程、推进中国特色社会主义伟大事业，经受‘四大考验’、克服‘四种危险’”，2016年召开的党的十八届六中全会通过了《关于新形势下党内政治生活的若干准则》，明确了适应新形势党内政治生活的十二条准则。党要管党必须从党内政治生活管起，从严治党必须从党内政治生活严起，是全面从严治党的根本要求。

全面从严治党必须强化正风肃纪。全面从严治党，必须严字当头。中国共产党是无产阶级政党，纪律问题关系无产阶级事业的成败。马克思指出，“我们现在必须绝对保持党的纪律，否则将一事无成”。列宁认为，“谁哪怕是把无产阶级政党的铁的纪律稍微削弱一点（特别是在无产阶级专政时期），那他事实上就是在帮助资产阶级来反对无产阶级”。“加强纪律性，革命无不胜”是中国共产党的优良传统和经验总结。正风肃纪必须严明纪律要求、整治歪风邪气、弘扬新风正气，坚持党性党风党纪一起抓。“纪律不严，从严治党就无从谈起”，要全面加强党的纪律建设，必须严格执行党的各项规章制度，锲而不舍落实中央八项规定精神，重点纠治形式主义、官僚主义，坚决破除特权思想和特权行为。把握作风建设地区性、行业性、阶段性特点，抓住普遍发生、反复出现的问题深化整治。坚持纠“四风”与树新风并举，弘扬党的光荣传统和优良作风。“在作风问题上，起决定作用的是党性。”作风好坏映射出党性强弱，抓作风就是强化党性。作风问题必须抓长、长抓，扭住不放，持之以恒，久久为功。以中央八项规定破题的作风建设实践，为全面从严治党奠定扎实基础。

全面从严治党必须抓住“关键少数”。为政之要，莫先乎人；成事之要，关键在人。政治路线确定之后，干部就是决定因素。领导干部在推进全面从严治党方面肩负着重要责任，在很大程度上决定着党的建设的方向、道路、进度。突出领导干部这个“关键少数”，抓住落实责任这个“牛鼻子”，体现了对管党治党规律的深刻把握。新时代以来，中国共产党坚持从中央政治局做起、从领导干部抓起，加强对“一把手”和领导班子的监督，精准规范用好问责利器，坚持高标准、严要求，既切实履行全面从严治党责任、逐级传导压力，又当好示范表率、一级带领着一级干。“关键少数”在全党做出表率，党和国家事业就能够顺利发展。中国共产党从抓“关键少数”破题，突出“关键少数”这个重点，以上率下，严明纪律、严格要求，建章立制、着眼长远，不断推动全面从严治党向纵深发展，取得显著成效。

应当清醒地看到，对于执政的中国共产党来说，面临的执政环境是复杂的，影响党的先进性、弱化党的纯洁性的因素也是复杂的，党内存在的思想不纯、组织不纯、作风不纯等突出问题尚未得到根本解决。要深刻认识党面临的执政考验、改革开放考验、市场经济考验、外部环境考验的长期性和复杂性，深刻认识党面临的精神懈怠危险、能力不足危险、脱离群众危险、消极腐败危险的尖锐性和严峻性，必须坚持问题导向，保持战略定力，推动全面从严治党向纵深发展。治国必先治党，治党务必从严，从严必依法度。这个“法度”，主要就是以党内法规为核心的党的制度。党内法规是党的中央组织，中央纪律检查委员会以及党中央工作机关和省、自治区、直辖市党委制定的体现党的统一意志、规范党的领导和党的建设活动、依靠党的纪律保证实施的专门规章制度。

截至2023年7月底，全党现行有效党内法规3 826部，其中，中央党内法规228部[①]。尤其是新时代十年来，党中央共制定修订中央党内法规156部，占现行有效中央党内法规的71%，其中起“四梁八柱”作用的准则、条例45部，占现行有效准则、条例的90%[②]。新时代党内法规制定力度之大、出台数量之多、制度权威之高、治理效能之好都前所未有。坚持依规治党、加强党内法规制度建设，是“中国之治”的一个独特治理密码，是呈现中国特色社会主义制度优势的闪亮名片，为世界政治文明发展贡献了中国智慧。“加强党内法规制度建设是全面从严治党的长远之策、根本之策”[③]，党内法规制度建设对党的建设具有重要意义。

全面从严治党，既要不断增强从严治党的意识，又要落实从严治党的责任。从严治党要取得实效，关键在于增强制度的执行力。只有不断推动制度实践，将制度与制度对象连接起来，制度才能够增强有效性、权威性、稳定性和长期性，制度才会变成长牙的老虎。新征程上，需要进一步健全全面从严治党体系，进一步完善党的自我革命制度规范体系，以严明的纪律维护制度，强化制度执行监督，将全面从严治党的制度效能充分发挥出来。我们必须紧紧围绕贯彻党的指导思想不断完善党内法规体系，实现思想建党和制度治党的有机结合，做到思想建党每前进一步，制度治党就跟进一步，制度治党每推进一步，思想建党就深化一步；必须紧紧围绕坚持党的全面领导不断完善党内法规体系，深刻把握党的领导的历史逻辑、现实逻辑、实践逻辑，毫不动摇坚持和加强党对一切工作的领导，完善坚定维护党中央权威和集中统一领导的各项制度，健全党的全面领导制度，不断提高党科学执政、民主执政、依法执

---

① 中央办公厅法规局研究室．领导干部要做学规学法的模范．旗帜，2023（9）.

② 中办法规局督导处．彰显“中国共产党之治”的金色名片．秘书工作，2022（10）.

③ 习近平．论坚持全面依法治国．北京：中央文献出版社，2020：169.

政水平，确保党始终成为中国特色社会主义事业的坚强领导核心；必须紧紧围绕保持党同人民群众血肉联系不断完善党内法规体系，坚持全心全意为人民服务的根本宗旨，尊重人民首创精神，践行以人民为中心的发展思想，通过完善制度着力防范脱离群众的危险，实现好、维护好、发展好最广大人民的根本利益；必须紧紧围绕全面从严治党向纵深发展不断完善党内法规体系，坚持标本兼治，更加注重制度的治本作用，更多用制度治党、管权、治吏，创新和完善管党治党制度规定，确保党不变质、不变色、不变味，永葆党的先进性和纯洁性；必须紧紧围绕服务党和国家工作大局不断完善党内法规体系，围绕实现中华民族伟大复兴这一时代主题，全面贯彻党的基本理论、基本路线、基本方略，自觉把党内法规制度建设放到党和国家工作全局中来谋划和推进，切实做到党和国家中心工作在哪里，党内法规制度建设就推进到哪里，更好发挥党内法规制度建设对于党和国家事业发展的引领和保障作用；必须紧紧围绕坚持和完善中国特色社会主义制度、推进国家治理体系和治理能力现代化不断完善党内法规体系，按照党总揽全局、协调各方的根本要求，把党的领导体现到国家治理的各领域各方面各环节，把党内法规制度建设有效转化为国家制度优势和国家治理效能，使中国特色社会主义制度焕发出更加强大的生机活力；必须紧紧围绕推进中国特色社会主义法治建设不断完善党内法规体系，充分发挥依法治国和依规治党的互补性作用，正确把握党内法规和国家法律的关系，注重党内法规同国家法律的衔接和协调，努力形成党内法规和国家法律相辅相成、相互促进、相互保障的格局，以更加完善的法治体系保证党履行好执政兴国的重大历史使命。

党内法规制度建设只有进行时、没有完成时。随着新时代党和国家事业的发展，党内法规制度建设必须与时俱进、改革创新。党的二十大报告明确提出：“我们要落实新时代党的建设总要求，健全全面从严治党体系，全面推进党的自我净化、自我完善、自我革新、自我提高，使我们党坚守初心使命，始终成为中国特色社会主义事业的坚强领导核心。”站在新的历史起点上，要深刻总结运用长期以来特别是党的十八大以来加强党内法规制度建设的宝贵经验，适应新形势新任务新要求，把牢政治方向、遵循客观规律、深化制度改革，使党内法规体系更加完善、党内法规制度更有活力，为党团结带领人民实现中华民族伟大复兴的中国梦提供更加坚强有力的制度保障。加强党内法规制度建设，推进全面从严治党，需要我们在实践中“开动脑筋”，充分发挥思想解放对于实践探索的巨大推动作用，凝聚全党力量，下气力推动制度建设；需要“迈开步子”，从严治党不是轻轻松松就可以实现的，需要拿出“壮士断腕”的勇气，直面挑战；需要“动起手来”，从严治党不能总挂在嘴上，制度建设也要落到实处，需要有对目标、方向、路径和框架的总体规范；需要“落实下去”，从严治党重在坚持，制度建设重在执行。

目　录

第一章　党内法规：全面从严治党的制度起点

从制度视角来观察和分析政党的运作机制，可以有两个维度。一是政党赖以存在和发展的外在的整体性制度环境，例如历史传统与文化，以及特定的政体构造。二是政党内部用以规范党内关系的制度结构。后者的重点在于宣示政党的价值与目标、界定其自身性质和功能、规范其组织和行为等。作为无产阶级性质的政党，中国共产党自身的建设尤其注重制度维度，党内法规制度建设是这一维度的最显著表现。

在中国共产党的自身建设实践中，制度建设是一条红线，贯穿于党的政治建设、思想建设、组织建设、作风建设、纪律建设和反腐败斗争的始终。中国共产党自成立伊始就高度重视党内法规制度建设，并在革命、建设和改革的制度探索实践中取得了显著的进展。面对现实提出的问题，学术界关于"党内法规""党内法规制度体系建设"等方面的研究也逐步走向深入。这些研究包括对"党内法规"概念的分析、党内法规制度实践的讨论、党规与国法关系的研究，以及党内法规制度建设面临的挑战和完善措施等。"党内法规"的概念是理论思考和实践探索的基础，但客观上还存在着人们对"党内法规"的多元认知和差异性理解，进而在党内法规的制度实践中也存在着多种选择偏好。概念是理论研究的逻辑起点，明确"党内法规"的概念合理性，在比较中厘清其与相关核心概念的边界，认真分析其内涵、本质属性与基本特征，在规范意义上使其更具分析性，将有利于深入推进“党内法规”及相关问题的系统研究，奠定全面从严治党制度实践的理论基础，从而推进党内法规的制度实践。

一、“党内法规”：概念合理性

概念是体现人类思维的基本形式，它反映的是主体对客观事物或认识对象的本质特征的抽象与概括。逻辑思考和理论研究要从概念开始，“党内法规”概念的辨析也是如此，必须用科学的、规范的、严谨的、周延的方式将其本质特征或者内涵与外延等表达出来。“党内法规”是一个老概念，又是一个新概念。说它老，是因为在中国共产党的党内生活中，它由来已久，1938 年，毛泽东等中央领导就明确使用过“党规”“党规党法”等表述。此前，不同的文献中也都出现过“法规”一词。之后，党内的其他领导人也在不同场合使用过类似的概念。新中国成立后，《毛泽东选集》出版，“党内法规”这一表述正式被提出。说它新，是因为到 20 世纪 90 年代之后，“党内法规”这个概念才经由正式的文件而被赋予了更明确的内涵、更清晰的边界。根据 2019 年中共中央政治局会议修订的《中国共产党党内法规制定条例》的界定：“党内法规是党的中央组织，中央纪律检查委员会以及党中央工作机关和省、自治区、直辖市党委制定的体现党的统一意志、规范党的领导和党的建设活动、依靠党的纪律保证实施的专门规章制度。”执政党以党内立法的形式做出的正式统一的表述，为党内法规的实践运作提供了坚实的后盾。

在中国共产党领导的革命、建设和改革的实践中，“党内法规”概念经历了一个提出并逐步丰富和拓展其内涵的认知过程，具有历史合理性；体现着内容丰富、形式多样、层次清晰的党内法规制度及其建设，具有实践合理性；有力地推动了中国共产党的自身建设、中国特色社会主义法治建设、社会主义民主政治建设，具有价值合理性。

1. 历史合理性

“党内法规”概念是中国共产党人在革命、建设和改革的实践中为严格党内纪律、加强党的建设而逐步探索形成的，从最初的提出到最终在党内统一为规范的表达，经历了一个认识不断深化和系统化的过程。

在1938年召开的党的扩大的六届六中全会上，毛泽东针对党内存在的严重破坏纪律的行为，强调要重申个人服从组织、少数服从多数、下级服从上级、全党服从中央等基本原则，同时“从中央以至地方的领导机关，应制定一种党规，把它当作党的法纪之一部分。一经制定之后，就应不折不扣地实行起来，以统一各级领导机关的行动，并使之成为全党的模范”[①]。刘少奇在这次会议上专门做了《党规党法的报告》，他指出：“要保证党的团结与统一，除政治上思想上之统一外，条文上亦应规定法律上非团结不可，以避免个别人破坏党的团结与统一。并以此党规与党法去教育同志。”[②] 在这次会议上，“党规”“党规与党法”等表述体现了一种高度共识，都要求对党员进行有关党的纪律的教育，从而使一般党员能遵守纪律，又能监督党的领袖人物一起遵守纪律。1945年党的七大上，刘少奇所做的关于修改党章的报告再次提到这个问题：“党章，党的法规，不仅是要规定党的基本原则，而且要根据这些原则规定党的组织之实际行动的方法，规定党的组织形式与党的内部生活的规则。”[③] 但此次使用的是“党的法规”这个概念，又不同于前两个表述。邓小平则较多地使用“党规党法”的概念。例如1962年在扩大的中央工作会议上，邓小平指出：“比如民主集中制；团结——批评——团结的方法；言者无罪、闻者足戒，惩前毖后、治病救人；批判从严、处理从宽，不搞过火斗争、无情打击；艰苦朴素、谦虚谨慎，等

---

① 中共中央文献研究室，中央档案馆．建党以来重要文献选编（1921—1949）：第15册．北京：中央文献出版社，2011：646.

② 同①749-750.

③ 中共中央文献研究室，中央档案馆．建党以来重要文献选编（1921—1949）：第22册．北京：中央文献出版社，2011：375.

等。这些都是毛泽东同志一贯提倡的，是我们的党规党法。”① 又如在1978年中共中央工作会议闭幕会上，邓小平指出：“国要有国法，党要有党规党法。党章是最根本的党规党法。”② 之后，“党法”“党规”“党规党法”这类概念又在多次会议和多部党的文件中被明确使用。

1990年，中共中央印发了《中国共产党党内法规制定程序暂行条例》，就党内法规的概念、名称、适用范围、层次、原则以及制定修改的主体与程序等做了明确规定，正式确立了党内法规在党的建设中的地位和作用。“党内法规”正式有了规范性表述。1992年，党的十四大修改的《中国共产党章程》，首次在党内根本大法中确认了“党内法规”这一概念。其明确指出：“党的各级纪律检查委员会的主要任务是：维护党的章程和其他党内法规，协助党的委员会加强党风建设，检查党的路线、方针、政策和决议的执行情况。”“党内法规”概念得到党章的正式确认，在党的建设中具有了最高“法定依据”。江泽民曾指出，“各级党组织和每个党员都要严格按照党的章程和党内法规行事”。胡锦涛明确提出要“加强以党章为核心的党内法规制度体系建设”。2014年党的十八届四中全会通过的《中共中央关于全面推进依法治国若干重大问题的决定》，明确提出将“党内法规体系”纳入中国特色社会主义法治体系。2012年发布并经2019年中共中央政治局会议修订的《中国共产党党内法规制定条例》，成为党内法规制度体系中的“立法法”。党的十九大报告、《关于加强党内法规制度建设的意见》，以及中央党内法规制定工作五年规划等党的重要文件，都统一使用“党内法规”这一概念。“党内法规”内涵越来越丰富、边界越来越清晰，最终实现了正式的、统一的、规范的表述。

在当下关于“党内法规”概念的讨论中，在证成这一概念时许多学者采用的理据是“约定俗成”。也有学者指出：“直到1990年《中国共

① 邓小平．邓小平文选：第1卷．2版．北京：人民出版社，1994：300.
② 邓小平．邓小平文选：第2卷．2版．北京：人民出版社，1994：147.

产党党内法规制定程序暂行条例》的颁布和 1992 年‘党内法规’进入党章，‘党内法规’才开始真正实现‘约定俗成’。”[①] 约定俗成论对正确认识概念有着重要作用，但它只是反映了问题的一个方面，仅仅局限于此是不够的。约定俗成主要是面向历史的，其主旨是揭示概念在特定关节点如何“约”、“定”和“成”的。但是，历史的发展有许多的关键节点，如何解释在某个关键节点之前的“党内法规”的多种表达形式显然未“定”未“成”的情况呢？因此，理解“党内法规”的合理性，首要的是从中国共产党重视党的制度建设、坚持从严治党的历史传承角度来把握，从“党内法规”的提出开始，认真梳理“党内法规”概念从多样性表达到正式统一规范这一脉络。只有这样，才能够真正赋予其在当下的合理性。

2. 实践合理性

中国共产党自成立伊始就高度重视党内法规制度建设。在革命、建设和改革的历史进程中，实践不断地提出新问题，提出新任务，党内法规也就在不断地解决实践提出的问题的过程中日益丰富和规范起来了。

1921 年，中国共产党第一次全国代表大会通过了《中国共产党第一个纲领》。这是党的历史上第一个具有党章性质的党内法规。虽然那时未有“党内法规”的概念，但作为党的重要历史文件，《中国共产党第一个纲领》第一次以规范形式确立了党的政治原则和组织原则。1922 年，党的二大通过的第一部《中国共产党章程》，成为党的历史上最早的具有最高法定依据的党内法规制度。随后党的三大出台了《中国共产党中央执行委员会组织法》（1923）。基于环境的变化和形势的要求，党

---

① 武小川．“党内法规”的约定俗成论：兼论“法规”的语义演变．中共中央党校学报，2017（4）．

的扩大的六届六中全会通过了《关于中央委员会工作规则与纪律的决定》《关于各级党部工作规则与纪律的决定》《关于各级党委暂行组织机构的决定》[①]。1938 年，中共中央政治局决定成立中央规则起草委员会，这是党的历史上首个负责党内法规事务的机构。1942 年，中共中央政治局通过《中共中央关于统一抗日根据地党的领导及调整各组织间关系的决定》[②]。党的七大通过了《中国共产党第七次全国代表大会选举新的中央委员会的条例》(1945)，随后，中央推出了《关于建立报告制度》、《关于建立报告制度的补充指示》、《关于健全党委制》和《关于各中央局、分局、军区、军委分会及前委会向中央请示报告制度的决议》等文件，为加强党的领导、严格党的纪律、实现党的目标提供了制度保障。

新中国成立后，中国共产党在全国实现了全面执政。到党的八大召开时，经过近七年的实践，党和国家都发生了巨大的变化，执政党的地位也使自身面临着新的考验，因此，“党除了应该加强对于党员的思想教育之外，更重要的还在于从各方面加强党的领导作用，并且从国家制度和党的制度上作出适当的规定，以便对于党的组织和党员实行严格的监督”[③]。党内法规制度的建设也相应地有了新变化。《中共中央关于加强干部管理工作的决定》(1953)、《中共中央关于处理受刑事处分的共产党员党籍问题的规定》(1954)、《中共中央关于统一管理党政档案工作的通知》(1959)、《中共中央关于党内同志之间的称呼问题的通知》(1965) 等的相继出台适应了当时加强党的领导和执政实践的需要。

改革开放以来，为适应坚持和改善党的领导、实现社会主义现代化

---

① 中央档案馆．中共中央文件选集：第 11 册 (1936—1938). 北京：中共中央党校出版社，1991：760 - 773.

② 中央档案馆．中共中央文件选集：第 13 册 (1941—1942). 北京：中共中央党校出版社，1991：426 - 436.

③ 邓小平．邓小平文选：第 1 卷．2 版．北京：人民出版社，1994：215.

建设的需要，党内法规制度的建设更加积极主动地适应和配合党和国家工作的大局。党的十二大修改了党章，《关于高级干部生活待遇的若干规定》(1979)、《中共中央关于任免国家机关领导人员必须严格依照法律程序办理的通知》(1984)、《关于党内政治生活的若干准则》(1980)、《中国共产党地方组织选举工作条例》(1994)、《中国共产党党员权利保障条例（试行)》(1994)、《中国共产党发展党员工作细则》(1990) 等党内法规和规范性文件的制定，使执政党可以更快地适应改革开放以来新形势和新任务的要求。其间，为加强党内法规建设，中央批准成立中共中央办公厅法规室（后独立成立中央办公厅法规局)，承担中央制定党内法规等方面的具体工作。

中国特色社会主义进入新时代，世情国情党情发生了深刻的变化，发展机遇和风险挑战前所未有，“全面提高党的建设科学化水平”和“全面从严治党”对党内法规制度建设提出了更高的要求。党内法规制度实践也上了一个新的台阶。其一，将“党内法规制度体系”纳入中国特色社会主义法治体系，“形成完善的党内法规体系”[①] 成为全面依法治国总目标的重要内容。其二，印发《关于加强党内法规制度建设的意见》《中国共产党党内法规制定条例》《中央党内法规制定工作五年规划纲要（2013—2017 年)》《中央党内法规制定工作第二个五年规划(2018—2022 年)》《中国共产党党内法规和规范性文件备案审查规定》，从全局的角度规划了制度建设的总体框架；制定或修改《推进领导干部能上能下若干规定（试行)》(2015)、《领导干部报告个人有关事项规定》和《领导干部个人有关事项报告查核结果处理办法》(2017)、《党政领导干部选拔任用工作条例》(2014/2019)、《中国共产党纪律处分条例》(2015/2018/2023)、《中国共产党党委（党组）理论学习中心组学

① 中共中央关于全面推进依法治国若干重大问题的决定．人民日报，2014 - 10 - 29 (1).

习规则》(2017) 等党内法规。其三，出台相关意见，对党内法规进行集中清理，摸清家底，同时，印发《中国共产党党内法规执行责任制规定（试行)》，强化制度执行力。可以说，党的十八大之后，党内法规制度建设的规划更加明确、制度清理更加及时、制度建构更加合理、制度执行更加有力。

党内法规的实践是随着时代的变迁和在解决党自身面临的问题、社会生活提出的实际问题的过程中逐步向前推进的。不同阶段的党内法规建设，背景、内容和方式都存在很大的差异。新民主主义革命时期，毛泽东同志提出“党规”是因为当时党内存在破坏党的纪律的现象；社会主义革命和建设时期，党面临着全国执政的新形势和新挑战，需要用更明确更规范的党内法规来引导建设和约束自身；改革开放和社会主义现代化建设新时期，对于“文化大革命”十年动荡给党自身建设乃至整个国家法治建设所带来的巨大的破坏，需要通过党内法规来重塑党的政治秩序；中国特色社会主义新时代，实现中华民族伟大复兴更加需要执政党把政治建设摆在首位，把制度建设贯穿党的建设始终，用全面从严治党实现党对一切工作的领导，不断推进国家治理体系和治理能力现代化。党内法规的实践本身，更好地反映了其作为概念所具有的实质、特征与运作逻辑，以及将其作为核心范畴和分析概念的合理性。

3. 价值合理性

党内法规有利于高扬执政党理想和价值观，展示党的宗旨和性质；有利于坚持党要管党、全面从严治党、依规治党，实现党的建设科学化；有利于深化全面依法治国的实践，促进社会主义法治体系的建设。

第一，党内法规是党的理想、宗旨、性质的文本载体和具体的展现方式。通过党内法规，人们可以看到中国共产党是坚定共产主义远大理想和中国特色社会主义共同理想的党，是坚持以人民为中心、为人民服务的党，是坚持民主集中制、全面从严要求自己的党。1875 年 3 月，恩格斯在致倍倍尔的信中说："一般说来，一个政党的正式纲领没有它的实际行动那样重要。但是，一个新的纲领毕竟总是一面公开树立起来的旗帜，而外界就根据它来判断这个党。"① 同年 5 月，马克思在致白拉克的信中说过，"制定一个原则性纲领"，"这就是在全世界面前树立起可供人们用来衡量党的运动水平的里程碑"②。党内法规，包括党的章程、纲领、准则和条例等诸多制度文本，体现在这些表现形式中的具体内容，是党的核心理念、核心价值观的逻辑性表达。党内法规还是政党政治文明发展程度和发展水平的标识，党内法规的实践探索和创新突出了中国共产党制度建设对于政治文明的贡献。党内法规是执政党内部的规矩、纪律和规范，但是，中国共产党的党内法规具有强烈的外部性效应，即通过党的建设的规范化、制度化、程序化，通过对党的领导干部和广大党员行为的规范，深化政党治理现代化的同时，增强人民群众对中国共产党的支持和认同。

第二，党内法规为全面从严治党提供了基本的遵循。中国特色社会主义最本质的特征是中国共产党领导，中国特色社会主义制度的最大优势是中国共产党领导。但是，"党的执政地位不是与生俱来的，也不是一劳永逸的"③。巩固党的执政地位，必须全面从严治党。治国必先治党，治党务必从严。全党必须牢固树立尊崇党内法规的理念，并在治党实践中切实运用好党内法规，党内法规在全面从严治党中具有重大作用。"要健全完善制度，以党章为根本遵循，本着于法周延、于事有效的原则，制定新的法规制度，完善已有的法规制度，废止不适应的法规

① 马克思，恩格斯．马克思恩格斯文集：第 3 卷．北京：人民出版社，2009：415.

② 同①426.

③ 中共中央文献研究室．改革开放三十年重要文献选编：下．北京：中央文献出版社，2008：1436.

制度，健全党内规则体系，扎紧党纪党规的笼子。”① 党内法规是全面从严治党的长远之策、根本之策，意味着党必须依据特定的规则和程序，恪守制度的边界。除了规范党员权利和义务，规范权力结构与运作，更在于形成强有力的组织观念、规矩意识、纪律观念。“必须绝对保持党的纪律，否则将一事无成。”② 党内法规规范化、科学化、体系化程度的提升，能够确立起全党共同遵循的行为准则，逐步构建严密的制度之笼。

第三，党内法规体现了全面依法治国的根本要求，对于实现国家治理现代化具有重要意义。党内法规一直伴随着中国革命、建设和改革的历史进程，体现着党对共产党执政规律、社会主义建设规律、人类社会发展规律认识的不断深化。“党内法规既是管党治党的重要依据，也是建设社会主义法治国家的有力保障。”③ 将“党内法规制度体系”纳入“社会主义法治体系”具有重要的意义。中国特色社会主义进入新时代，实现全面依法治国必须要尽快健全党内法规制度体系，推动依规治党、制度治党和依法治党一体化建设。坚持以党章为根本构建党内法规制度体系，使党内法规制度与国家法律相衔接，使党内法规制度体系与全面依法治国战略相协调。强化党内法规的针对性，坚持提高党内法规的执行力，通过完善党内法规来推进国家治理体系现代化。

“党内法规”是我国全面从严治党、全面依法治国实践中的一个关键词，也是党建理论、政治理论和法学理论等高度关注的概念。质疑这个概念，或者支持这个概念，都需要有一定的逻辑起点，遵循论证的规范，给出恰当的理由。不同的研究成果、研究观点为党内法规制度建设的实践提

① 习近平．在第十八届中央纪律检查委员会第六次全体会议上的讲话．北京：人民出版社，2016：18.

② 马克思，恩格斯．马克思恩格斯全集：第 29 卷．北京：人民出版社，1972：413.

③ 中共中央关于全面推进依法治国若干重大问题的决定．人民日报，2014－10－29（1）.

供了多维的视角、专业的分析和深刻的启示。关于“党内法规”概念的认知存在差异，一方面体现了人们对这个问题的重视程度，另一方面也体现了全面从严治党、全面依法治国条件下人们规则意识、法治意识的增强。

二、党内法规的边界：比较的角度

要想概念在实践中具有可操作性，在理论上具有可分析性，还必须从比较的视野出发，厘清其与相关或相邻概念的边界。将“党内法规”与国家法律、党的规矩、党的制度、党的政策、党内规范性文件等概念区分开来，分析它们的联系、找出它们的差异，才能够真正赋予“党内法规”概念在理论研究中的解释权威，体现其作为概念的科学性、规范性和统一性，进而才能够在实践中深入推进党内法规制度建设。

1. 党内法规与国家法律

党内法规和国家法律的关系，是研究党内法规的学者关注和探讨的主要问题之一。目前的研究大致有这样的几种观点。一是党内法规与国家法律既有一致性也有区别，二者相辅相成，不可替代，不可偏废[①]。二是党内法规与国家法律在根本上是一致的，但在制定机关和程序、适用范围、强制程度和行为规范的要求等方面存在不同[②]。三是党内法规与国家法律既相互衔接，又有不协调的地方，甚至会发生冲突[③]。四是国家法律体系和党内法规体系的建构是中国特色社会主义制度体系中并存的两条路径[④]。

党内法规包含“法规”两个字，而“法规”又是法学理论中的常用

① 李恩侠．党内法规如何与国家法律相协调．天水行政学院学报，2006（5）.
② 侯通山．党内法规精要8讲．北京：中国方正出版社，2005：4.
③ 操申斌．党内法规与国家法律协调路径探讨．探索，2010（2）.
④ 张立伟．法治视野下党内法规与国家法的协调．中共中央党校学报，2011（3）.

专业术语，因此就使人们在理解“党内法规”这个概念时，产生了诸多的疑惑。例如：党内法规是不是属于法律范畴？是否要用其他概念来取代党内法规的概念？实际上，党内法规与国家法律的并存是我国法治建设的一个重要特征。二者既有联系又有区别，共同构筑于社会主义法治体系之中，分别在不同的领域、范围发挥调整权力和权利关系的作用。从二者的区别来看，政党不同于国家，党内法规也不同于国家法律。党内法规是党内的制度规范，是中国共产党的自我承诺、自我约束，体现为更高的自我追求，是用来调整党组织活动、工作和党员行为的。而国家法律是全社会的规矩，产生于人们对于秩序和安全的需求，它调整的是整个社会的人们的行为与关系。《中华人民共和国立法法》和《中国共产党党内法规制定条例》分别就国家法律与党内法规在制定主体、表现形式、制定程序、适用范围、实施保障等方面明确了各自的范围和边界。通俗地讲：“党要管党内纪律的问题，法律范围的问题应该由国家和政府管。”[①] 也就是说，执政党要坚持依法治国、依规治党。从二者的联系来看，党内法规和国家法律都是社会主义法治体系的重要组成部分，共同致力于维护公平和正义、民主和法治。党内法规与国家法律都从属于宪法，都将宪法奉为最高权威依据，都坚持宪法确立的基本原则，都坚持党的领导、人民当家作主和依法治国的有机统一。党内法规与国家法律之间还存在着相互衔接和协调的问题。有些成熟的党内法规内容可以经由法定的程序上升为国家法律。

2. 党内法规与党的规矩

2015 年，习近平总书记在中央纪委十八届五次全会上指出：“我们党的党内规矩是党的各级组织和全体党员必须遵守的行为规范和规则。党的规矩总的包括什么呢？其一，党章是全党必须遵循的总章程，也是总

---

① 邓小平．邓小平文选：第 3 卷．北京：人民出版社，1993：163.

规矩。其二，党的纪律是刚性约束，政治纪律更是全党在政治方向、政治立场、政治言论、政治行动方面必须遵守的刚性约束。其三，国家法律是党员、干部必须遵守的规矩，法律是党领导人民制定的，全党必须模范执行。其四，党在长期实践中形成的优良传统和工作惯例。”[①] 从逻辑关系上，党的规矩是一个大概念，它包括三个方面的内容，即以党章为党内总规矩的党内法规，宪法和法律，以及传统和惯例。所以，党内法规从属于党的规矩，是党的规矩的重要组成部分。传统和惯例是不成文的规矩，不一定通过规范的法规形式表达，但因为是长期形成和传承的，在管党治党方面的约束性作用也是非常重要的。党的纪律则是党员应当遵守的具有禁止性约束力的行为准则。党内法规和党的纪律有交叉重合的部分。党内法规除了规定党的纪律之外，还规定党员权利和党的组织结构；党的纪律内容比较广泛，并非所有的纪律都由党内法规来规定，有些可以通过党内规范性文件来实施。将宪法和法律也明确为党的规矩，体现了执政党的高度自觉，即自觉置于宪法和法律规范之下。

3. 党内法规与党的制度

“制度”概念是比较广延的。我们可以从宏观方面来理解制度，例如社会制度、政治制度、国家制度、政党制度；也可以从微观的视角来理解制度，例如会议制度、公示制度。我们可以将党章理解为制度，也可以说基层党组织“三会一课”制度。就“党内法规”和“党的制度”这两个概念来说，党的制度在内涵上比党内法规更为宽泛，有研究认为党的制度包括执政党处理内部关系所遵循的根本原理和原则、党内的各种具体规定和要求（如准则和条例等）以及具体的体制和机制[②]。这样，党内法规就是党的制度的一个方面。在制定主体方面，党的制度的

---

① 习近平．习近平谈治国理政：第2卷．北京：外文出版社，2017：151.

② 陈登才，张文正，卢先福．党的领导和党的建设．北京：中共中央党校出版社，1997：223-224.

制定主体显然也比党内法规的制定主体更具开放性，因为省级以上党组织才可以制定党内法规，而党的基层组织例如党支部也可以制定自己职责范围内的制度。在具体的表现形式上，党内法规是有固定格式的成文文本，党的制度既包括成文的党内法规，也包括不成文的惯例和习惯。当然，二者也存在紧密的联系，党内法规和党的制度都是党的制度建设的重要组成部分，在有关正式文献中还有“党内法规制度”和“党内法规制度体系”这样的概念。

4. 党内法规与党的政策

党的政策与国家法律、党内法规的关系都是需要深入探讨的。党的政策与国家法律的关系，许多法学专家做过专门的研究①。这里简要讨论党内法规与党的政策的关系。我们说的党的政策，主要是指中国共产党在特定历史时期为实现党的任务而制定的行动纲领、指导方针和基本原则。“决定”“意见”是党的政策的一般表现形式。党的政策对内可以直接约束党员，对外可以约束其他社会主体。例如《中共中央关于加强社会主义协商民主建设的意见》，既对党的组织、机构有要求，也对国家机构、社会团体有要求。一方面，党内法规与党的政策的区别在于：从内容上看，党的政策一般针对宏观的、原则的、方向性的问题做出规定，而党内法规侧重于规定行为的具体方面；从运作机制上看，党的政策具有较大的灵活性，形势发生变化，政策会及时调整，而党内法规相对来讲具有较高的稳定性，调整和变化遵循严格的法定程序；从表现形式上看，党的政策的文本体现为段落式的表达，而党内法规则体现为条

① 李步云．政策与法律关系的几个问题．法学季刊，1984（3）；王方仲．略论政策与法律的关系．法学季刊，1986（3）；肖金明．为全面法治重构政策与法律关系．中国行政管理，2013（5）；李龙，朱程斌．建国70年以来党的政策和法的关系．甘肃政法学院学报，2019（4）；周祖成，万方亮．党的政策与国家法律70年关系的发展历程．现代法学，2019（6）.

文条款式的表达。另一方面，党内法规与党的政策同样是紧密关联的。党内法规的制定要以党的根本性政策为依据，党的具体政策则必须以党章和党内法规为依据。党的政策的执行需要党内法规作为支持，但党内法规反过来也会规约党的具体政策。党内法规的试行探索阶段，也是党的政策发挥关键作用，并逐步走向成熟和转变为党内法规的阶段。

5. 党内法规与党内规范性文件

党内法规和党内规范性文件都是我们党治国理政的重要工具，但二者也存在显著的差异。第一，二者调整的对象不同。党内法规以调节党内关系、规范党内秩序为主要目的，主要规范党的性质和宗旨、党的指导思想和目标任务、党的组织设置、党员的义务权利、党内行为、党的纪律要求等；党内规范性文件以统筹社会力量、平衡社会利益为目的，主要规范党在某个领域、某个方面的工作或某个问题的指导思想、基本原则、主要任务和保障措施等。第二，二者制定主体不同。党内法规的制定主体是省级以上党组织；而党内规范性文件的制定主体是“党组织”，既包括基层党组织，也包括中央组织。第三，党内法规体现为党章、准则、条例、规则等，行文采取条款形式；党内规范性文件体现为决定、决议、意见等，行文采取段落形式。第四，党内法规更具普遍性、规范性、操作性、稳定性；党内规范性文件更具灵活性、原则性、指导性、探索性，更能反映党的执政特点和优势。

但是，二者也是紧密不可分的。关于党内的同类事项，既可以采取党内法规的形式，也可以采取党内规范性文件的形式。当前制定党内法规的一些条件还不成熟的，可以先采取党内规范性文件的形式，待条件成熟后，再上升为党内法规。上位规定采取党内法规形式的，配套制度可以采取党内规范性文件的形式。“对于我们党执政治国来说，党内法规与规范性文件犹如车之两轮、鸟之双翼，二者相互补充、相辅相成，不可或缺、不可偏废。脱离党内规范性文件来看待党治国理政，难免会盲人摸象、以偏概全。”①

三、党内法规的内涵与特征

党内法规概念的使用是合理的、恰当的，并且与其他相关概念有明确的边界。但如果党内法规具备规范的内涵，就意味着人们对党的制度建设实践的认识从感性阶段进入了理性阶段，意味着对党内法规实践的表面的、片面的、零碎的认识，转向了内在的、系统的、整体的认识，也意味着这种认识抓住了事物的本质。那时，党内法规概念，既是对已有的知识和认识的总结，也是我们进一步认识和分析党内法规制度建设的工具。

1. 如何界定党内法规

2012年5月26日中共中央批准并发布、2019年8月30日中共中央政治局会议修订的《中国共产党党内法规制定条例》将“党内法规”定义为：“党的中央组织，中央纪律检查委员会以及党中央工作机关和省、自治区、直辖市党委制定的体现党的统一意志、规范党的领导和党的建设活动、依靠党的纪律保证实施的专门规章制度。”这使我们党1938年提出的党内法规的概念在形式上获得了最终的统一。但是，这种统一并没有消除理论研究领域对于党内法规概念的认知差异。

党内法规领域的理论研究者，由于学科背景和经验知识的不同，在理解或界定党内法规概念时，还存在着一定的差异。有学者主张“用科学严谨的法学思维和规范法学的研究方法”，将党内法规定义为：“中国共产党党内法规（党的法规），是由党的特定主体依照程序制定，体现党的意志和要求，调整党内政治、组织、权利与义务、权力与责任等重要关系，规范党组织的工作、活动和党员行为，具有明确性、规范性和

---

① 李忠．党内法规制度合宪性审查初探．西北大学学报（哲学社会科学版），2019（1）.

强制性的行为规矩的总称。”[①] 这个概念将制定主体、制定程序、规范内容、法规特征和相邻概念关系都展示了出来。也有学者指出，党内法规是：“有权主体按照规定程序制定与认可的，反映党的统一意志，调整党务关系，规范党务关系主体行为，并由党内强制力保障实施的具有特定外在形式的规则体系。”[②] 重点在于从党内法规的内在本质、制定主体、创制方式、制定程序、调整内容、保障手段等方面进行全方位的界定，使概念更具操作性。还有研究者认为，党内法规是“由中国共产党制定的，反映党的意志，以党组织和党员的权利和义务为内容，以确认、保护和发展党内关系和党内秩序为目的，以党内约束力保证实施的行为规范体系或行为规范的总称”[③]。就一般意义来说，党内法规是指：“由中国共产党各级各类组织制定或认可、反映党的意志和客观规律、规制和调整党内行为和党务关系的各类规范的总称。”[④] 上述各种不同表述基本上都是在法学专业领域之内根据法学思维路径对党内法规进行的界定。虽然有些细微的差异，但大体上都体现出了法的若干基本要素。在理论研究的实践中，党的建设学科、政治学科在这个问题上并没有多少权威性的成果，应该说后两者的拓展空间还比较大。

没有限定严格的概念，我们便不能清楚和理性地思考“党内法规”问题。明确党内法规的概念，才能够准确把握党内法规的实质及其发展规律，推动党内法规制度建设的完善和发展，才能够准确认识和理解国家与政党、政党与人民、政党与政党之间的边界与关系，才好进一步推进新型政党制度建设，推动民主法治的进步。在分析了党内法规的合理

---

① 李林．科学定义“党内法规”概念的几个问题．东方法学，2017（4）．

② 欧爱民，李丹．党内法规法定概念之评述与重构．湘潭大学学报（哲学社会科学版），2018（1）．

③ 陈柳裕．党内法规：内涵、外延及与法律之关系：学习贯彻党的十八届六中全会精神的思考．浙江学刊，2017（1）．

④ 肖金明．法学视野下的党规学学科建设．法学论坛，2017（2）．

性、明确了相关概念间的边界之后，我们认为：党内法规应该界定为，由特定的党组织和党内机关依据特定程序制定，用以调整党内关系和行为，并依靠党内强制力保证实施的普遍性规范的总称。特定组织和机关当然是党的中央组织，中央纪律检查委员会以及党中央工作机关和省、自治区、直辖市党委，同时为副省级党委制定党内法规预留了探索空间。调整范围，包括规范党的领导、党的建设、党组织行为、党员行为，以及权利义务关系等。从内容上讲，这个概念可以体现出制定主体、特定程序、基本内容和相邻概念关系。从作用上讲，这个概念既可以用于针对制度文本、实践探索和案例的研究，也可以用作分析变量与其他变量如何建立起逻辑关系，有利于深化对于该领域理论与实践的研究。

2. 党内法规的属性

第一，党内法规具有政治属性。中国共产党是具有崇高政治理想、高尚政治追求、纯洁政治品质、严明政治纪律的马克思主义政党。讲政治、加强党的政治建设、遵守政治纪律和政治规矩等都是党提出的规约自己的要求。在长期的革命、建设和改革的实践中，我们党始终高度重视如何更好地维护党的权威，保持党的团结统一，防止由于分歧和分裂给党带来巨大的冲突和伤害；始终高度重视坚守“以人民为中心”的政治价值观内核，不忘建党初心、立党根本、执政基础和力量源泉，坚持党性和人民性相统一，把人民放在心中最高位置；始终高度重视动员和凝聚党内力量，统筹和协调社会力量，坚持问题导向，不断地解决中国社会所提出的各种问题和挑战。作为党内的制度规范，党内法规体现了党的属性、任务和使命追求，为“党要管党、全面从严治党”提供了根本性的制度保障，确保党能够正确制定纲领和政治路线，用党的纲领、路线和方针政策统一全党的思想和行动，正确处理党内矛盾、解决突出问题，确保全党思想上政治上高度统一、步调一致，为实现党的政治使命和政治目标努力奋斗。

第二，党内法规具有法的属性。中国共产党的党内法规，不是一般政党的党内法规。相较于其他一般政党的党内法规，更有特殊之处。这种特殊性是由中国共产党本身的特殊性决定的。其中最为关键的就是《中华人民共和国宪法》明确确立了中国共产党对国家的领导地位。“中国共产党依法领导国家，依法执政所依之‘法’却不仅包括国家法律，而且包括党内法规。党内法规本来是规范中国共产党党内事务的，但是，由于中国共产党在中国的特殊地位，党内法规对党务的调整必然影响和涉及国务。”[①] 因此，对执政党的公权力进行规范，把权力关进制度的笼子，不仅要通过国家法律，也应通过党内法规，规范其正确行使。同时，党内法规的“法”是党运用法治思维在管党治党方面的制度成果，表明了其与一般性政党制度的差异。另外，党内法规具有明确的调整范围，有专门的制定、认可和解释机关，有作为裁判和强制的程序与措施，对国家法所蕴含的基本特征的借用，表明了其规范性、权威性与严肃性，有利于实现管党治党、从严治党。

第三，党内法规具有制度属性。一般来说，制度是由规范、规则、惯例等集合而成的稳定结构。这种结构既包括规则，又包括内含于规则之中的价值观念。由此，制度既能够影响组织和成员的行为，也能够解释组织和成员的行为。制度具有权威性，就会使其规范对象考虑其行为是否符合规则，是否做出自觉的选择。邓小平曾经提出“领导制度、组织制度问题更带有根本性、全局性、稳定性和长期性”的观点表明，随着社会的发展，执政党需要将过去好的经验与做法固定下来，根据新的

① 姜明安．论中国共产党党内法规的性质与作用．北京大学学报（哲学社会科学版），2012（3）.

情况构造制度规范，以适应形势的变化和时代的要求。随着党的建设深入推进，党内法规制度在我国政治生活和社会生活中扮演着越来越重要的角色。党内法规制度建设，既体现无产阶级政党建设的内在要求，也是对现实生活所提问题的积极回应，能够为党的建设提供规范依据和制度保障，为党的建设增添新的活力和动力，保证党的建设制度化、规范化、程序化。

3. 党内法规的特征

作为一种制度形式，党内法规主要具有以下几个方面的特征：其一，规范性。党内法规是对党的宗旨、理念和价值观的具体落实，是对党的建设实践形成的成果经验和优良传统的总结与提炼。其表现形式是条文式的制度文本，具体名称表述为党章、准则、条例、规定、办法、规则和细则。其二，统一性。党内法规是经由特定程序制定和颁布施行的，它的对象既包括党的各级组织，也包括全体党员等，因为体现了党的共同意志，对从中央到基层的各级组织、从党的领袖到全体党员来说，都是必须遵守的行为规范，没有组织和个人可以超越、违背党内法规。其三，强制性。党内法规具有普遍的约束力，全体党员和各级组织都要严格遵循。违反党内法规的党员，要受到警告、严重警告、撤销党内职务、留党察看、开除党籍等处分；违反党内法规的党组织，则会受到解散或改组的惩戒。其四，稳定性。党内法规一经制定和颁布，便具有了一定的持续性。虽然随着时代发展和形势变化，党内法规会相应做出调整，但是党内法规不会随意因领导人的改变而改变，也不会因领导人的看法和注意力的改变而改变，具有稳定性和持久性。

党内法规制度体系建设是中国共产党加强党的建设、全面从严治党的重要内容和基本路径，也是实施依法治国方略和实现依法执政的必然要求和重要保障。《法治中国建设规划（2020—2025 年）》提出了使“党内法规体系更加完善”的任务。时代提出的问题为我们的研究提供了广阔的空间。在已有研究基础之上，分别从哲学、社会历史和制度等角度，以党内法规研究为牵引，深化政党制度、政党建设、政党与国家关系、政党与社会关系等主题的研究具有重要的理论意义和实践价值。

第二章 党内法规制度建设的历史演进

到 2021 年，中国共产党已经走过百年历程，而执掌全国政权也已 70 多年。虽然在不同的历史时期，中国共产党经历了巨大的困难、严峻的挑战，甚至严重的波折，但是经过长期艰苦奋斗仍然取得了夺取新民主主义革命胜利、建立社会主义制度、开展大规模建设，以及深入推进改革开放伟大实践等引人注目的成就，不断地吸引人们孜孜不倦地探寻中国共产党成功的密码，并试图预测其未来发展的路径和前景。各种专题性研究成果主要依托包括精英政治、革命策略、意识形态和组织建设等在内的差异性思维路径。而以制度建设尤其是党内法规为切入点来分析、探究中国共产党领导的革命、建设和改革伟大事业的百年历程则是一个全新的视角与路径。例如，以中国共产党历史分期为基础，综合考虑不同时期党的中心任务、党内法规制度建设的重点，将宏观历史分期与微观历史主题相结合，从整体上把握党内法规制度建设的总过程、总趋势、总方向；也可以梳理不同历史时期不同类型的具体法规，深入分析和探讨党内法规制度建设的基本特征、制度变迁背后的内在逻辑；还可以客观认识和科学总结百年党内法规制度建设的基本经验，以期对于新时代党的建设伟大工程有更多启示等。系统梳理党内法规制度建设百年历程，总结党内法规制度建设的基本经验，对于认识党内法规制度建设的历史脉络与基础，在理论上推进党内法规制度建设研究，从实践上推进全面从严治党和依规治党，具有非常重要的意义。

一、百余年来党内法规制度建设的基本脉络

党内法规制度建设是一个连续的、不断演进的社会历史过程。时间性是这一历史过程的重要特征，时间能够将重要的、关键的、宏观的、微观的、整体的、分散的历史事件编织在一起，形成一个有助于我们走向历史深处的认知结构与框架。党内法规制度建设是贯穿中国共产党党的建设始终的重要内容，服从和服务于党的建设总目标、党的历史使命和中心工作任务。时间维度和使命维度是贯穿于党内法规制度建设的两条红线，根据这两条红线的发展变迁，可以将中国共产党党内法规制度建设百年历程划分为四个相互衔接而又各具特点的不同历史时期——新民主主义革命时期：党内法规的创设与奠基（1921—1949），社会主义革命和建设时期：党内法规的发展与波折（1949—1978），改革开放和社会主义现代化建设新时期：党内法规的重塑与改革（1978—2012），中国特色社会主义新时代：党内法规的成熟与定型（2012—　）。在每一个历史时期，党内法规制度的发展和演进又体现出不同的轨迹。

（一）新民主主义革命时期：党内法规的创设与奠基（1921—1949）

1. 在创设与奠基时期，中国共产党党内法规制度建设经历了三个重要的制度时刻

第一个制度时刻是1921年中国共产党召开第一次全国代表大会。会议通过了《中国共产党第一个纲领》。它规定党的名称为“中国共产党”，宣告了中国共产党的诞生；明确了党的纲领是“推翻资本家阶级的政权”“承认无产阶级专政”“消灭资本家私有制”等①。纲领还对组

① 中共中央文献研究室，中央档案馆．建党以来重要文献选编（1921—1949）：第1册．北京：中央文献出版社，2011：1.

织原则、组织机构、组织纪律、党员发展和纲领修改做了规定。这是中国共产党历史上第一个具有党章性质的党内法规。第二个制度时刻是1938年召开党的扩大的六届六中全会。毛泽东在全会上做《论新阶段》的政治报告并指出，鉴于张国焘严重破坏党内纪律的行为，“从中央以至地方的领导机关，应制定一种党规，把它当作党的法纪之一部分”①。这次会议还通过了《关于中央委员会工作规则与纪律的决定》《关于各级党部工作规则与纪律的决定》《关于各级党委暂行组织机构的决定》三个文件。“党规”“党规党法”等概念开始集中出现在党的文献之中。第三个制度时刻是1945年中国共产党召开第七次全国代表大会。会议通过了《中国共产党党章》(1945)，第一次把毛泽东思想作为党的指导思想写入党章。刘少奇在会上做关于修改党章的报告，他指出：“党章，党的法规，不仅是要规定党的基本原则，而且要根据这些原则规定党的组织之实际行动的方法，规定党的组织形式与党的内部生活的规则。”②七大党章是中国共产党在新民主主义革命时期独立自主制定的党章，在党内法规发展史上具有里程碑的意义。

2. 作为最根本的党内法规，中国共产党章程或党章的制定与完善为党内法规制度建设提供了总依据

1922年，党的二大通过了党史上第一部党章——《中国共产党章程》。党的二大首次提出了反帝反封建的民主革命纲领。该章程对党组织的设置、党的会议制度、党的纪律等做了规定；首次设置了“附则”章，对章程的修改权、解释权和生效日期做出了明确规定。1923年，中国共产党第三次全国代表大会通过的《中国共产党第一次修正章程》、

① 中央档案馆．中共中央文件选集：第11册（1936—1938)．北京：中共中央党校出版社，1991：652.

② 中共中央文献研究室，中央档案馆．建党以来重要文献选编（1921—1949)：第22册．北京：中央文献出版社，2011：375.

就“党员”与“组织”有关内容做了修改，完善了入党的程序，扩大了中央执行委员会的规模。1925 年，中国共产党第四次全国代表大会通过的《中国共产党第二次修正章程》首次将支部确立为党的基层组织，下放了党员发展和党员退党的审批权，将党中央最高领导人的称谓由“委员长”改为“总书记”。大革命失败后，1927 年召开的党的五大通过的《组织问题议决案》“认定必须改正并补充旧时党章”，并将实际修改党章的工作委托给了中央政治局。会后中央政治局制定的《中国共产党第三次修正章程决案》，明确规定了党的组织系统；第一次规定了中央政治局和中央常务委员会的设置；首次设立了监察委员会，并将中央执行委员会改称为中央委员会；第一次规定民主集中制为“党部的指导原则”等内容。1928 年在莫斯科召开的中国共产党第六次全国代表大会通过了《中国共产党党章》，第一次明确规定民主集中制是党的“组织原则”，并进行了具体的阐释。1945 年，中国共产党第七次全国代表大会通过了《中国共产党党章》，第一次增加了“总纲”部分简要说明党的性质、理论与组织原则，增加了“党的地下组织”和“奖励与处分”章，明确规定了党员的义务和权利，规定了中央委员会实行主席制。

3. 党的组织、领导、自身建设和监督保障方面的法规初步形成

第一，从组织法规来看，党的中央组织、工作机关和地方组织的规范性制度逐步建立。党的三大通过的《中国共产党中央执行委员会组织法》是关于党的最高机关的第一部组织法规，具体规定了中央执行委员会及其日常工作机构中央局的产生方式、职责权限、议事规则，以及其与党的全国代表大会的关系。党的扩大的六届六中全会通过的《关于中央委员会工作规则与纪律的决定》，分别就中央书记处、中央政治局、中央委员会的工作方式和纪律做了详细的规定。

第二，从领导法规来看，主要包括以下内容：党的五大通过的《组织

问题议决案》首次提出了党的集体领导原则，“中央应该强毅地实行集体的指导，从中央省委以至支部”①。1933年，《苏区中央局关于巩固党的组织与领导的决议》明确了党的思想领导内容。1942年，中共中央政治局做出《中共中央关于统一抗日根据地党的领导及调整各组织间关系的决定》，对统一领导机关的内容和要求进行了明确规定。1948年，中央发出《关于建立报告制度》的指示等系列法规具体规定了党的领导地位、领导范围和领导方式。

第三，从自身建设法规来看，新民主主义革命时期党的自身建设法规多集中于思想建设和组织建设这两个领域。延安整风时期，《中共中央关于在职干部教育的决定》分别从业务教育、政治教育、文化教育、理论教育四个方面规定了教育范围。1925年通过的《对于组织问题之议决案》《组织问题议决案》提出了具体的扩大党员的方式。1927年通过的《最近组织问题的重要任务议决案》要求各级党部以工农分子新干部替换非无产阶级知识分子干部，使无产阶级和贫民在党的领导干部中占最大多数。

第四，从监督保障法规来看，1931年，中共中央通过了《中央巡视条例》（1932年3月12日中共中央组织局重新审查通过），明确了巡视员的条件、基本任务、工作方式和职权等内容，党内巡视制度初步建立起来②；1933年，《中共中央关于成立中央党务委员会及中央苏区省县监察委员会的决议》明确指出：“为要防止党内有违反党章破坏党纪不遵守党的决议及官僚腐化等情弊发生，在党的中央监察委员会未正式成立以前，特设立中央党务委员会，各省县于最近召集的省县级党代表大会时选举省县级的监察委员，成立各省县监察委员会。”③

---

① 中共中央文献研究室，中央档案馆．建党以来重要文献选编（1921—1949）：第4册．北京：中央文献出版社，2011：208.

② 中共中央文献研究室，中央档案馆．建党以来重要文献选编（1921—1949）：第8册．北京：中央文献出版社，2011：374-379.

③ 中央档案馆．中共中央文件选集：第9册（1933）．北京：中共中央党校出版社，1991：340.

（二）社会主义革命和建设时期：党内法规的发展与波折（1949—1978）

1. 从1949年到1978年中国共产党十一届三中全会召开，中国共产党党内法规制度建设稳步发展但也遭遇到波折

这一时期的党内法规制度建设有三个重要的转折。其一，新中国成立前，1949年2月，《中共中央关于废除国民党〈六法全书〉和确定解放区司法原则的指示》明确指出："在无产阶级领导的以工农联盟为主体的人民民主专政的政权下，国民党的《六法全书》应该废除，人民的司法工作不能再以国民党的《六法全书》作依据，而应该以人民的新的法律作依据，在人民的新的法律还没有系统地发布以前，则应该以共产党的政策以及人民政府与人民解放军所已发布的各种纲领、法律、命令、条例、决议作依据。"① 这个指示明确规定了新政权法律体系未建立之前司法工作的依据，这些依据包括了"共产党的政策"。其二，中国共产党第八次全国代表大会于1956年9月15日至27日在北京召开，大会讨论通过了《中国共产党章程》。八大党章是新中国成立后党制定的第一部党章，反映了社会主义制度建立后执政党所处的特殊地位、环境及时代赋予的责任。其三，中国共产党第九次全国代表大会于1969年4月1日至24日在北京举行。党的九大通过的《中国共产党章程》，是"文化大革命"时期党所颁布的第一部章程，严重破坏了党内的民主制度，党内法规制度建设遭受重大波折。

2. 为适应执政后国家建设和政党建设的双重需要，中国共产党开始稳步推进党内法规制度建设

第一，通过党内法规建设调整党与国家的关系。1949年10月，中央宣传部和新华总社发布《关于中央人民政府成立后宣传工作中应注意

---

① 中共中央文献研究室，中央档案馆．建党以来重要文献选编（1921—1949）：第26册．北京：中央文献出版社，2011：154－155.

事项的指示》，明确“在中央人民政府成立后，凡属政府职权范围的事，应经由政府讨论决定，由政府明令颁布实施”，“不要再如过去那样有时以中国共产党名义向人民发布行政性质的决定、决议或通知”[①]；同年12月中共中央发布《关于中央人民政府成立后党的文化教育工作问题的指示》，指出“在中央政府未成立以前，党的中央宣传部不得不实际上暂时代替中央政府的文教机关，管理国家的文化教育工作”，“现在，中央政府已经成立，管理全国文化教育事务的中央人民政府政务院文化教育委员会及其所属之各部、院、署亦已先后成立”，“全国的文化教育的行政工作，此后均应经由中央政府文教部门来管理”[②]。为探索执政后更好地领导政权，1949年11月，中共中央发布《关于在中央人民政府内组织中国共产党党委会的决定》《关于在中央人民政府内建立中国共产党党组的决定》，使政权组织内的党员“一律参加支部组织，过党的组织生活”[③]，“实现和加强中国共产党中央对中央人民政府的领导，以便统一并贯彻党中央的政治路线和政策的执行”[④]。

第二，在总结党的建设经验基础上制定新的党章。1956年9月，党的八大通过了执政后的第一部《中国共产党章程》，强调“党的团结和统一，是党的生命，是党的力量的所在”[⑤]；明确“党的中央委员会，省、自治区、直辖市、自治州委员会和县、自治县、市委员会，都设立监察委员会”[⑥]；把党员的权利从之前的四项增加到了七项，并要求必

---

① 中共中央宣传部办公厅，中央档案馆编研部．中国共产党宣传工作文献选编：1949—1956．北京：学习出版社，1996：10.

② 中共中央文献研究室．建国以来重要文献选编：第1册．北京：中央文献出版社，1992：65.

③ 中央档案馆，中共中央文献研究室．中共中央文件选集（1949年10月—1966年5月）：第1册．北京：人民出版社，2013：74.

④ 同③76.

⑤ 中共中央文献研究室．建国以来重要文献选编：第9册．北京：中央文献出版社，1994：319.

⑥ 同⑤337-338.

须尊重党员的权利。

第三，系统推进党的组织、宣传教育、干部队伍建设、作风建设等方面的法规建设。在党的组织方面，先后出台了《关于成立中央及各级党的纪律检查委员会的决定》(1949)、《中共中央关于建立农村工作部的决定》(1952)、《关于加强党的监察机关的决定》(1962) 等。在宣传教育方面，先后印发了《中共中央关于健全各级宣传机构和加强党的宣传教育工作的指示》(1951)、《中共中央关于轮训全党高、中级干部和调整党校的计划》(1954)。在干部队伍建设方面，出台了《中共中央关于加强干部管理工作的决定》(1953)、《中共中央关于处理受刑事处分的共产党员党籍问题的规定》(1954)。在作风建设方面，1950 年 5 月颁布了《中共中央关于在全党全军开展整风运动的指示》，要求"首先是整顿干部作风"[①]，"有领导有组织有准备地进行整党整干工作"[②]。

3. 反右斗争扩大化、"文化大革命"使党内法规制度建设遭遇了重大波折

第一，反右斗争扩大化对党内法规制度建设产生不利影响。1957年，《中国共产党中央委员会关于整风运动的指示》提出"从团结的愿望出发，经过批评或者斗争，在新的基础上达到新的团结"的方针[③]。但在整风运动中，"左"倾思想不断干扰着原本较好的党内法规生态。

第二，1966 年至 1976 年，党内法规制度建设遭受严重波折。"文化大革命"期间，党的正确的思想路线、组织路线都遭到削弱。在 1969年党的九大通过的《中国共产党章程》中，党员的权利被取消，"党的监察机关"一章被删除。1973 年党的十大通过的《中国共产党章程》，

---

① 中共中央文献研究室．建国以来重要文献选编：第 1 册．北京：中央文献出版社，1992：217.

② 同①218.

③ 中共中央文献研究室．建国以来重要文献选编：第 10 册．北京：中央文献出版社，1994：155.

和九大党章在结构及基本内容上没有较大的差异。

第三，1976年至1978年，党内法规制度建设开始逐步恢复。“文化大革命”结束后，思想理论战线上拨乱反正、正本清源工作逐步展开，党内的法规制度建设开始逐步恢复。1977年8月，党的十一大召开，这是十年内乱结束之后第一次召开的党的全国代表大会。十一大党章对九大党章和十大党章进行了大规模修改，明确要“坚持民主集中制的组织原则”，“认真执行无产阶级的‘任人唯贤’的干部路线”，在“党员”一章中重新规范了入党程序，并对党员的纪律处分进行了详细的规定①。尽管依然存在历史惯性的影响，但是党内法规制度建设总体上已经开始步入正确的轨道。

（三）改革开放和社会主义现代化建设新时期：党内法规的重塑与改革（1978—2012）

1. 逐步恢复和改革发展时期，中国共产党党内法规制度建设经历了三个关键节点

首先是1978年党的十一届三中全会召开。按照党的十一届三中全会提出的“健全党规党法，严肃党纪”的要求，《关于高级干部生活待遇的若干规定》《关于党内政治生活的若干准则》等一批重要党内法规相继发布，党内法规建设得到恢复发展。

其次是1990年中共中央颁布了《中国共产党党内法规制定程序暂行条例》。这是中国共产党历史上首次以党内法规的形式界定党内法规，对党内法规的名称、适用范围、制定修改的主体与程序等做了规定，推进了党内法规制定工作制度化、规范化。《中国共产党党内法规制定程序暂行条例》是党制定法规的重要依据，也被称为党内的“立法法”。

---

① 《中国共产党章程汇编》编写组．中国共产党章程汇编：从一大到十七大．北京：中共党史出版社，2007：95－103.

1992 年，中国共产党第十四次全国代表大会修改的《中国共产党章程》明确提出党的各级纪委的主要任务是“维护党的章程和其他党内法规”，党内法规概念首次得到党的根本大法的正式确认。

最后是 2011 年中共中央办公厅法规局（简称中办法规局）正式成立，负责党内法规制定，规划计划草案拟订和组织协调党内法规起草、审核、备案、解释、清理等工作。中办法规局前身是 1991 年成立的中共中央办公厅法规室（简称中办法规室），承担中央制定党内法规和中央领导国家立法的具体服务工作。为贯彻落实党的十八届四中全会关于“完善党内法规制定体制机制”要求，中央批准建立中央党内法规工作联席会议制度，由中纪委、中组部、中宣部等部门参加。

2. 在制度反思的基础上确立制度治党思想，党内法规制度建设走向更加自觉

第一，制度反思。1978 年 12 月 13 日，邓小平指出：“国要有国法，党要有党规党法。党章是最根本的党规党法。没有党规党法，国法就很难保障。”[①] 深刻揭示了党内法规的地位和作用，阐释了党内法规与国家法律的关系。1994 年 9 月召开的党的十四届四中全会是专门研究党的建设问题的重要会议。会议强调“注重制度建设，是这次全会决定的一个重要指导思想”，“很重要的工作就是要使之制度化，建立一整套科学严密的组织制度”[②]。

第二，制度恢复。从党的十一届三中全会到党的十六大，党内法规在恢复的基础上有了快速发展，党内法规建设的地位重新确立起来。1982 年 9 月，党的十二大修改了党章，对加强党的建设的基本要求、党的民主集中制的基本原则、党必须在宪法和法律的范围内活动等内容

① 邓小平．邓小平文选：第 2 卷．2 版．北京：人民出版社，1994：147.
② 江泽民．论党的建设．北京：中央文献出版社，2001：162.

都做了具体的规定。1987 年，党的十三大通过的《中国共产党章程部分条文修正案》确定了党在社会主义初级阶段的基本路线、实行差额选举制度、重视发展党内民主、重视发挥党的基层组织作用等内容。

第三，制度配套。1992 年党的十四大召开到 2002 年党的十六大召开是配套制度建设阶段。制度的配套建设重点在于实现党内民主制度的配套完善、党的组织制度的配套完善和权力监督制度的配套完善。

第四，制度改进。从 2002 年党的十六大召开到 2012 年党的十八大召开，党内法规制度建设适应新形势新阶段开始进入改革创新时期。党的十六大修改的党章增加了依法治国、建设社会主义法治国家的内容。党的十七大通过的党章第一次规定党的各级组织按规定实行党务公开、党的各级代表大会代表实行任期制、党的中央和省区市委员会实行巡视制度等内容。

3. 党内法规制度建设全面推进，制定了一大批相关领域的基础性骨干法规和一系列配套法规制度，为实现党科学执政、民主执政、依法执政提供了坚实的制度基础

在组织法规方面，出台了《中国共产党普通高等学校基层组织工作条例》(1996)、《中国共产党农村基层组织工作条例》(1999) 等。在领导法规方面，出台了《中共中央关于加强党的建设几个重大问题的决定》(1994)、《中共中央关于加强党的执政能力建设的决定》(2004) 等。在自身建设法规方面，出台了《中共中央、国务院关于中央党政机关干部教育工作的决定》(1982)、《中共中央关于加强党同人民群众联系的决定》(1990)、《干部教育培训工作条例（试行）》(2006)、《党政领导干部交流工作规定》(2006) 等。在监督保障法规方面，出台了《中国共产党党员领导干部廉洁从政若干准则（试行）》(1997)、《中国共产党纪律处分条例》(2003)、《中国共产党党内监督条例（试行）》(2003)、《中国共产党巡视工作条例（试行）》(2009) 等。

（四）中国特色社会主义新时代：党内法规的成熟与定型（2012—　）

1. 理解中国共产党党内法规制度建设的成熟完善和体系定型，需要把握制度建设的三个重要主题

其一，党内法规制度建设的基本规则的完善。2012 年 5 月 26 日，在吸收长期制度建设经验的基础上，中共中央发布了《中国共产党党内法规制定条例》。2019 年 8 月 30 日，中共中央政治局会议修订了《中国共产党党内法规制定条例》。由此，党内法规制定工作所遵循的规则更加完善，从而有利于提高党内法规的质量，形成完善的党内法规体系。

其二，党内法规体系融入国家法治体系。2014 年 10 月 23 日，党的十八届四中全会通过了《中共中央关于全面推进依法治国若干重大问题的决定》，“形成完善的党内法规体系”被纳入中国特色社会主义法治体系之中，进一步凸显了党内法规体系在法治国家建设中的地位。

其三，党内法规制度建设目标的确立。2017 年，《中共中央关于加强党内法规制度建设的意见》提出到建党 100 周年时，形成比较完善的党内法规制度体系、高效的党内法规制度实施体系、有力的党内法规制度建设保障体系，党依据党内法规管党治党的能力和水平显著提高。

2. 新时代党内法规制度建设更加凸显实践性

第一，党内法规制度建设要通过怎样的制度结构来实现特定的目标，以及如何随着时代的发展而随时能够灵活地加以完善，是一个战略性的问题，不能仅仅依赖于碎片化、阶段性、片面性的制度应急。党的十八大以来，中央正式出台了《中央党内法规制定工作五年规划纲要（2013—2017 年）》《中央党内法规制定工作第二个五年规划（2018—2022 年）》，任务书、时间表、路线图更加清晰，党内法规制度建设的系统性、战略性和前瞻性大大增强。

第二，党内法规制度清理工作稳步推进。2012 年，中央印发了《中共中央办公厅关于开展党内法规和规范性文件清理工作的意见》，在中共中央办公厅牵头组织下，中央纪委等多个中央和国家机关共同参与，集中开展清理工作。“通过对新中国成立至 2012 年 6 月期间出台的 23 000 多件中央文件进行全面筛查，共梳理出规范党组织工作、活动和党员行为的中央党内法规和规范性文件 1 178 件。经过清理，废止 322 件，宣布失效 369 件，二者共占 58.7%；继续有效的 487 件，其中 42 件需适时进行修改。”① 逐步推动了既有制度的“瘦身”和“健身”，掌握了现有党内法规的基本状况。

第三，党内法规制度建构日益规范。历史地看，党内法规制度建设经历了一个由点到线、由线到面、由面到体的发展过程。“党的十八大以来，党内法规制定工作驶入快车道，先后制定修订 140 多部中央党内法规，包括 1 部党章、2 部准则、14 部条例，占 240 多部现行中央党内法规的 60%。”②

第四，党内法规制度的执行力进一步增强。制度的价值在于实践，“要提高制度执行力，让制度、纪律成为带电的‘高压线’，使查处违纪违法问题制度化、经常化，使党员、干部心有所畏、言有所戒、行有所止”③。增强党内法规制度的执行力，在法规制度文本方面，保证具有可操作性；在制度执行方面，领导机关和领导干部“关键少数”要在遵守法律等方面发挥示范作用；在责任追究和惩处方面，严肃查处违反和破坏党内法规制度的行为；在监督检查和绩效评估方面，对重要党内法规制度实施情况开展定期督查和专项督查，开展制度绩效的第

---

① 中央党内法规和规范性文件集中清理工作全部完成．人民日报，2014－11－18（4）．

② 宋功德．坚定不移推进依规治党．机关党建研究，2019（1）．

③ 中共中央文献研究室．十八大以来重要文献选编：中．北京：中央文献出版社，2016：195．

三方评估。

3. 党的十八大以来，党内法规制度建设更加强调全面从严要求，更加强调体系性和规范性

以党的组织法规为例，出台了《中国共产党地方委员会工作条例》(2015)、《中国共产党工作机关条例（试行）》(2017)、《中国共产党支部工作条例（试行）》(2018)、《中国共产党农村基层组织工作条例》(2018)、《中国共产党党组工作条例》(2019)、《中国共产党国有企业基层组织工作条例（试行）》(2019)、《中国共产党党和国家机关基层组织工作条例》(2019)、《中国共产党中央委员会工作条例》(2020）等。2017 年，党的十九大提出党的建设总要求，围绕全面推进党的各项建设，明确提出“把制度建设贯穿其中”，从制度建设的角度丰富和发展了党的建设理论，为新时代推进党的建设提供了重要保障。2022 年，党的二十大提出完善党的自我革命制度规范体系。党内法规制度建设日趋成熟和定型。

二、党内法规制度建设的核心特征

（一）党内法规制度建设的探索历程，体现了中国共产党作为无产阶级政党的主体自觉和问题意识

中国共产党是无产阶级的政党，是无产阶级组织的最高形式。2022 年《中国共产党章程》明确规定，“中国共产党是中国工人阶级的先锋队，同时是中国人民和中华民族的先锋队，是中国特色社会主义事业的领导核心”。中国共产党的党内法规制度建设，充分体现了两个“先锋队”、一个“领导核心”的主体自觉。党内法规制度建设的主体是党自身，制度建设在本质上是党的自我约束、自我监督、自我完善与自我发展。党内法规制度建设的主体自觉体现在以下几个方面：第一，作为无

产阶级政党的自觉，“我们的党从最初建立时起，就是一个完全新式的无产阶级政党，是全心全意为中国人民服务而在最坚固的中国化的马克思列宁主义理论的基础上建立起来的党”①。党内法规制度建设必然要符合无产阶级政党的性质。第二，作为中国人民和中华民族先锋队的自觉，“我们党之所以获得伟大的成就，又在于坚持地实行了为人民服务的基本原则，使我们党成为建立在人民群众中和人民群众保持密切的联系，而且有严格纪律的党”②。党内法规制度建设要坚持以人民为中心，密切与广大人民群众的联系。第三，作为中国特色社会主义事业领导核心的自觉，“扎实推进党的工作和党的建设制度化、规范化、程序化，为保持党的先进性和纯洁性，提高党的执政能力和领导水平、增强抵御风险和拒腐防变能力提供坚强法规制度保证”③。中国共产党党内法规制度建设的主体自觉，从观念、认知、实践等维度，以及方式与方法、组织力量与资源等方面，深刻地影响着党的建设制度改革的方向、广度与深度。

“人们自己创造自己的历史，但是他们并不是随心所欲地创造，并不是在他们自己选定的条件下创造，而是在直接碰到的、既定的、从过去承继下来的条件下创造。”④ 时代和形势提出问题，党内法规制度建设就需要在实践探索中给予回应。党内法规在规定党组织和党员活动的基本原则的同时，还要根据这些原则规定各种具体的行动方式、内部规则、技术程序。“党的组织形式与工作方法，是依据党所处的内外环境和党的政治任务来决定的，必须具有一定限度的灵活性。如果环境变更，工作条件改变，党提出了新的政治任务，那末，党的组织形式与工

---

①② 中共中央文献研究室，中央档案馆．建党以来重要文献选编（1921—1949）：第22册．北京：中央文献出版社，2011：374.

③ 中共中央印发《关于加强党内法规制度建设的意见》．人民日报，2017-06-26（1）.

④ 马克思．路易·波拿巴的雾月十八日．北京：人民出版社，2018：9.

作方法，也必须有所改变”①。党内法规制度建设的“从无到有”“从有到优”表明，“问题-回应”机制是其重要的促动机制。不同历史阶段，党内法规制度建设聚焦的问题不同，制定的法规制度类型不同，党内法规实施的效果也存在差异。新民主主义革命时期的党内法规，重点在于解决新民主主义革命的领导权、如何开展武装斗争、如何推动执政区域的政权建设、如何制定符合实际的经济文化政策、如何正确处理与其他政党的关系等问题。社会主义革命和建设时期，党和国家的主要任务是巩固新生政权、完成民主革命的任务、恢复发展经济、处理好国际事务，党内法规不仅要规范党组织和党员的行为与活动，也要在相当大的程度上发挥规范党和国家事务的双重职能。《1956 年到 1967 年全国农业发展纲要（草案）》、1961 年 3 月中央工作会议通过的《农村人民公社工作条例（草案）》就是典型的例证。改革开放和社会主义现代化建设新时期，党内法规制度建设逐步走上规范化的道路。中国特色社会主义新时代，党内法规制度建设的关键是要解决其与党的建设实践探索一致性问题、制度约束和利益调整问题、制度落实的责任担当问题等。党内法规制度建设，就是在不断回应和解决不同历史时期提出的实践问题的过程中逐步展开的，是一个从需要制度、建构制度到真正完善制度的历史进程。

（二）党内法规制度建设的历程，体现了强调纪律与重视法规、增强团结与制约权力的协调与平衡

为了在严峻形势下求得生存、发展与壮大，保持自身的纯洁性和先进性，中国共产党始终将纪律建设摆在重要的位置。党的一大通过的《中国共产党第一个纲领》明确规定党员不得担任政府官员或国会议员。

① 中共中央文献研究室，中央档案馆．建党以来重要文献选编（1921—1949）：第 22 册．北京：中央文献出版社，2011：375.

党的二大通过的《中国共产党章程》要求党员绝对服从“全国大会及中央执行委员会之议决”，并专列六条纪律要求党员严格遵守，否则所属地方执行委员会必须将其开除。这六条纪律包括：违背党章及议决案、无故连续二次不到会、欠缴党费三个月、无故连续四个星期不为党服务、留党察看期满而不改悟、泄露党的秘密[①]。《中国共产党第三次修正章程决案》提出“严格党的纪律是全体党员及全体党部最初的最重要的义务”，并对违反党的纪律的党员规定了警告、留党察看、开除党籍等轻重不同的处分。自党的扩大的六届六中全会起，“党规”、“党法”与“党的法纪”、“党的纪律”共同履行规范党、约束党的职责。党的十八大以来，依靠党内法规来加强党的领导、推进党的建设变得更加明显。

中国共产党是无产阶级政党，必须保障党的凝聚力和向心力，保障党的整体的团结，防止党内出现分裂。刘少奇在《党规党法的报告》中解释“为何要党规党法以及组织决定”时指出：“要保证党的团结与统一，除政治上思想上之统一外，条文上亦应规定法律上非团结不可，以避免个别人破坏党的团结与统一。并以此党规与党法去教育同志。”[②]为了保障统一意志、统一行动，必须用党内法规来约束党的组织和党的成员。1956 年的八大党章也提出：“党的团结和统一，是党的生命，是党的力量的所在。经常注意维护党的团结，巩固党的统一，是每一个党员的神圣职责。”[③] 在夺取革命胜利掌握全国性政权后，如何恰当地使用手中的权力、把权力关进制度的笼子里是无产阶级政党面临的重大课题。权力的不当使用会带来极大的破坏性。“破坏党的政治纪律和政治

① 中共中央文献研究室，中央档案馆．建党以来重要文献选编（1921—1949）：第 1 册．北京：中央文献出版社，2011：167－168.

② 中共中央文献研究室，中央档案馆．建党以来重要文献选编（1921—1949）：第 15 册．北京：中央文献出版社，2011：749－750.

③ 中共中央文献研究室．建国以来重要文献选编：第 9 册．北京：中央文献出版社，1994：319.

规矩问题非常严重，务必引起重视。这些人权力越大、位置越重要，越不拿党的政治纪律和政治规矩当回事儿”[①]。十八届中央委员和候补委员立案审查的共 43 人，而中央委员和候补委员总数是 376 人，占比 11%多。根据中央纪委国家监委网站发布的“全国查处违反中央八项规定精神问题统计表”，2020 年全国因违反中央八项规定精神受到党纪政务处分人数达 119 224。既要增强党的团结统一，又要加强权力制约，是中国共产党及其领导者长期革命斗争实践经验的总结，也是在党内法规这个问题上理论思考的升华。

（三）党内法规制度建设的历程，体现了从应时之需到体系建构的实践要求，形式、目标、体系日益完善

从形式上讲，在 20 世纪 90 年代之前的党内法规制度建设实践中，因为时代、实践和认知的局限，党内法规的名称呈现出多样性的特征，党章、纲领、条例、决定、规定、决议、议决案、决议案、草案、法、办法、通告等，都是用来规范和调整党内外关系的。例如《关于议会行动的决议案》，对共产党议员的产生、议员在议会中的活动、议员与民众之间的关系等进行了较为详细的规范。对于不受党的监督“或违犯中央执行委员（会）方针”的议员，将被撤消议员资格，“并开除出党”[②]。其他还有《关于党员入政界的决议案》《中央扩大会议通告——坚决清洗贪污腐化分子》等。而根据 1990 年《中国共产党党内法规制定程序暂行条例》、2012 年中共中央批准发布并于 2019 年中共中央政治局会议修订的《中国共产党党内法规制定条例》的规定，党内法规的名称逐步完善为“党章、准则、条例、规定、办法、规则、细则”，形式越来

① 中共中央纪律检查委员会，中共中央文献研究室．习近平关于严明党的纪律和规矩论述摘编．北京：中央文献出版社，2016：28.

② 中共中央组织部，中共中央党史研究室，中央档案馆．中国共产党组织史资料：第 8 卷．北京：中共党史出版社，2000：12－13.

越完善。

从法规制度建设目标来看，从1921年到1938年前，为了保障党的生存与发展、维护党的纪律和统一、规范党的行为和方向，中国共产党制定了纲领、章程、宣言等一系列党内法规，但对于党内各项法规制度本身的目的何在尚未有清晰的认知。1938年党的扩大的六届六中全会上，毛泽东明确指出，党的纪律教育“不但在养成一般党员服从纪律的良好作风上，是必要的；而且在监督党的领袖使之服从纪律，也有其必要”[①]。改革开放和社会主义现代化建设新时期，党内法规的目的主要在于加强党的建设，保证党的各项工作和党内生活的制度化[②]。新时代党内法规的目标重点是“规范党的领导和党的建设活动”，“坚持和加强党的全面领导，坚持党要管党、全面从严治党”[③]。依靠党内法规管党治党、全面从严治党的目标越来越清晰。

从制度体系来看，党内法规制度建设源于党的建设实践提出的问题以及解决问题的方式，实践需求为制度供给创造了前提。进入21世纪，单一领域、环节的制度建设已经无法满足党的建设制度改革的需求，党内法规制度建设的规划性更加突出，制度体系建构更加迫切。2006年1月，胡锦涛强调，“加强以党章为核心的党内法规制度体系建设”[④]。党的十八大以来，2017年《中共中央关于加强党内法规制度建设的意见》概括了两个“1＋4”结构的党内法规体系框架。一是党章，及其之下的党的组织法规制度、党的领导法规制度、党的自身建设法规制度和党的监督保障法规制度；二是党章，及中央党内法规、部委党内

① 中央档案馆．中共中央文件选集：第11册（1936—1938）．北京：中共中央党校出版社，1991：652.

② 中央办公厅法规室，中央纪委法规室，中央组织部办公厅．中国共产党党内法规选编：1978—1996．北京：法律出版社，1996：723.

③ 中国共产党党内法规制定条例．人民日报，2019-09-16（3）.

④ 学习党章 遵守党章 贯彻党章 维护党章 深入开展党风廉政建设和反腐败工作．人民日报，2006-01-07（1）.

法规、省级党委制定的地方党内法规，以及副省级城市和省会城市党委制定的地方党内法规。党内法规建设的体系化发展，从根源上得益于中央对于党内法规建设规律性认识的不断深化。中央已经完成了对固有的“问题-回应”机制的超越，转而将党内法规建设视为一个包含着多重维度和多个阶段的调整对象，为党内法规建设定义了理想状态，并以此目标为指引，逐步构建完善具体性保障制度。以党章为最根本的党内法规，衍生出各环节、各领域的专门规章，从而形成了党内法规制度体系。

三、党内法规制度建设的基本经验

中国共产党党内法规制度建设，有力地保障了党的团结和统一，推动了党要管党、全面从严治党的落实，为党带领全国人民取得新民主主义革命的胜利、建设社会主义制度、推动改革开放、实现中华民族伟大复兴提供了根本的制度基础。

1. 党内法规制度建设始终坚持体现无产阶级政党的性质

中国共产党是工人阶级政党，是无产阶级政党，这是党的性质。1922 年《关于“工会运动与共产党”的议决案》明确指出：“共产党是所有阶级觉悟的无产阶级分子的组合，是无产阶级的先锋军”①。“但是我们要随时证明和解释给工人知道：只有共产党是工人的先锋是工人的政党。”②《中国共产党第二次全国大会宣言》指出：“中国共产党是中国无产阶级政党。他的目的是要组织无产阶级，用阶级斗争的手段，建

① 中央档案馆．中共中央文件选集：第 1 册（1921—1925）．北京：中共中央党校出版社，1989：80.

② 同①81.

立劳农专政的政治，铲除私有财产制度，渐次达到一个共产主义的社会。”[①] 1945 年党的七大通过的《中国共产党党章》指出：“中国共产党，是中国工人阶级的先进的有组织的部队，是它的阶级组织的最高形式。中国共产党代表中国民族与中国人民的利益。”[②] 1956 年党的八大通过的《中国共产党章程》指出：“中国共产党是中国工人阶级的先进部队，是中国工人阶级的阶级组织的最高形式。”[③] 进入 21 世纪，党的十六大通过的《中国共产党章程》强调：“中国共产党是中国工人阶级的先锋队，同时是中国人民和中华民族的先锋队，是中国特色社会主义事业的领导核心，代表中国先进生产力的发展要求，代表中国先进文化的前进方向，代表中国最广大人民的根本利益。”不管是党内法规，还是党内的规范性文件，都集中体现了中国共产党的无产阶级性质。

2. 将维护党中央的权威和集中统一领导贯穿于党内法规制度建设始终

在中国共产党的革命、建设和改革的实践历程中，对“党的领导”的认识经历了一个逐渐清晰、不断深化的过程。新民主主义革命时期的统一战线、武装斗争和党自身的建设的实践，使中国共产党逐渐形成了关于“党的领导”的系统观念和坚定立场。党的领导经历了“党的一元化领导”、“党是领导一切的”、“党的绝对领导”、“党的全面领导”和“党对一切工作的领导”等逐步深化的过程。1927 年中央临时政治局扩大会议通过的《政治纪律决议案》、1927 年的《中国共产党第三次修正章程决案》、1948 年中共中央做出的《关于各中央局、分局、军区、军委分会及前委会向中央请示报告制度的决议》都强调了维护党中央权威和集中统一领导的重要性。要实现党的领导，必须要改善党的领导。

---

① 中央档案馆．中共中央文件选集：第 1 册（1921—1925）．北京：中共中央党校出版社，1989：115.

② 中共中央文献研究室，中央档案馆．建党以来重要文献选编（1921—1949）：第 22 册．北京：中央文献出版社，2011：533.

③ 中共中央文献研究室．建国以来重要文献选编：第 9 册．北京：中央文献出版社，1994：314.

“问题是党要善于领导；要不断地改善领导，才能加强领导。”[①] 具体的做法，就是：“党要善于领导，不能干预太多，应该从中央开始。这样提不会削弱党的领导。干预太多，搞不好倒会削弱党的领导，恐怕是这样一个道理。”[②] 通过不同形式的法规制度，确立党的核心领导地位的同时，规范、协调各方面关系，为实现党的奋斗目标提供坚实的制度支撑。

3. 始终坚持通过法规制度建设协调各方面关系

在革命、建设和改革的实践进程中，一个突出特点就是中国共产党发挥总揽全局、协调各方的领导核心作用，形象地说是“众星捧月”，这个“月”就是中国共产党。党内法规制度就是协调各方面关系的制度形式和支撑。从党的领导角度看，党内法规需要调整党与国家机关、事业单位、群团组织、社会组织、企业和其他组织的关系，例如 1924 年 5 月通过的《SY 工作与 CP 关系议决案》就是一部有关共产党和社会主义青年团关系的党内法规，明确了党对青年团的领导。《中国共产党党组工作条例（试行）》是中国共产党发挥领导核心作用的组织制度保障，也是协调党与国家机关、人民团体、经济组织、文化组织、社会组织和其他组织关系的重要依据。《中国共产党机构编制工作条例》则是坚持党对机构编制工作的集中统一领导，关涉党和国家机构改革、体制机制与职责调整，各类机关和事业单位的机构、编制、领导职数的配备和调整的重要法规。此外，从党的建设角度来看，党内法规制度建设还承担着规范自身各级组织关系、调整党的组织和组织成员之间关系的责任。

4. 始终坚持在制度建设中加强体制机制和程序建设

党内法规制度建设在现实中运转起来，需要具体的程序和机制的支

① 邓小平．邓小平文选：第 2 卷．2 版．北京：人民出版社，1994：342.

② 邓小平．邓小平文选：第 3 卷．北京：人民出版社，1993：164.

撑。例如说开会，谁是主持人？开会的议题是什么？在什么地方开？会场如何布局？发言时间与顺序如何设置？这些都要依靠正式的、具体的程序和机制来保证落实。例如《中国共产党第一个纲领》规定“本纲领须经全国代表大会三分之二代表同意，始得修改”，党的二大通过的《中国共产党章程》规定“本章程修改之权属全国代表大会，解释之权属中央执行委员会”，《中国共产党第一次修正章程》规定“本章程修改之权，属全国代表大会，解释之权属中央执行委员会”。中国特色社会主义进入新时代，针对长期以来纪律处分条例等党内法规具体内容过于原则性而缺乏操作性等问题，系统修订了《中国共产党纪律处分条例》，对于违反纪律的情形以及相应处理措施都进一步加以细化，使原则性的要求具备了可操作的程序设计，从而保证了制度的有效性。

5. 始终坚持以党内民主的方式来推进党内法规制度建设

党内民主是党的生命，是党内政治生活积极健康的重要基础。党内民主各项制度的落实、党内民主的质量，直接影响着党内法规制度建设的质量和党内法规本身的生命力。1962 年，邓小平在扩大的中央工作会议上列举了民主集中制、“团结——批评——团结”等党内生活的优良传统，并指出，“这些都是毛泽东同志一贯提倡的，是我们的党规党法”[①]。因此，相关党内法规明确规定：“中央委员会、中央政治局、中央政治局常务委员会和党的各级委员会作出重大决策部署，必须深入开展调查研究，广泛听取各方面意见和建议，凝聚智慧和力量，做到科学决策、民主决策、依法决策。”[②] 而且，党内法规的权威和效力来源于制定过程的民主，民主程度越高，起草制定过程的参与越广泛，其权威性和效力就越高[③]。在对《关于新形势下党内政治生活的若干准则》和

① 邓小平．邓小平文选：第 1 卷．2 版．北京：人民出版社，1994：300.

② 关于新形势下党内政治生活的若干准则．北京：人民出版社，2016：26.

③ 陈家刚，陈凌宇．党内民主与党内法规制度建设．中共天津市委党校学报，2020（6）.

《中国共产党党内监督条例》征求意见的过程中，“共提出 1 955 条修改意见，扣除重复意见后为 1 582 条，其中原则性意见 354 条、具体意见 1 228 条”[①]。政党的真正力量在于其组织成员的觉悟。只有当党员享受充分的知情权，能够进行自主分析和判断，并自觉地遵从规则的时候，党才会有力量和光明的前景。“必须尊重党员主体地位、保障党员民主权利，落实党员知情权、参与权、选举权、监督权，保障全体党员平等享有党章规定的党员权利、履行党章规定的党员义务，坚持党内民主平等的同志关系，党内一律称同志。任何党组织和党员不得侵害党员民主权利。”[②] 2020 年 12 月 25 日，中共中央发布新修订的《中国共产党党员权利保障条例》，就是保障党员权利、发挥党员主体作用的重要举措。

党内法规制度建设的历程来自历史长河中党内法规的制度实践。中国共产党的历程承载着在革命斗争、理论创新的具体情境中展开制度建设历史画卷的责任，而这些法规制度的目的性和使命感又赋予中国共产党的组织、行为与活动某种意义。中国共产党创造了调整自身内在关系，调整自身与国家、社会等外在关系的制度体系，这些制度之间的相互协调、相互支撑，甚或相互冲突也促进了党本身在适应不同形势、环境和时代条件中的发展和完善。制度问题带有根本性、全局性和长期性。“制度好可以使坏人无法任意横行，制度不好可以使好人无法充分做好事，甚至会走向反面。”[③] 中国共产党党内法规制度建设的历程，“在党的建设上走出一条不搞政治运动，而靠改革和制度建设的新路子”[④]。加强和改善中国共产党的党内法规制度建设，从自觉的信仰引领、理念指导、内在约束，到自觉的法规约束、制度约束、外在约束，一方面

---

① 习近平．关于《关于新形势下党内政治生活的若干准则》和《中国共产党党内监督条例》的说明．人民日报，2016－11－03（2）．

② 关于新形势下党内政治生活的若干准则．北京：人民出版社，2016：26．

③ 邓小平．邓小平文选：第 2 卷．2 版．北京：人民出版社，1994：333．

④ 中国共产党第十三次全国代表大会文件汇编．北京：人民出版社，1987：67．

能够推动巩固现有机制体制，另一方面则能够实现兴利除弊和改革创新。

当然，制度的演进不是一个简单的线性进程。党内法规制度建设的历程并不意味着后一个历史时期的制度建构都能明确无误地超越前一个历史时期。人们在不同时期获得的关于党内法规制度建设的认知，有些是行之有效的经验，有些可能是应该吸取的教训。中国共产党党内法规制度建设的历程，积累了丰富的文献资源、实践经验、理论思考，从中总结、提炼出可解释、可分析的概念与话语，实现与人类政治文明的对接和对话，对于丰富和发展世界政党模式、推动人类政治文明的进步具有重要意义。中国共产党党内法规制度建设的历程，是一个长时段的研究论题，既需要宏观把握，又需要关注细节，实现二者的协调与平衡，还需要继续在广度上掌握更多素材，在深度上增强理论分析，只有这样，才能够在扎实的微观分析基础上建构其宏观理论框架。

第三章　党内法规制度建设的认知维度

中国共产党的党内法规制度建设走过了百余年的风雨历程。不同的历史时期，因为形势、任务、工作重点、条件的差异，党内法规的制度实践在内容和形式上也呈现出多样性的特点。在初步梳理中国共产党党内法规制度建设的历史脉络之后，我们可以从多个维度来理解其实践探索。

一、理解党内法规的三维框架

中国共产党的党内法规制度建设走过了百余年历程，形成了比较完善的制度体系，积累了丰富的实践经验。理解党内法规制度建设，既有观念与认知维度的，也有制度与结构维度的，还有实践与探索维度的。虽然不同的维度为人们展现的视角存在差异，但是它们共同构成了党内法规制度建设的整体图景。

（一）观念与认知维度：体现中国共产党人的理论思考逐步深化

观念与认知是人类基于经验的思维活动，是发展着的客观现实世界在人们头脑中的反映。这种反映的理性表达则表现为概念、原理和理论的递进性拓展。中国共产党人关于党内法规制度建设的观念认知及其变迁，同样也是经验现实的逻辑反映。不过，虽然 1921 年的《中国共产党第一个纲领》，针对组织成员资格、组织纪律等内容做出了详细的规定，1922 年通过的《中国共产党章程》以及此后的多部章程修正案，分别就党的组织、成员、纪律等内容做出了明确规定，1923 年出台了党的最高机关的第一部组织法规《中国共产党中央执行委员会组织法》，但是，“党内法规”的规范性认知在党内还没有正式形成。

真正明确“党内法规”认知的制度时刻是 1938 年。在 1938 年党的扩大的六届六中全会上，毛泽东做《论新阶段》的政治报告。毛泽东认为，“进行胜利的斗争”，必须“坚持铁的纪律”①。但是在党内还存在着不懂纪律、明知故犯、破坏纪律等现象。用什么方法来维护党的纪律，维护党的团结与统一呢？毛泽东提出：具体地实施“党的民主集中制”，“给全党尤其是新党员以必要的纪律教育”②。同时，“从中央以至地方的领导机关，应制定一种党规，把它当作党的法纪之一部分”③。而在张闻天提出的维护全党团结的七个方面基本条件中，第三条就是“（丙）服从组织决定，服从党规党法，遵守党纪”④。刘少奇在《党规党法的报告》中指出：“要保证党的团结与统一，除政治上思想上之统一外，条文上亦应规定法律上非团结不可，以避免个别人破坏党的团结与统一。并以此党规与党法去教育同志。”⑤ 而在党的扩大的六届六中全会之前的 9 月 15 日中央政治局会议上，刘少奇做北方局工作报告时就说：“现在党内要制定一种党规，进行党的建设。”⑥ 从毛泽东、张闻天、刘少奇等的报告内容来看，用党规、党的法纪来规范党组织和党的干部、党员的行为，此时在党内已经达成高度共识。1945 年，刘少奇

---

① 中央档案馆．中共中央文件选集：第 11 册（1936—1938）．北京：中共中央党校出版社，1991：651.

② 同①651，652.

③ 同①652.

④ 中共中央文献研究室，中央档案馆．建党以来重要文献选编（1921—1949）：第 15 册．北京：中央文献出版社，2011：711.

⑤ 同④749－750.

⑥ 中共中央文献研究室．刘少奇传：上．北京：中央文献出版社，2011：309.

在党的七大上说："党章，党的法规，不仅是要规定党的基本原则，而且要根据这些原则规定党的组织之实际行动的方法，规定党的组织形式与党的内部生活的规则。"[①] 为适应革命形势迅速发展，"建立经常的检查督促制度"和"建立经常的报告请示制度"，中央组织部于 1948 年 11 月印发了《关于建立和健全各级组织部门的业务与报告请示制度的通知》，在列举各级组织部门业务工作时，明确了"研究党规、党法实施中所发生的各种问题，按照新的革命斗争形势与党的政治任务，作必要之指导与改进，并拟具各种有关于组织与干部工作的条例与党内的法规"[②] 的重要内容，我们可以在一定程度上将其理解为"党规""党法"的概念表述走向"党内法规"表述的中介。

新中国成立后，在社会主义革命和建设时期，中国共产党一方面要医治战争留下的创伤，积极恢复国民经济建设；另一方面要推进国家政治制度、政治体制的建设；同时，还要继续加强党自身的建设。在多重艰巨任务面前，中国共产党人对党内法规的思考并没有止步。1952 年，《毛泽东选集》出版，其中《论新阶段》一文中使用的"党规"概念修订为"党内法规"，即"除了上述四项最重要的纪律外，还须制定一种较详细的党内法规，以统一各级领导机关的行动"[③]，首次提出了"党内法规"概念。邓小平在 1962 年扩大的中央工作会议上指出："遵义会议以后，在毛泽东同志领导下，我们党建立了一套健全的党的生活制度。比如民主集中制；团结——批评——团结的方法；言者无罪、闻者足戒，惩前毖后、治病救人；批判从严、处理从宽，不搞过火斗争、无

---

① 中共中央文献研究室，中央档案馆．建党以来重要文献选编（1921—1949）：第 22 册．北京：中央文献出版社，2011：375.

② 中共中央组织部，中共中央党史研究室，中央档案馆．中国共产党组织史资料：第 8 卷．北京：中共党史出版社，2000：693－694.

③ 毛泽东．毛泽东选集：第 2 卷．北京：人民出版社，1952：516. 1991 年出版的《毛泽东选集》（第 2 卷第 528 页）沿用了"党内法规"的概念。

情打击；艰苦朴素、谦虚谨慎，等等。这些都是毛泽东同志一贯提倡的，是我们的党规党法。”①

“文化大革命”结束后，为使党和国家政治生活走上正轨，集中精力进行社会主义现代化建设，邓小平特别强调：“国要有国法，党要有党规党法。党章是最根本的党规党法。没有党规党法，国法就很难保障。”② 各级纪检部门、组织部门的任务就是维护党规党法。“国要有国法，党要有党规党法”被写入了随后召开的十一届三中全会会议公报。此后，“党规党法”“党内法规”概念频繁地出现在重要会议和重要文献之中。例如“《关于党内政治生活的若干准则》是党的重要法规，全体党员要认真学习，自觉遵守”，“排除各种干扰和阻力，把维护党规党法，切实搞好党风这件关系到四个现代化的成败，关系到党和国家前途和命运的大事做好”③。1981 年制定的《关于建国以来党的若干历史问题的决议》也提出：“中央和各级纪律检查委员会的建立，《关于党内政治生活的若干准则》和其他有关党内法规的制定，各级党的领导机关和纪律检查机关为纠正不正之风所做的工作，提高了党的战斗力。”④ 1992 年党的十四大通过的《中国共产党章程》明确提出党的各级纪律检查委员会的主要任务是“维护党的章程和其他党内法规”，“党内法规”概念得到党章的正式确认。

进入 21 世纪，从严治党贯穿于党的建设各领域、各层级和各环节之中。“各级党组织和每个党员都要严格按照党的章程和党内法规行事，严格遵守党的纪律。”⑤ 严格党的纪律，关键是要通过加强党内监督、

---

① 邓小平．邓小平文选：第 1 卷．2 版．北京：人民出版社，1994：300.

② 邓小平．邓小平文选：第 2 卷．2 版．北京：人民出版社，1994：147.

③ 中共中央文献研究室．三中全会以来重要文献选编：上．北京：人民出版社，1982：434，435.

④ 关于建国以来党的若干历史问题的决议（一九八一年六月二十七日中国共产党第十一届中央委员会第六次全体会议一致通过）．人民日报，1981－07－01（1).

⑤ 江泽民．江泽民文选：第 3 卷．北京：人民出版社，2006：290－291.

法律监督、群众监督，建立健全依法行使权力的监督制约机制，加强对领导干部的监督，保证他们正确运用手中的权力；必须“加强贯彻执行各项党内法规的监督检查”，“使党内各项法规落到实处、付诸实施”[①]。2006 年，胡锦涛在中共中央纪律检查委员会第六次全体会议上提出，“加强以党章为核心的党内法规制度体系建设”[②]。党内法规制度体系建设是一项整体工程，既要重视原则性的法规制度又要重视可操作性的程序，既要重视某一个领域和环节的法规又要重视结构化的系统法规，既要重视党内的法规制度完善又要注意与国家法律法规的协调衔接。

新时代中国共产党党内法规制度建设进入了快车道，关于党内法规的认识与全面从严治党、自我革命等主题紧密联系在一起。“我们党的党内规矩是党的各级组织和全体党员必须遵守的行为规范和规则。”[③]党的规矩的总的内容包括四个方面，即党章、党的纪律、国家法律、党的优良传统和工作惯例。“严肃党内政治生活，必须把纪律规矩立起来、严起来。要对现有的制度规定进行梳理，该修订的修订，该补充的补充，该新建的新建，让党内政治生活有规可依、有章可循。”[④] 党的十九大报告提出要“加快形成覆盖党的领导和党的建设各方面的党内法规制度体系”。党的二十大报告明确提出了“完善党的自我革命制度规范体系”的战略部署。

从制度建设的百余年历程观察，中国共产党关于党内法规的观念形成和认知变迁，体现出以下几个特点：一是围绕党内法规的思考和认知

---

① 胡锦涛．胡锦涛文选：第 1 卷．北京：人民出版社，2016：257.

② 中共中央文献研究室．十六大以来重要文献选编：下．北京：中央文献出版社，2008：181.

③ 中共中央纪律检查委员会，中共中央文献研究室．习近平关于严明党的纪律和规矩论述摘编．北京：中央文献出版社，2016：7.

④ 中共中央文献研究室．习近平关于全面从严治党论述摘编．北京：中央文献出版社，2016：41.

主要服从和服务于党在不同历史时期的社会现实与革命任务。新民主主义革命时期的党内法规，重点在于维护党的团结统一、增强党的战斗力、取得新民主主义革命的胜利；社会主义革命和建设时期的党内法规，在规范党和领导国家事务两个方面发挥作用；改革开放和社会主义现代化建设新时期，党内法规制度建设逐步走上规范化的道路，重在实现制度治党；中国特色社会主义新时代的党内法规制度建设，关键是要解决制度完善和制度定型问题。党内法规制度建设就是在不断回应和解决不同历史时期提出的实践问题的过程中逐步展开的。二是党内法规概念在解决实际问题的过程中逐步完备。从中央政治局会议发言讨论中提及的“党规”，到党的全会中的“党规”“党规党法”，再到后来的“党规党法”、“党内法规”和“党内法规制度体系”，党内法规这个论域的核心概念，在中国共产党的观念认知中不断得以发展和完善。三是党内法规制度建设的主线是从严治党，维护团结，保障集中统一。在已有的文献叙事中，提出党内法规制度建设，重点在于严肃党的纪律、遵守党的纪律，在制度、法规基础上实现党的团结和统一，维护党中央的权威和集中统一领导，凝聚全党力量共同奋斗、确保党和国家长治久安。

（二）制度与结构维度：体现党内法规制度体系日益完善

1.《中国共产党章程》是最根本的党内法规，是管党治党的总规矩

1921 年，中国共产党召开第一次全国代表大会，宣告了中国共产党的诞生。会议通过的《中国共产党第一个纲领》，是第一个具有党章性质的党内法规。之后，党的二大、六大、七大、八大、九大、十大、十一大、十二大先后制定了八部《中国共产党章程》或《中国共产党党章》，而党的三大、四大、五大（会后由中央政治局制定）、十三大、十四大、十五大、十六大、十七大、十八大、十九大、二十大先后制定了

十一部修正章程或中国共产党章程（修正案）。党章的制定与完善为党内法规制度建设提供了总依据。

1922 年，党的二大制定了党史上第一部党章——《中国共产党章程》，首次提出了反帝反封建的民主革命纲领，对党组织的设置、党的会议制度、党的纪律等做了规定。1923 年，党的三大通过的《中国共产党第一次修正章程》就“党员”与“组织”有关内容做了修改，完善了入党的程序。1925 年，党的四大通过的《中国共产党第二次修正章程》确立了“支部”之组织，将党中央最高领导人的称谓由“委员长”改为“总书记”。1927 年，党的五大委托中央政治局制定的《中国共产党第三次修正章程决案》，明确规定“支部是党的基本组织”，第一次规定民主集中制为党部的指导原则，首次设立监察委员会。1928 年，党的六大通过的《中国共产党党章》，第一次明确规定民主集中制是党的组织原则，对党员资格做了更为完整的表述。1945 年，党的七大通过的《中国共产党党章》，是党独立自主制定的第一部党章，也是新民主主义革命时期最完备的党章。第一次增加了“总纲”部分简要说明党的性质、理论与组织原则，第一次将毛泽东思想确立为党的指导思想，完善了民主集中制的原则，明确规定了党员的义务和权利。1956 年，党的八大通过的《中国共产党章程》，是党执政后制定的第一部党章，第一次规定全国、省、县实行党代会常任制，明确规定党员十项义务七项权利，对党的组织机构也做了一些新的规定。党的九大、十大、十一大制定的《中国共产党章程》，是特殊条件下制定的，带有严重的“左”的错误和痕迹，例如取消了党员权利、取消了党的监察委员会等。1982 年，党的十二大制定的《中国共产党章程》是改革开放和社会主义现代化建设新时期第一部党章，第一次明确规定党必须在宪法和法律的范围内活动，单列“党的干部”内容，入党誓词写入章程，对党的中央和地方组织体制做了重要改变和新的规定。1987 年党的十三大通过的《中国共产党章程部分条文修正案》第一次用部分条文形式修改，更加注重党内民主建设、注重发挥党的基层组织的作用，党的建设走上了一条靠改革和制度建设的道路。1992 年党的十四大通过的《中国共产党章程》，确立了建设有中国特色社会主义的理论在全党的指导地位。1997 年党的十五大通过的《中国共产党章程》把邓小平理论确立为党的指导思想。2002 年党的十六大通过的《中国共产党章程》是 21 世纪的第一部党章，“三个代表”重要思想被确立为党的指导思想，增补第十一章“党徽党旗”，对党的性质、党的领导和党的建设、基层组织、纪检机关、共青团性质等内容都做了进一步阐释和新的表述。2007 年党的十七大通过了《中国共产党章程》，将科学发展观、党代表任期制、巡视制度、监督制度写入党章，第一次全面论述概括中国特色社会主义。2012 年党的十八大通过的《中国共产党章程》将科学发展观确立为党的指导思想，对中国特色社会主义道路、理论、制度等进行了完整表述。2017 年党的十九大通过的《中国共产党章程》把习近平新时代中国特色社会主义思想确立为党的指导思想，包含了党和国家工作的大政方针和战略部署等内容，体现了党的十八大以来党的理论、实践和制度创新成果，体现了党的十九大报告确立的重大理论观点和重大战略思想。2022 年党的二十大把二十大报告中确立的重大理论观点和重大战略思想写入党章，使《中国共产党章程》充分体现马克思主义中国化时代化最新成果，充分体现党的十九大以来党中央提出的治国理政新理念新思想新战略，充分体现党的工作和党的建设的新鲜经验，以适应新形势对党的工作和党的建设提出的新要求。

2. 党的组织、领导、自身建设和监督保障等领域的法规制度形成了覆盖党的领导和党的建设各个方面的党内法规制度体系

党的组织法规制度，是调整党的各级各类组织产生、组成、职权职

责等的党内法规。组织法规制度，重点聚焦执政党内部组织机构这一“行为主体”，是党的自身组织体系建设、管党治党以及治国理政的组织制度基础。党的三大通过的《中国共产党中央执行委员会组织法》就是一部组织法规，它具体规定了中央执行委员会及其日常工作机构中央局的产生方式、职责权限、议事规则，以及其与党的全国代表大会的关系。1938 年，党的扩大的六届六中全会通过的《关于各级党委暂行组织机构的决定》《关于中央委员会工作规则与纪律的决定》《关于各级党部工作规则与纪律的决定》，分别就中央和地方党组织工作方式和纪律做了详细的规定。新中国成立后，在组织法规建设方面，先后出台了《关于成立中央及各级党的纪律检查委员会的决定》(1949)、《中共中央关于建立农村工作部的决定》(1952)、《关于加强党的监察机关的决定》(1962) 等。近年来，组织法规制度建设成效显著，《中国共产党地方委员会工作条例》(2015)、《中国共产党支部工作条例（试行）》(2018)、《中国共产党农村基层组织工作条例》(2018)、《中国共产党党和国家机关基层组织工作条例》(2019)、《中国共产党中央委员会工作条例》(2020)、《中国共产党纪律检查委员会工作条例》(2021) 等规范中央组织、地方组织和基层组织的党内法规逐步建立起来。“截至 2021 年 7 月 1 日，现行有效党的组织法规共 153 部，其中，中央党内法规 15 部，部委党内法规 1 部，地方党内法规 137 部。”①

党的领导法规制度，是规范和保障党对各方面工作实施领导、完善党的领导体制机制、改进领导方式的党内法规。领导法规聚焦“领导行为”和“领导关系”，重在明确党与非党政机关、人民团体、企事业单位、自治组织、社会组织等领导与被领导关系，是党发挥总揽全局、协调各方领导核心作用的制度保障。1927 年，党的五大通过的《组织问

① 中国共产党党内法规体系．人民日报，2021-08-04 (1).

题议决案》提出“中央应该强毅地实行集体的指导，从中央省委以至支部”[①]，首次明确了党的集体领导原则。1933年，《苏区中央局关于巩固党的组织与领导的决议》明确了党的思想领导内容。1937年10月，为了加强党对军队的领导，在八路军总部来电后，张闻天、毛泽东复电朱德、彭德怀、任弼时、邓小平并告周恩来：“关于恢复政治委员及政治机关原有制度，我们完全同意，请即速令执行。”[②] 朱德、彭德怀、任弼时在五台县发布加强党在军队中领导的命令：“中共中央决定，在军队中恢复政治委员及政治机关原有制度，独立营和团以上设立政治委员。”[③] 1942年，中共中央政治局通过的《中共中央关于统一抗日根据地党的领导及调整各组织间关系的决定》明确提出：“党是无产阶级的先锋队和无产阶级组织的最高形式，他应该领导一切其他组织，如军队、政府与民众团体。”[④] 确定了根据地领导的统一与一元化。1948年，中央发出《关于建立报告制度》的指示以及《关于建立报告制度的补充指示》《关于宣传工作中请示与报告制度的规定》等法规，具体规定了党的领导地位、领导范围和领导方式。新中国成立后，为了更好实现党的领导，1962年，中央颁布了《中国共产党农村基层组织工作条例试行草案》《中国共产党国营工业企业基层组织工作条例试行草案》《中国共产党商业企业基层组织工作条例试行草案》，用以规范党对各个方面的领导。党的十八大之后，在党的领导法规制度建设方面，《中共中央政治局关于加强和维护党中央集中统一领导的若干规定》（2017）、《中国共产党重大事项请示报告条例》（2019）、《中国共产党政法工作条例》

① 中共中央文献研究室，中央档案馆．建党以来重要文献选编（1921—1949）：第4册．北京：中央文献出版社，2011：208.

② 中央档案馆．中共中央文件选集：第11册（1936—1938）．北京：中共中央党校出版社，1991：377.

③ 中共中央文献研究室．朱德年谱（新编本）（中）．北京：中央文献出版社，2006：699.

④ 中央档案馆．中共中央文件选集：第13册（1941—1942）．北京：中共中央党校出版社，1991：427.

(2019)、《中国共产党农村工作条例》(2019)、《中国共产党宣传工作条例》(2019）等发布，党的领导法规制度规范化和程序化程度明显提高，既注重党的领导覆盖领域的统筹性与全局性，又注重从制度建构中提升党的领导法规制度的效力。“截至 2021 年 7 月 1 日，现行有效党的领导法规共 772 部，其中，中央党内法规 44 部，部委党内法规 29 部，地方党内法规 699 部。”①

党的自身建设法规制度，是调整和规范党的政治建设、思想建设、组织建设、作风建设、纪律建设等的党内法规，侧重于规范党内实施的自身建设“行为”，是保障党的建设质量、党的先进性和纯洁性的制度基础。新民主主义革命时期，《对于组织问题之议决案》(1925）提出了具体的扩大党员的方式；中央书记处颁发的《关于办理党校的指示》(1940)，决定设中级党校、区级党校和初级干部训练班三个层次，用马列主义理论与中国革命实际情况来教育干部；而《中央关于高级学习组的决定》，则重在：“提高党内高级干部的理论水平与政治水平，决定成立高级学习组。其成份以中央、各中央局、中央分局、区党委或省委之委员，八路军新四军各主要负责人，各高级机关某些职员，各高级学校某些教员为范围。”②《中共中央关于在职干部教育的决定》分别从业务教育、政治教育、文化教育、理论教育四个方面规定了教育范围。新中国成立后，在作风建设方面，1950 年 5 月颁布了《中共中央关于在全党全军开展整风运动的指示》，要求“首先是整顿干部作风”③，“有领导有组织有准备地进行整党整干工作”④；在宣传教育方面，印发了

---

① 中国共产党党内法规体系．人民日报，2021-08-04（1).

② 中央档案馆．中共中央文件选集：第 13 册（1941—1942). 北京：中共中央党校出版社，1991：205.

③ 中共中央文献研究室．建国以来重要文献选编：第 1 册．北京：中央文献出版社，1992：217.

④ 同③218.

《中共中央关于健全各级宣传机构和加强党的宣传教育工作的指示》(1951)；在干部队伍建设方面，出台了《中共中央关于加强干部管理工作的决定》(1953)。改革开放之后，1983 年通过的《中共中央关于整党的决定》提出“执行党的纪律，揭露和解决党内存在的思想、作风和组织严重不纯的问题，实现党风的根本好转”[①]。进入新时代，《中共中央关于加强党内法规制度建设的意见》(2017)、《中国共产党党内法规制定条例》(2012/2019)、《中国共产党党内法规和规范性文件备案审查规定》(2019)、《中央党内法规制定工作五年规划纲要（2013—2017 年)》(2013)、《中央党内法规制定工作第二个五年规划（2018—2022 年)》(2018)、《中央党内法规制定工作规划纲要（2023—2027 年)》(2023)等文件出台，党的自身建设法规制度规范化程度逐步提升。

党的监督保障法规制度，是调整党的监督、激励、惩戒、保障等的党内法规，为保证党组织和党员干部履行好党和人民赋予的职责提供制度保障。自《中国共产党第一个纲领》起，党就开始运用党内法规进行党内监督的实践。1922 年党的二大《关于议会行动的决议案》就要求“本党国会议员，绝对受中央执行委员会的监督和指挥”，“本党议员不受中央执行委员会监督或违犯中央执行委员会方针时立即撤销其议员资格，并开除出党”[②]。1923 年党的三大《关于党员入政界的决议案》也提出：“凡党员之行动带有政治意义者，中央执行委员会有严重监督指导之权。”[③] 而对于那些给党造成恶劣影响的贪污行为，“特别训令各级党部，迅速审查所属同志，如有此类行为者，务须不容情的洗刷出党，

---

① 中共中央文献研究室．十二大以来重要文献选编：上．北京：人民出版社，1986：392.

② 中共中央文献研究室，中央档案馆．建党以来重要文献选编（1921—1949)：第 1 册．北京：中央文献出版社，2011：148－149.

③ 中央档案馆．中共中央文件选集：第 1 册（1921—1925). 北京：中共中央党校出版社，1989：152.

不可令留存党中，使党腐化，且败坏党在群众中的威望”[①]。1931 年，中共中央通过了《中央巡视条例》(1932 年 3 月 12 日中共中央组织局重新审查通过)，明确了巡视员的条件、基本任务、工作方式和职权等内容，党内巡视制度初步建立起来[②]。1933 年，《中共中央关于成立中央党务委员会及中央苏区省县监察委员会的决议》指出，“要防止党内有违反党章破坏党纪不遵守党的决议及官僚腐化等情弊发生”[③]。改革开放以后，党的监督保障发展制度稳步推进，先后出台了《中国共产党党员领导干部廉洁从政若干准则（试行)》(1997)、《中国共产党纪律处分条例》(2003)、《中国共产党巡视工作条例（试行)》(2009）等。党的十八大以来，《中国共产党党内监督条例》(2016)、《中国共产党纪律检查机关监督执纪工作规则》(2019)、《中国共产党问责条例》(2016/2019）等党内法规及规范性文件，为党内监督奠定了制度基础；《中国共产党党员权利保障条例》(2020)、《党政机关公文处理工作条例》(2012)、《中国共产党党内功勋荣誉表彰条例》(2017）等法规及规范性文件，成为党内激励、党员权利保障与党内工作运行保障的重要制度依据。“截至 2021 年 7 月 1 日，现行有效党的监督保障法规共 1 370 部，其中，中央党内法规 77 部，部委党内法规 57 部，地方党内法规 1 236 部。”[④]

（三）实践与探索维度：增强党内法规的有效性和权威性

从形式上看，党内法规制度表现为条款式或段落式的规范文本。其价值的实现还需要在实践中加以施行。只有通过实践中介，与制度所要规范、约束或者激励的对象建立起关联，制度的有效性和权威性才能够得到体现，

① 中共中央文献研究室，中央档案馆．建党以来重要文献选编（1921—1949)：第 3 册．北京：中央文献出版社，2011：348 - 349.

② 中共中央文献研究室，中央档案馆．建党以来重要文献选编（1921—1949)：第 8 册．北京：中央文献出版社，2011：374 - 379.

③ 中央档案馆．中共中央文件选集：第 9 册（1933). 北京：中共中央党校出版社，1991：340.

④ 中国共产党党内法规体系．人民日报，2021 - 08 - 04（1).

制度才能够具有可持续性。中国共产党党内法规制度建设，不仅需要比较完善的党内法规制度体系，还需要高效的实施体系和有力的保障体系。

1. 党内法规制度建设的领导体制规范统一，组织支撑坚实

依靠组织推进工作是中国共产党加强自身建设、实现党的领导的主要经验。早在新民主主义革命时期，中国共产党在党内法规制度建设实践中就尝试了组织建设的措施。1938 年党的扩大的六届六中全会之前召开的中央政治局会议，成立了“中央规则起草委员会”，由刘少奇等同志负责，起草有关组织法规，以供会议讨论。这是中国共产党第一个负责党内法规事务的机构。委员会起草的《关于各级党委暂行组织机构的决定》《关于中央委员会工作规则与纪律的决定》《关于各级党部工作规则与纪律的决定》在党的扩大的六届六中全会上通过，成为规范党的组织机构的重要法规。

《中国共产党党内法规制定条例》第八条规定：“党内法规制定工作由党中央集中统一领导，日常工作由中央书记处负责。中央办公厅承担党内法规制定的统筹协调和督促指导工作。”① 这明确了党内法规制度建设中的体系化保障。1991 年，中央批准成立中办法规室，承担中央制定党内法规和中央领导国家立法的具体服务工作。2011 年，中办法规室更名为中办法规局。2015 年 8 月，中央党内法规工作联席会议制度正式建立。2016 年 12 月，党中央召开党的历史上第一次全国党内法规工作会议，明确提出到建党 100 周年时形成比较完善的党内法规制度体系，为新形势下加强党内法规制度建设提供了行动纲领。

2. 党内法规制度建设规划、清理、建构和执行有力，实践性更加凸显

党的十八大以来，中共中央相继出台了两个中央党内法规制定工作“五年规划”，《中共中央关于加强党内法规制度建设的意见》印发，党内

---

① 中国共产党党内法规制定条例．人民日报，2019-09-16（3）.

法规制度建设的系统性、战略性和前瞻性大大增强。同时，清理工作稳步推进。“通过对新中国成立至 2012 年 6 月期间出台的 2.3 万多件中央文件进行全面筛查，共梳理出规范党组织工作、活动和党员行为的党内法规和规范性文件 1 178 件。经过清理，废止 322 件，宣布失效 369 件，二者共占 58.7%；继续有效的 487 件，其中 42 件需适时进行修改”①，逐步推动了既有制度的“瘦身”和“健身”。党内法规制度建构日益规范。“截至 2021 年 7 月 1 日，全党现行有效党内法规共 3 615 部。其中，党中央制定的中央党内法规 211 部，中央纪律检查委员会以及党中央工作机关制定的部委党内法规 163 部，省、自治区、直辖市党委制定的地方党内法规 3 241 部。”② 党内法规制定权试点工作稳步推进。2017 年，《中共中央关于加强党内法规制度建设的意见》明确提出“探索赋予副省级城市和省会城市党委在基层党建、作风建设等方面的党内法规制定权”，并选择了沈阳、福州、青岛、武汉、深圳、南宁、兰州等 7 个城市为试点，以总结地方经验做法，从制度层面确保体制机制落地生根。“一个有生命力的党所借以进行活动的法律基础，不仅必须由它自己建立，而且还必须可以随时改变”③，无产阶级政党要在充满活力的实践中去寻找自己的法规。

制度的价值在于实践。“要提高制度执行力，让制度、纪律成为带电的‘高压线’，使查处违纪违法问题制度化、经常化，使党员、干部心有所畏、言有所戒、行有所止。”④ 根据中央纪委国家监委网站发布的“全国查处违反中央八项规定精神问题统计表”，2021 年 5 月，全国共查处因违反中央八项规定精神受到党纪政纪处分人数达 7 300 人。党

① 中央党内法规和规范性文件集中清理工作全部完成．人民日报，2014-11-18 (4).
② 中国共产党党内法规体系．人民日报，2021-08-04 (1).
③ 马克思，恩格斯．马克思恩格斯文集：第 10 卷．北京：人民出版社，2009：440.
④ 中共中央文献研究室．十八大以来重要文献选编：中．北京：中央文献出版社，2016：195.

内法规执行力的加强还在于责任制的落实，2019 年 9 月 3 日，中共中央发布了《中国共产党党内法规执行责任制规定（试行）》，明确规定了党委、党组、党的工作机关、党的基层组织、党的纪律检查机关等各级各类党组织和党员领导干部的执规责任。“党和国家的各级机关中，一个很大的问题就是无人负责。名曰集体负责，实际上等于无人负责。一项工作布置之后，落实了没有，无人过问，结果好坏，谁也不管。所以急需建立严格的责任制。”① 责任制的建立，可以在道德与制度的相辅相成中建立其制度的实践刚性。

3. 抓住“关键少数”，坚定地树立起遵守党规党纪的典范

中国共产党对于自己的组织和成员始终保持着严格的纪律要求，党章明确规定“在党的纪律面前人人平等”。毛泽东在党的扩大的六届六中全会上指出：“纪律教育，不但在养成一般党员服从纪律的良好作风上，是必要的；而且在监督党的领袖使之服从纪律，也有其必要。”②刘少奇指出，用党规党法教育全党同志，“中央委员及政治局委员在执行此党规党法上应表现为模范”③。邓小平认为：“各级领导干部，特别是高级干部，更应该严格遵守党章、遵守《关于党内政治生活的若干准则》，起模范作用。”④ 加强对党的领导干部，或者说“关键少数”的监督，是党要管党、全面从严治党的重要内容。“从中央委员以至每个党部的负责领导者，都必须参加支部组织，过一定的党的组织生活，虚心听取党员群众对于自己的批评，增强自己党性的锻炼。”⑤ 党的十九届

---

① 邓小平．邓小平文选：第 2 卷．2 版．北京：人民出版社，1994：150－151.

② 中央档案馆．中共中央文件选集：第 11 册（1936—1938）．北京：中共中央党校出版社，1991：652.

③ 中共中央文献研究室，中央档案馆．建党以来重要文献选编（1921—1949）：第 15 册．北京：中央文献出版社，2011：753.

④ 邓小平．邓小平文选：第 3 卷．北京：人民出版社，1993：39.

⑤ 中共中央文献研究室，中央档案馆．建党以来重要文献选编（1921—1949）：第 18 册．北京：中央文献出版社，2011：445－446.

四中全会在阐释健全党和国家监督制度时指出："重点加强对高级干部、各级主要领导干部的监督，完善领导班子内部监督制度，破解对'一把手'监督和同级监督难题。"①

二、党内法规制度建设中的三重关系

中国共产党高度重视制度建设，原因大致有以下几个方面：其一，中国共产党是中国工人阶级的先锋队，同时是中国人民和中华民族的先锋队，保持先进性、纯洁性必须依靠常态化的制度约束和规范；其二，中国共产党要实现长期执政，就必须将制度作为最根本的保证，从而实现权威的可持续性；其三，政治发展模式的竞争，终究要归结到制度维度上来，走出一条具有自身特色的制度建设之路是体现优越性、竞争性的重要选择。中国特色社会主义进入新时代，作为最高政治力量和领导核心的中国共产党在推进民主法治建设、新型政党制度建设、国家治理现代化建设的同时，在规范党的领导和党的建设方面，也逐步加大了党内法规制度建设的力度。党内法规制度建设进入了快速、完备、定型的发展轨道。在各种不同类型的研究成果中，人们虽然已经注意到党内法规与国家法律之间存在着内在的紧张关系，但对于党内法规与党内规范性文件的内在张力、党内法规自身领域间的内在张力尚未有进一步的思考。而且，对于为什么会存在上述三种类型的制度张力也没有给予更多的关注，对于在何种层次和路径上破解此类制度张力也还有进行拓展性研究的空间。

---

① 中共中央关于坚持和完善中国特色社会主义制度 推进国家治理体系和治理能力现代化若干重大问题的决定．人民日报，2019－11－06（1）．

（一）党内法规制度建设的三维内在张力

1. 党内法规与国家法律之间存在协调不足的环节

党内法规是“党的中央组织，中央纪律检查委员会以及党中央工作机关和省、自治区、直辖市党委制定的体现党的统一意志、规范党的领导和党的建设活动、依靠党的纪律保证实施的专门规章制度”①。其规范内容包括“党的领导”和“党的建设”两大方面，其中，“党的领导”便涉及中国共产党与国家政权机关，例如立法、行政和司法机关之间的关系，涉及与人民团体、社会组织、企事业单位的关系，规范此类关系，必然要考虑党内法规与国家法律的关系。换言之，在调整关系的类型方面，党内法规与国家法律存在部分重叠。党内法规与国家法律作为两种不同性质的规则体系，在调整同一对象时，极易产生二者的内在张力。

邓小平曾指出：“党要管党内纪律的问题，法律范围的问题应该由国家和政府管。”② 而在政治实践中，党内法规与国家法律的作用范围并非存在着清晰的界限，甚至在一些方面表现出协调不足的问题。

其一，党内法规与国家法律对部分同类事项的规定不完全一致。较为典型的是《中国共产党纪律检查机关案件检查工作条例》（1994 年 5 月实施，简称《检查工作条例》）和《商业银行法》（1995 年 7 月实施）就有强制措施实施主体的规定。根据《检查工作条例》第二十八条第（七）项规定，“经县级以上（含县级）纪检机关负责人批准，可以对被调查对象在银行或其他金融机构的存款进行查核，并可以通知银行或其他金融机构暂停支付”③，但是，随后颁发的《商业银行法》第二十九

① 中国共产党党内法规制定条例．人民日报，2019－09－16（3）．

② 邓小平．邓小平文选：第 3 卷．北京：人民出版社，1993：163．

③ 中央办公厅法规室，中央纪委法规室，中央组织部办公厅．中国共产党党内法规选编：1978—1996．北京：法律出版社，1996：656．

条和第三十条则明确规定，对于个人储蓄存款和单位存款，仅有法律规定的单位或个人有权进行查询、冻结、扣划。而《行政监察法》（1997年5月实施）等法律并未将纪检机关列为强制措施的实施主体，与其合署办公的监察部门也只有查询银行存款的权力，却不能实施冻结和扣划行为。这便产生了《检查工作条例》和《商业银行法》在内容上的冲突。与此相似，《党政领导干部选拔任用工作条例》（2019年3月实施，简称《任用工作条例》）和《公务员法》（2019年6月实施）就降职条件的规定也不完全相同。《任用工作条例》第五十七条规定，“党政领导干部在年度考核中被确定为不称职的”，“应当降职使用”[①]；而《公务员法》第五十条规定，“公务员在年度考核中被确定为不称职的，按照规定程序降低一个职务或者职级层次任职”。虽然二者均规定了降职的责任形式，但是后者的表述显然更为具体化，二者在内容上并非完全一致。

其二，国家法律难以有效疏解党内法规的“溢出效应”，党内法规在实践中深度介入国家法律的调整领域，这在党政联合发文的制度框架下表现得更为明显。一方面，党内法规将非党组织和非党员纳入自身规制范围。如《党政机关国内公务接待管理规定》调整主体除各级党的机关外，还包括人大机关、行政机关、政协机关、审判机关、检察机关，以及工会、共青团、妇联等人民团体和参照公务员法管理的事业单位。另一方面，党内法规就某些事项代替国家法律发挥作用。如在反腐败领域，关于干部财产申报制度，我国目前主要通过《关于党员领导干部报告个人有关事项的规定》等混合型党规进行规制，而非采取国家法律这种国际通行的方式；关于保护检举和控告人制度，虽然其适用对象包含普通公民，但同样是通过《关于保护检举、控告人的规定》等混合型党规进行规制的。

---

① 党政领导干部选拔任用工作条例．北京：人民出版社，2019：32.

其三，党内法规与国家法律在部分内容和程序上存在“断层和空档”。与发展相对成熟的国家法律相比，党内法规自身建设目前仍处于起步阶段，相关配套机制供给不足。一方面，党内法规与国家法律缺少相互联通和衔接的机制。仍以上述《任用工作条例》和《公务员法》为例，前者规定了“因工作能力较弱、受到组织处理或者其他原因不适宜担任现职务层次的，应当降职使用”①，但在后者中并未涉及工作能力较弱、受到组织处理等情况的规定，二者存在明显的协调不足；又如《地方各级人民代表大会和地方各级人民政府组织法》规定了县级以上的地方各级人民代表大会可以“讨论、决定本行政区域内的政治、经济、教育、科学、文化、卫生、生态环境保护、自然资源、城乡建设、民政、社会保障、民族等工作的重大事项和项目”，而《中国共产党地方委员会工作条例》规定党的地方委员会有权“对本地区重大问题作出决策”②。那么在执行中“重大事项”和“重大问题”究竟有何区别？二者又该如何靠拢和衔接？这些均是党内法规制度建设需要解决的问题。另一方面，党内法规与国家法律缺少转化机制。如党内法规根据实践需要转化为国家法律，在此过程中应遵循的原则、标准、程序等机制亦是实践中需要进一步解决的问题。

党内法规与国家法律之间外显的紧张状态恰是二者异质性的具体体现。党内法规与国家法律的异质性决定了二者对外表达的不同方式，当适用对象发生重叠时，二者的不同之处便会集中表现出来，形成相互之间的紧张状态。

2. 党内法规与党内规范性文件之间的形式张力

根据目前《中国共产党党内法规制定条例》的规定，党内法规的名

① 党政领导干部选拔任用工作条例．北京：人民出版社，2019：32.

② 中国共产党地方委员会工作条例．北京：人民出版社，2016：2.

称主要是党章、准则、条例、规定、办法、规则和细则七种形式。也就是说，制定形式未体现为这七种名称的都不能被称为党内法规。但在中国共产党的治理规则中，还存在党内规范性文件这一形式，即“党组织在履行职责过程中形成的具有普遍约束力、在一定时期内可以反复适用的文件”①。根据有关学者的界定，党内规范性文件是党规制度的重要渊源，一些重要的规范性文件是开展党内生活必守的规矩，因而，这些规范也应属于党规规范②。此外，还有部分学者从概念外延出发，认为“党内规范性文件”包含于“党内法规”之中③。由此，党内制定的有关决议、决定、意见、通知等形式的规范性文件同样属于党内法规范畴。

虽然党内法规与党内规范性文件属于同一性质规则，但是二者同样存在着需要破解的内在张力。(1) 党内法规与党内规范性文件在调整方式上不统一。党内规范性文件是对党领导各项事业的全面规范，其调整内容涉及治党治军治国各个方面，具有更加显著的“溢出效应”。如《深化新时代教育评价改革总体方案》《关于建立健全生态产品价值实现机制的意见》均属于党内规范性文件，它们显然已经突破了“党内”范畴。同时，党内规范性文件在制度表达上更为复杂多样，其在实践中既会采用段落方式表述，提出解决问题的具体措施；也会采用条款方式表述，做出逻辑严密的制度安排。前者如《中共中央办公厅关于加强政党协商的实施意见》，重点从机制体制、保障措施等角度对调整主体提出要求，并非全部内容均含有一般规范；后者如《中共嘉兴市委法律顾问工作规则》，和党内法规相似，也会针对各种禁止性或者义务要求设定

① 中国共产党党内法规和规范性文件备案审查规定．人民日报，2019-09-16 (3).

② 宋功德．党规之治．北京：法律出版社，2015：501.

③ 李军．中国共产党党内法规研究．天津：天津人民出版社，2016：54；刘长秋．关于党内法规的几个重要理论问题．理论学刊，2016 (5)：29.

相应的奖惩后果。（2）党内法规与党内规范性文件在效力认定上不明确。同级党组织颁布的党内法规与党内规范性文件仍然存在效力比较的难题。如《中共中央关于加强党内法规制度建设的意见》和《中国共产党党内法规制定条例》均属于同级党组织颁布，但前者作为党内法规制度建设的总体性指导文件，在效力上显然不可能低于后者；又如《中共中央办公厅关于防止干部“带病提拔”的意见》和《任用工作条例》同样属于同级党组织颁布，但后者是依据前者制定的，在效力上后者也不可能高于前者。（3）党内法规与党内规范性文件在内容规范上不一致。如《中共中央办公厅关于党的基层组织实行党务公开的意见》和《中国共产党党务公开条例（试行）》均对党务公开做了规定，前者规定了党员“依申请公开制度”，而后者规定公开方式只有党组织“及时主动公开”一种形式。（4）党内法规与党内规范性文件在实施程序上不衔接。相较于党内规范性文件，党内法规对制度稳定性要求更高，因而，在不具备党内法规制定条件下，党内规范性文件可以“先试先行”，待时机成熟后转化为党内法规。如《党政机关厉行节约反对浪费条例》颁布前，《中共中央办公厅、国务院办公厅关于党政机关厉行节约若干问题的通知》便充当了先行角色。但是，党内规范性文件转化为党内法规的标准、原则、步骤等程序性规定仍然处于空白状态。

党内法规是中国共产党制定的所有具有约束力的制度性文本，从这一角度来看，党内法规与党内规范性文件具有同质性。但二者在形式上存在较大差异，并经由制度表达和实践体现出来，形成二者之间的内在张力。

3. 党内法规内部的紧张状态

党内法规作为承载中国共产党治党理念的制度集合体，是由内容相异、功能不同的一系列规范构成的体系。因而，党内法规在保持体系外部和谐的同时，也要满足内部逻辑关系的一致性，保证自身内部的不同规范相互之间组成一个逻辑上清楚的、本身逻辑上毫无矛盾的和首先是原则上没有缺漏的规则体系①。但是，从实践来看，党内法规自身内部的各领域或各部门之间，也存在着一定的紧张关系，并通过空间和时间两个维度表现出来。

《中共中央关于加强党内法规制度建设的意见》明确提出了党内法规制度建设的体系构想，具体体现为两个“1+4”体系框架。第一个“1+4”框架主要指的是党章，及其之下的党的组织法规制度、党的领导法规制度、党的自身建设法规制度、党的监督保障法规制度四大板块。第二个“1+4”框架主要指的是党章，及中央党内法规、部委党内法规、省级党委制定的地方党内法规、副省级城市和省会城市党委制定的地方党内法规。就横向的“1+4”体系框架来讲，现存问题集中表现为不同板块及其内容之间的交叉重叠。如党的领导法规制度包含自身建设的内容，以《中国共产党统一战线工作条例》为例，其在第十二章专门对“统战部门自身建设”做了规定，并从政治、思想、组织、作风和纪律等五个方面对统战队伍的建设提出了要求。又如党的组织法规制度同样包含自身建设的内容，以《中国共产党党和国家机关基层组织工作条例》为例，其在第四章和第五章分别规定了“党的政治建设”和“党员队伍建设”，就党和国家机关基层组织队伍在政治、思想和组织等方面的建设做了要求。就纵向的“1+4”体系框架来讲，主要存在两大问题。一是上下级党内法规不周延。下级党组织在制定党内法规时往往需要兼顾本区域实际情况和上级党组织的要求。一方面，下级党组织可能基于地方主义，或是出于简单化、便宜化的考量，忽略上级或中央党内法规的要求，如辽宁省委在1990年制定的《中国共产党辽宁省党内法规制定程序暂行条例》，不论其内容如何，该文件使用“条例”作为其

---

① 韦伯．经济与社会：下卷．林荣远，译．北京：商务印书馆，1997：16.

制定形式首先便是不合规的。另一方面，下级党组织可能受权力关系影响，表现出对上级或中央党内法规的机械贯彻，缺乏创新性和可操作性，导致党内法规无法在实际生活中有效规范党员行为。二是同级党内法规不协调。同级党组织或是因缺乏统筹规划和顶层设计，或是受当前党内法规左右交叉重叠的影响，产生权责划分不一致、“立法碎片化”等现象。

此外，党内法规内部的紧张状态还表现为同一主体制定的同类法规新旧规定之间的张力。《中国共产党党内法规制定条例》第三十三条规定，“同一制定机关制定的党内法规，一般规定与特别规定不一致的，适用特别规定；旧的规定与新的规定不一致的，适用新的规定”①，明确了党内法规的适用原则。但是，在党内法规制度建设的实践中，还存在同类法规新旧版本同时存在、同时适用的现象，最为典型的便是规范党内政治生活的两部准则，即《关于党内政治生活的若干准则》和《关于新形势下党内政治生活的若干准则》。两部准则均由同一机关制定，内容也均着眼于党内政治生活这一主题，二者在调整党内关系上同时适用，旧准则并没有因为新准则的制定而废止。前后两部准则共存，一方面凸显了党内法规制度建设不同于国家法律的地方，另一方面也提出了如何考虑党内法规制度建设中的新旧关系问题。如何处理好二者在内容上的同与异？如何处理好旧版准则继续发挥作用的问题？如何确保新旧两部准则一同形成严肃和规范党内政治生活的制度合力？这些问题均需在党内法规制度建设中做出回应与探索。

（二）党内法规制度建设的双重逻辑规约

在党内法规制度建设的实践探索中，上述三重关系的内在张力并非简单的、表面的、暂时的冲突性关系。其张力的存在有着深刻的逻辑背

---

① 中国共产党党内法规制定条例．人民日报，2019-09-16（3）.

景。从政党政治的角度来看，一方面，现代政治的重要特征就是政党政治，中国共产党作为现代政治组织力量，必然遵循作为国家内一种类型政治组织的基本特征和运行逻辑；另一方面，中国共产党在政治发展过程中又不同于一般的政党组织，中国共产党是当代中国的最高政治力量，是领导一切的政治核心，因此，中国共产党的组织、成员、权力结构和影响力又不仅仅局限于党内，而是会覆盖到国家生活领域。从政治现实来看，一方面，中国共产党为了保持自身的先进性、纯洁性，以及长期执政的目标，始终坚持全面从严治党，勇于自我革命；另一方面，为了推进国家建设的目标，始终不渝坚持推进依法治国。如果在具体的、现实的党内法规制度建设中，不能很好地把握全面从严治党与全面依法治国的双重逻辑，就会导致制度建设过程的内在张力。这既包括党内法规制度外部的紧张状态，即党内法规与国家法律的矛盾和冲突；同时也包括党内法规制度内部的紧张状态，即党内法规与党内规范性文件、党内法规内部各领域或各部门的矛盾和冲突。换言之，全面从严治党与全面依法治国的双重逻辑是党内法规制度建设中三重关系内在张力的根源。

第一，党内法规体系内嵌于社会主义法治体系的实践导致党内法规和国家法律之间的内在张力。中国特色社会主义法治建设的核心问题集中表现为党和法治的关系，执政的中国共产党既要统筹领导依法治国的各项工作，主动运用法治思维和法治方式化解社会矛盾，维护社会稳定；同时也要不断改善对依法治国的领导，通过党内法规的制度约束，以严的标准、措施和纪律促成领导工作的规范化、科学化，确保自身主张转化为人民的自觉行动。党内法规与国家法律二者构成中国共产党领导和参与法治建设的“两翼”和“双轮”，但是，作为社会主义法治体系中两个相对独立的子系统，党内法规和国家法律在制定主体、调整对象、违反后果、保障机制等方面均存在差异。党内法规的制定主体一般为省级及其以上的党组织（不含部分副省级和省会城市党委），国家法律则是由各级非党组织的立法部门制定的。党内法规主要调整各级党组织工作、活动以及党员的行为，是党组织和党员的行动依据，如若违反则要受到严厉的党纪制裁；国家法律主要调整的是社会关系和社会秩序，是全体公民的行为底线，如若违反则要受到法律制裁。党内法规由政治强制力保障实施，国家法律由国家强制力保障实施。上述差异性作用于党内法规的“嵌入”过程，由此引起二者关系的紧张。

第二，党内法规制度形式的多样与作用边界的差异会在实践中导致党内法规与党内规范性文件之间的内在张力。党内法规制度的载体形态通常表现为党内法规与党内规范性文件两种基本形式，相较于党内法规，党内规范性文件的制度表现形式更为复杂多样，既包括名称为规则、规定、办法、细则的非党内法规文件，还包括名称为决议、决定、意见、通知等的一般规范性文件。党内规范性文件是中国共产党在履行职责过程中的具体产物，党的政治核心地位赋予党内规范性文件统筹领导、居中协调的价值定位，因而，其政策属性更强、作用边界也更广。二者相比来看，党内法规更具普遍性、规范性、操作性、稳定性，党内规范性文件则更具灵活性、原则性、指导性、探索性①。党内规范性文件表现形式的多样性与调整范围的外溢性使之在作用方式、内容规范和实施程序上均表现出不同于党内法规的特点，二者关系也随之产生紧张和冲突。

第三，党内法规自身结构功能的交叉与重叠会在实践中导致党内法规各领域或各部门之间的内在张力。党内法规既是作为部分的规范，同时也是作为整体的规范，就此来看，任何一项法规制度都不是孤立的，

① 李忠．党内法规制度合宪性审查初探．西北大学学报（哲学社会科学版），2019（1）：113.

而是要与其他不同位阶、层次、调整领域的法规制度相互支持、相互联结，共同构成法规制度体系[①]。因而，在理想状态下，党内法规应是一个逻辑自洽、内容协调的有机整体，不同领域、不同位阶、不同效力的党内法规依据一定的原则和结构整齐地排列在系统之中。但是，党内法规作为规范党的活动的专门规章制度，其体系构建亦会受到规范内容的影响。在实践中，中国共产党的自身活动具有交叠性，其中一项活动往往对应多种行为或多个目的，受此影响，党内法规自身结构功能也呈现出交叉与重叠的特征，在时间、空间两个维度上表现出相互交织、相互渗透的状态，导致其自身内部各领域或各部门之间的紧张。

因此，无论是从理论还是实践来讲，党内法规制度建设中的三重关系必然会存在内在张力。在社会主义法治建设的过程中，“党既要坚持依法治国、依法执政，自觉在宪法法律范围内活动，又要发挥好各级党组织和广大党员、干部在依法治国中的政治核心作用和先锋模范作用”[②]。由此产生了全面从严治党和全面依法治国的双重逻辑。社会主义法治建设的双重逻辑要求中国共产党“必须坚持依法治国与制度治党、依规治党统筹推进、一体建设”[③]，也即实现党内法规、国家法律、党内规范性文件在制度层面上的协调统一。但是，从制度属性和结构功能来讲，党内法规、国家法律和党内规范性文件均存在差异，这决定了三者在制度体系中的不同定位，以及对外表达的不同形态。在党内法规制度建设中，如果不能准确地把握上述差异，便会导致不同制度之间、同一制度内部产生矛盾和冲突，对制度效能的整体发挥造成影响。

---

① 陈家刚．新时代党内法规制度体系建设的路径．学习论坛，2019（9）：36.

② 中共中央文献研究室．十八大以来重要文献选编：中．北京：中央文献出版社，2016：183.

③ 习近平就加强党内法规制度建设作出重要指示强调坚持依法治国与制度治党、依规治党统筹推进、一体建设．人民日报，2016-12-26（1）.

三重关系的内在张力反映了党内法规制度内外的紧张状态，舒缓三重关系的内在张力是党内法规制度建设的前提与基础，同时，这也是社会主义法治建设双重逻辑的内在要求。中国共产党的性质和地位决定了全面依法治国和全面从严治党本质上是高度统一的，在全面依法治国的条件下，首要问题便是解决如何管党治党的问题，“没有党规党法，国法就很难保障”①，因而，“党的各级组织和广大党员干部不仅要模范遵守国家法律，而且要按照党规党纪以更高标准严格要求自己”②。也正是因为如此，党建立了一套完整的制度体系进行自我约束和自我规范。在双重逻辑的规约下，党内法规、国家法律、党内规范性文件在根本上是相互统一的。就党内法规与国家法律来讲，虽然二者属于不同性质的规范，但党内法规具有法属性，二者相辅相成、互为补充；就党内法规与党内规范性文件来讲，二者均是管党治党的重要方式，党内规范性文件寓于党内法规制度之中；就党内法规自身内部来讲，各领域或各部门党内法规的划分是全面推进依法治国的题中之义，国家法律制度的体系化要求党内法规的体系化，如此才能消除二者之间的矛盾和冲突。从价值本源来看，党内法规、国家法律、党内规范性文件均服从于国家和人民的根本利益，所以，这三者虽然在制度属性和结构功能上存在差异，但不会走向对立和相隔。因而，实现党内法规制度建设中的三重关系的协调，不仅是必要的，而且是必然的。

三、在党内法规制度建设的实践中提升协调力

国家治理体系是一个国家制度的集中体现，好的国家治理体系是

① 邓小平．邓小平文选：第2卷．2版．北京：人民出版社，1994：147.

② 中共中央文献研究室．十八大以来重要文献选编：中．北京：中央文献出版社，2016：178.

“一整套紧密相连、相互协调的国家制度”，而“有了好的国家治理体系才能提高治理能力”[①]。党内法规制度是国家治理体系的重要组成部分。将党领导一切的原则转化成制度实践，将国家治理体系的优势转化为国家治理的效能，基础在制度，重点在制度协调力。在党内法规制度建设的实践中提升协调力，对于加强党的领导、推进党的建设、实现国家治理现代化具有重要的意义。

（一）提升制度协调力的总体原则

提升制度协调力必须要确定总体原则，为三重关系的协调提供基本理论遵循。其一，坚持党的全面领导的根本原则，党的全面领导是党和国家各项事业取得进步的根本保证，在党内法规内外关系协调的具体程序设计上，必须坚持维护党中央的权威和集中统一领导，确保党的领导更加坚强、党的执政地位更加巩固；其二，服从和服务于党内法规制度建设的总目标，“坚持党内法规和规范性文件相得益彰”，“坚持党内法规同国家法律衔接和协调”[②]，坚定不移提升党内法规的“系统性、协调性、统一性”[③]，实现不同制度治理能力的最大输出；其三，保持和促进制度的稳定性和权威性，强化按制度办事的规则意识，健全权威高效的执行机制，确保制度的刚性约束，避免使制度成为“稻草人”“纸老虎”“橡皮筋”，避免出现制度的“破窗效应”；其四，坚持系统的方法论原则，党内法规、国家法律、党内规范性文件均是管党治国的制度性规范，三者既相对独立，又相互融通，共生于国家治理体系之中，必须充分考虑不同制度的差异性，以避免矛盾和冲突为基准，以具体路径为导向，以配套机制为保障，挖掘不同制度的特色和优势，使国家治理

① 中共中央文献研究室．十八大以来重要文献选编：上．北京：中央文献出版社，2014：548.

② 中共中央印发《中央党内法规制定工作第二个五年规划（2018—2022年）》．人民日报，2018-02-24（1）.

③ 中央党内法规制定工作五年规划纲要（2013—2017年）．北京：人民出版社，2013：3.

体系得到最大优化。

（二）提升制度协调力的主要路径

提升制度协调力必须着眼于党内法规制度建设实践。“党内法规制度建设是一个全方位的制度构造过程，既包括党内法规‘四梁八柱’的顶层设计，也包括法规制定的广泛参与；既包括法规的文本规范，也包括文本的实践操作。”[①] 三重协调关系的构建亦需反映党内法规制度建设的科学内涵，同时，必须要综合考量党内法规、国家法律、党内规范性文件的制度定位，准确把握三者之间的关系，并针对实践中出现的不适应、不协调、不一致等问题采取相应的完善路径。

第一，促成党内法规制度建设在内容规范上的一致。内容规范是制度有关适用主体开展工作、从事活动的基本遵循与依据，对调整对象的行为起着规范、制约和导向的作用，在党内法规制度建设中具有基础性的地位。如果不能守好内容规范这一“关口”，党内法规制度建设内外关系的协调也就无从谈起。尼尔·麦考密特在其法律论证理论中提出，“法律制度乃是作为一个一致和协调的规则整体存在的”[②]。其中一致性是指无论一个给定规则的后果多么令人满意，只要它与一些有效的和具有拘束力的制度规则相抵触，就不能被采纳；而协调性是指一系列任意规则之间没有任何相互抵触的内容，并且这些规则组成一个合理的整体。制度规则的一致性是整体协调的必要条件和保证。党内法规制度建设同样需要保证其自身内部或同其他制度之间有关规则的一致性，特别是涉及对同一对象或相同事项的规制，内容规范的一致性是消除制度相互掣肘的基本要求。党内法规制度规范的一致性应该包含两个层次的含义。一是一致性的“最低标准”，即保证不同规则在内容规范上达到最

① 陈家刚，陈凌宇．党内民主与党内法规制度建设．中共天津市委党校学报，2020（6）：20.

② 麦考密特．法律推理与法律理论．姜峰，译．北京：法律出版社，2005：100－101.

低限度的互不侵犯，不违反宪法和党章的基本精神，不与上位法规抵触、不与同位法规冲突，这是原则性和底线性的要求。二是一致性的“期望标准”，即不同规则之间分工明确，相互协作，前后调整，粗细配合。如宪法和国家相关法律中规定了“党的领导”原则，党内法规或规范性文件就领导什么、如何领导等问题进一步做出细化配套规定。党内法规制度建设在内容规范上的协调，就是要保证不同规则之间既不能冲突矛盾，也不能交叉重复，而是应在最低限度的基础上，达到党内法规内外关系协调的“期望标准”。

第二，增进党内法规制度建设在运行程序上的衔接。程序化是制度运行的基本特征，也是提高制度规范化水平、增强制度执行力的重要途径。党内法规制度建设中的运行程序主要表现为两个方面：一是不同制度的运行流程，包括制定、实施、执行等环节；二是不同制度之间的协调流程，包括联通、转化等机制。前者集中于制度运行的纵向维度，后者表现为制度运行的横向维度。在运行程序上提升制度协调力也应从两个方面做出安排：其一，建立健全制定、实施、执行等环节的程序性规范，实现不同制度运行程序规范的全覆盖。要特别注重加强部分仍处于缺位状态的程序性规范的建设，如党内规范性文件、党政联合发文等混合型党规，保证制度在协调运行的过程中有规可依。同时还要做好针对基本规范的具体操作细则的配套工作，推动制度走向精细化、具体化，实现党内法规对党员行为的有效规范，继而“以规则约束下的行为替代个人自发的行为”[①]。最终形成实体性制度与程序性制度、基本规范与具体规范相互支撑、协同运行的良好局面。其二，打通党内法规制度建设中的联通、转化通道。规范不同制度之间的相互引证，对涉及党的领

---

① 马奇，奥尔森．重新发现制度：政治的组织基础．张伟，译．北京：生活·读书·新知三联书店，2011：23.

导和执政活动的内容规范、运行程序做好对接，推动党内法规与国家法律、党内法规与党内规范性文件实现双向靠拢、双向衔接。针对部分可由两种制度共同调整的事项，应在充分考量制度成本的基础上进行“先试先行”，与此同时，建立不同制度规则之间的转化机制，对转化的原则和程序做出规范。前者应包括但不限于单向转化原则、适时性原则等，后者应包括但不限于转化前评估、转化申请、审核审查、转化后评估等。党内法规制度建设在运行程序上的协调，就是要确保制度规范的有序运行，在内容规范相一致的前提下，达到程序衔接，避免脱节断档。

第三，维护党内法规制度建设在体系结构上的统一。任何一项制度最终都需借助体系化的结构形式呈现出来，这是遵循规范主义方法的具体表现。同时，制度作为一个相互联系要素的复杂组合，一般具有整体性、复杂性、相互依存、相互影响等特征[①]，只有通过体系化构建，不同制度或同一制度内部才能在适用规则、效力等级、解释方法上达成某种程度的统一，才能进行上下、左右、内外等各个维度的比较，使之协调并真正运转起来。在党内法规制度建设中，要做好以下工作：首先，要统筹推进各位阶、各领域、各层面、各环节的制度建设工作，建立制度的对标管理机制，及时补齐制度发展的短板，在此过程中，确保党内法规、国家法律、党内规范性文件在内容规范和运行程序上的协调一致。其次，要处理好对内对外两大关系体系，一方面，要处理好党内法规与国家法律、党内法规与党内规范性文件的关系，建立外部冲突解决机制；另一方面，要建好党内法规自身内部冲突解决机制。最后，完善制度内部各领域或各部门划分的标准和依据，综合考虑组成制度的各种要素的复杂性，对制度的划分必须扩大视野，如《中央党内法规制定工

---

① 克朗．系统分析和政策科学．陈东威，译．北京：商务印书馆，1985：177.

作第二个五年规划（2018—2022年）》提到，形成“党的领导和党的建设”法规制度体系，便是从更为宏观的层面进行考量的。党内法规制度建设在体系结构上的协调，就是要保持党内法规同其他制度规范体系相互承接和呼应，防止制度系统因相互联系密集，而变得复杂和难以控制[①]。

（三）提升制度协调力的保障机制

提升制度协调力必须充分重视制度层面的保障机制。制度建设不是一劳永逸的，所有的制度建构都体现为建立、建设、发展、完善的过程[②]。三重协调关系本质上是对党内法规制度实践矛盾的一种回应，其协调方式亦会随制度建构而不断完善和发展。在此过程中，党内法规会不断面临新情况、新问题和新挑战。因而，必须建立健全党内法规与国家法律、党内法规与党内规范性文件以及党内法规自身内部的全面协调保障机制，综合应用备案、评估、解释、清理等多种手段，结合“立规-执规-守规”“内容-程序-体系”“纵向-横向”“时间-空间”等不同维度，为应对实践中可能出现的各类冲突做好必要的制度准备。

第一，健全前置审核和备案审查联动机制。从阶段上来看，党内法规的前置审核属于事前监督，而备案审查则属于事后监督。《中国共产党党内法规制定条例》和《中国共产党党内法规和规范性文件备案审查规定》分别对党内法规的前置审核和备案审查的内容、程序做了规定与说明。前置审核大致可以概括为三个方面：一是合政治性审查，二是合法性审查，三是合程序性审查。备案审查则包括政治性审查、合法合规性审查、合理性审查和规范性审查。总的来看，前置审核和备案审查机制已经成为保障党内法规内外关系协调的重要手段，但是，现有机制的

---

① 杰维斯．系统效应：政治与社会生活中的复杂性．李少军，等译．上海：上海人民出版社，2020：11.

② 李景治．改革与制度建设相辅相成．学习与探索，2020（10）：50.

联动效应仍然略显单薄，与其他制度之间互动不够，是不同制度之间出现不衔接、不协调的重要原因。因此，构建横向层面的衔接联动机制，一方面，要重视发挥协商平台的作用，借鉴中央党内法规工作联席会议制度的成功经验，建立各层级的党内法规工作联席会议制度，加强各级党内法规制定工作的统筹规划；另一方面，要利用现有协商平台建立固定的交流沟通机制，对审核审查过程中出现的问题进行协商交流，无法达成一致的，需要及时报备上级机关，充分保障党内法规制定的周密性。

第二，夯实制度建设评估机制。评估机制是党内法规制度建设的重要内容，主要指对党内法规制度建设进行客观、科学的观察和评判。要发挥评估机制对协调党内法规内外关系的作用，必须回答好由谁评估和评估什么的问题。目前，党内法规制度建设的评估主体正逐步向多元化方向发展，党内法规的制定部门、实施部门，以及社会第三方单位均可作为评估实施主体。从提升制度协调力的角度来讲，党内法规评估主体的选择应特别注意其适用过程中的“利益相关方”，既要包括制定和实施主体，又要包括调整主体，既要包括党的组织，又要包括国家和社会组织，提升评估主体的针对性和代表性。在实际评估工作中，必须要将协调性作为评估框架构建的重要维度和关键指标，同时，协调性应贯穿于党内法规制度建设评估的全过程，从立规前评估，到立规中评估，再到立规后评估，协调性均应成为重要的参考标准。此外，由于目前党内法规体系庞大，逐一开展评估工作的可行性较低，因而，在实践中必须重点针对两类对象开展评估工作：一是部分协调不足或是协调过程中存在较多问题的党内法规；二是部分需要转化为其他制度的党内法规，如“先试先行”条件下党内法规转化为国家法律。

第三，完善制度的清理机制。对党内法规自身来说，为维护其体系的协调统一，必须要对过时的党内法规进行更新、清理，以解决前后出现的不适应和不协调问题。党的十八大召开前，2012 年 6 月印发了《中共中央办公厅关于开展党内法规和规范性文件清理工作的意见》，开始了中国共产党历史上第一次党内法规和规范性文件集中清理工作。2018 年 11 月，中国共产党部署开展中央党内法规和规范性文件第二次集中清理工作。两次集中清理，极大地解决了党内法规制度内部之间相互不协调的问题，也极大地解决了党内法规与国家法律法规之间不一致、交叉重复的问题，提升了党内法规制度的体系性和协调性。除了集中清理，党中央还进行了常态化的党内法规清理，其中，专项清理主要是在一些特定的重点领域对党内法规和规范性文件开展清理工作，例如，党的十九届三中全会召开后，为贯彻落实党和国家机构改革的各项部署，党中央印发《关于涉党和国家机构改革党内法规和相关文件专项清理的决定》，推动了党内法规与党中央最新决策相适应、相一致。

总之，三重关系的协调是党内法规制度建设需要考量的重要内容，它也直接影响着党内法规制度建设的水平和质量。正确处理好党内法规制度建设中的三重关系，对于我们从理论上深化党内法规制度科学性和规范性研究，从实践上推动党内法规制度协调发展，进而推进国家治理体系和治理能力现代化具有重要的意义。

第四章　严的基础制度：提升基层组织力

在中国共产党的组织体系中，基层组织是贯彻落实党的路线方针政策和重大决策的基础，是密切联系群众的“纽带”，是党的坚强“战斗堡垒”。一般来说，基层组织包括党的基层委员会、总支部委员会和支部委员会三种组织形式。基层党组织的组织力如何，直接影响着党的全面领导能否落实、党的自身建设能否推进、党的长期执政地位能否巩固。“要以提升组织力为重点，突出政治功能，把企业、农村、机关、学校、科研院所、街道社区、社会组织等基层党组织建设成为宣传党的主张、贯彻党的决定、领导基层治理、团结动员群众、推动改革发展的坚强战斗堡垒。”[①] 基层组织力建设，关键在于建构规范、有效、权威的制度体系。党章以及党的组织法规、领导法规、自身建设法规和监督保障法规为组织力建设构筑了多维的保障体系。党内法规制度建设为新时代基层党组织的组织力建设提供了稳定的制度基础，保证了基层党组织的组织力建设方向明确、支撑有力、实践规范、动力强大。

一、组织与组织力

组织是特定人群基于共同利益并为了共同目标而联合行动的社会团

① 习近平．决胜全面建成小康社会 夺取新时代中国特色社会主义伟大胜利：在中国共产党第十九次全国代表大会上的报告．北京：人民出版社，2017：65.

体。组织有各种类型，例如政治组织、社会组织、市场组织等。组织因利益和目标而存在，协调利益、实现目标的能力就是组织力。政党是政治生活中的重要行为主体，有明确的目标和纲领，有稳定的结构与功能，有具体的任务和策略。政党要实现自身的纲领和目标，就需要具备通过各种不同方式将自身各要素和外在因素纳入统一行动之中的能力，而这种能力就是政党的组织力。

理解中国共产党基层组织的组织力，需要把握这样几个维度的问题：其一，何谓中国共产党的基层组织？其二，中国共产党基层组织的职责和任务是什么？其三，中国共产党基层组织不同功能作用发挥的边界何在？通过梳理这样的几个问题，我们可以初步了解关于中国共产党基层组织组织力的科学内涵。首先，根据《中国共产党章程》的规定："企业、农村、机关、学校、医院、科研院所、街道社区、社会组织、人民解放军连队和其他基层单位，凡是有正式党员三人以上的，都应当成立党的基层组织。"① "党的基层组织，根据工作需要和党员人数，经上级党组织批准，分别设立党的基层委员会、总支部委员会、支部委员会。"② 从组织形态上讲，中国共产党的基层组织有三种具体形式，即基层委员会、总支部委员会和支部委员会。基层党组织联系着每一个党员、联系着非党的群众和社会组织，发挥着"战斗堡垒"的作用，是党的各项工作的基础，也体现着党的战斗力。其次，党的基层组织承担的职责和任务包括八个方面的内容：宣传和执行党的路线、方针、政策，党中央、上级组织和本组织的决议；组织理论、政策和业务学习；做好党员教育、管理和服务；密切联系群众，做好群众思想工作；充分发挥党员和群众的积极性创造性；发展党员；监督党员干部遵纪守法；抵制

① 中国共产党章程．北京：人民出版社，2022：23－24.

② 同①24.

不良倾向。最后，基层党组织功能的发挥有不同的路径。例如：加强自身建设，即政治站位、理论学习、纪律约束、队伍建设、党性锤炼、作风建设等；正确处理党与政权、社会等各方面关系，即加强党的领导等；抓重大任务落实时的动员、组织、整合等；协调与其生存的系统环境之间的关系等。因此，不管是将组织力划分为“内部组织力”和“外部组织力”，还是认为组织力是由“结构力”、“影响力”和“凝聚力”所构成的，或者提出组织力是一种“合力”，以及一种“关系力”，都分别从不同的维度给出了关于基层党组织组织力的部分解释，当然，这些解释的理论意义和实践性还需要不断地加以检验。

科学界定基层党组织的组织力，一方面要严格以“基层党组织”这一行为主体及其行为作为出发点，另一方面要聚焦核心内容，同时还要规范清楚“组织力”的外延和边界。因此，我们说，基层党组织的组织力，指的是基层党组织在实现党的领导和加强党的建设过程中的能力。这种组织力，可以表现为领导、动员、整合、凝聚、管理、监督等具体的行为；也可以表现在革命斗争、物质建设、精神生活和社会变革等各个方面；还可以表现为基层党组织在与社会的互动过程中，如何不断明晰自身的政治属性和组织边界，有效保持自身体系的稳定性和开放性。理解中国共产党基层组织的组织力，需要从政治高度去把握，即基层党组织的组织力，不仅仅是一个组织动员、领导或者管理的问题，更关键的是这种组织力对于中国共产党在新时代推进全面从严治党、实现国家治理现代化具有重要价值。“党的基层组织是党联系广大群众的基本纽带，经常检查和改进基层组织的工作，是党的领导机关的重要政治任务。”[①] 需要从规范视角去把握，即基层党组织的组织力，应该有科学的衡量标准，既能够在实践中实现其程序性和可操作性，又可以作为对

---

① 中央档案馆，中共中央文献研究室．中共中央文件选集（1949 年 10 月—1966 年 5 月）：第 24 册．北京：人民出版社，2013：169.

组织力效力进行评估的依据；需要从观念认知去把握，即中国共产党自身以及其他行为者对于这种组织力的观念形态及其随着时代和实践变化而产生的变化。

中国共产党的基层组织，是党的组织基础和工作基础。在组织体系中，基层党组织处于组织的基础层面，是贯彻党的路线、方针、政策的“底”；从社会关系看，基层党组织是面向社会关系的“边”。层级最基础，覆盖面最广，基层党组织是党团结带领社会力量实现奋斗目标的最可靠力量，是党的全部工作和战斗力的基础。基层党组织的组织力涵盖所有基层组织和党员，辐射各个领域和各个维度。基层党组织的组织力建设极具现实意义。没有强大的组织力，党的路线、方针、政策在基层就得不到有效落实，通过基层组织联系社会各方面也就无法实现，引领经济社会发展的广泛影响力也得不到具体体现，基层党组织虚化、弱化甚至边缘化的状况就无法得到改善，党的执政基础就会被动摇。组织力的提升不仅是当前基层党组织加强自身建设、保持党的先进性和纯洁性的核心内容，也是不断夯实党的执政根基、实现长期执政的关键所在。

二、基层党组织组织力建设的价值

新时代基层党组织组织力建设命题的提出，丰富和发展了马克思主义政党建设理论，深化了中国共产党人关于党的基层组织力建设的思考，回应了党的基层组织力建设面临新形势新挑战的现实关切，同时为完成党的历史使命提供了坚强的保证。

1. 基层党组织组织力建设丰富和发展了马克思主义政党建设理论

重视无产阶级政党的基层组织建设，是马克思主义经典作家在从事理论研究和革命实践过程中始终关注的一个重要内容。在无产阶级政党建设的早期，马克思、恩格斯就将无产阶级政党基层组织的建设摆在重要的位置。1847 年，通过对正义者同盟的改造，马克思、恩格斯创立了真正意义上的无产阶级政党即共产主义者同盟。在《共产主义者同盟章程》中，马克思、恩格斯对无产阶级政党组织系统和基层组织给予了高度的重视。“同盟的组织机构是：支部、区部、总区部、中央委员会和代表大会”，而“支部的组成至少三人至多二十人”[①]。就共产主义者同盟而言，支部就是党的“基层组织”，其主要任务在于理论宣传，参加和推动工人运动，促进科学社会主义与工人运动实践相结合。支部组织是党存在的基础，是党的战斗力的保证。1850 年，马克思、恩格斯又明确提出了基层组织的作用，他们认为，共产主义者同盟应该谋求建立“独立工人政党组织，并且应该使自己的每一个支部都成为工人协会的中心和核心”[②]。马克思、恩格斯在重视基层组织建设的同时，也对基层党组织的组织力提出了基本要求。1864 年，国际工人协会即“第一国际”成立，马克思、恩格斯为其制定了《国际工人协会成立宣言》、《国际工人协会共同章程》以及《国际工人协会的共同章程和组织条例》，要无产阶级必须建立自己的政党，加强工人政党和工人阶级的国际团结，进一步明确了党的基层组织的任务。“工人的一个成功因素就是他们的人数；但是只有当工人通过组织而联合起来并获得知识的指导时，人数才能起举足轻重的作用。”[③] 如果工人阶级单纯地凭借数量而不是组织优势，那么，他们将无法实现其所追求的目标。将工人组织起来，用科学的理论加以指导，规模效应才会产生强大的政治社会力量。“所有支部的专门任务，毫无疑问是不仅要成为工人阶级的组织中心，而且要支持各国的任何一种有助于达到我们的最终目标——工人阶级的

① 马克思，恩格斯．马克思恩格斯全集：第 4 卷．北京：人民出版社，1958：572，573.
② 马克思，恩格斯．马克思恩格斯选集：第 1 卷．3 版．北京：人民出版社，2012：558.
③ 马克思，恩格斯．马克思恩格斯选集：第 3 卷．3 版．北京：人民出版社，2012：10.

经济解放——的政治运动。”[①] 建立组织、扩大组织、巩固组织就是无产阶级政党的重要任务。

列宁党建理论的一个重要特色就是强调党的组织建设。首先，列宁认为：组织是无产阶级的力量所在，“工人阶级的力量在于组织。不组织群众，无产阶级就一事无成。组织起来的无产阶级就无所不能”[②]。基层党组织是党的重要组成部分，是阶级的强大力量的源泉。因此，需要“使基层组织真正成为而不是在口头上成为党的基本组织细胞”[③]。在无产阶级革命斗争中，要战胜资本家，“要取得这样的胜利，要使工人和贫苦农民取得政权，要保持并巧妙地运用这一政权，就必须组织、组织、再组织”[④]。其次，必须从根本上提升基层党组织组织力。无产阶级政党的基层组织是实践的、现实的，基层党组织自身必须形成一个有力的整体。在组织群众、进行社会主义的宣传、研究新的问题、鼓励和发展学习小组、培养出真正的群众领袖等方面，党支部的作用特别大[⑤]。最后，无产阶级政党要始终同群众保持密切联系，相信群众、决不能脱离群众。无产阶级政党是“能够经常同群众保持真正的联系的党，善于领导这些群众的党”[⑥]。基层党组织要坚持党的集中统一领导，“只有当它不脱离自己领导的群众并真正引导全体群众前进时，才能完成其先锋队的任务”[⑦]。因此，基层党组织要正确处理与其他群众性社会组织的关系，善于运用和通过组织来号召群众、组织群众、凝聚群众；同时，要在各行业各部门建立起基层组织网，形成整体性力量。无

---

① 马克思，恩格斯．马克思恩格斯全集：第16卷．北京：人民出版社，1964：483.

② 列宁．列宁全集：第14卷．2版增订版．北京：人民出版社，2017：121.

③ 列宁．列宁全集：第13卷．2版增订版．北京：人民出版社，2017：59.

④ 列宁．列宁全集：第29卷．2版．北京：人民出版社，1985：449.

⑤ 列宁．列宁全集：第17卷．2版．北京：人民出版社，1988：270.

⑥ 列宁．列宁全集：第39卷．2版增订版．北京：人民出版社，2017：228.

⑦ 列宁．列宁选集：第4卷．3版修订版．北京：人民出版社，2012：646.

产阶级之“所以能够成为而且必然会成为不可战胜的力量，就是因为它根据马克思主义原则形成的思想一致是用组织的物质统一来巩固的”①。

在革命斗争和建设实践中，马克思主义经典作家非常重视党的基层组织建设，重视基层组织的组织力建设。新时代推动党的基层组织组织力建设，继承了马克思主义经典作家关于无产阶级政党基层组织建设的思想，并且根据新的时代要求、实践任务和国情差别丰富和发展了无产阶级政党基层组织建设的思想。党的基层组织组织力建设的指导思想，符合马克思主义党建理论的要求，体现了马克思主义基层党建思想在新时代的理论接续，彰显出内在的历史逻辑，丰富和发展了马克思主义党建理论。

2. 基层党组织组织力建设是中国共产党历史思考的理论升华

中国共产党一经成立，就投身到轰轰烈烈的大革命之中。在百余年的奋斗征程中，中国共产党历经艰辛、筚路蓝缕。面对一个又一个时代主题、理论命题和实践问题，中国共产党在实际的斗争过程中凝聚起全党的力量和智慧，通过一次又一次的胜利和成功展现了马克思主义政党的真理追求、斗争精神和实践品格。不同的历史时期，由于时代主题和中心任务不同，中国共产党对于基层党组织组织力建设的思考和认识在重点、维度、路径等方面存在着显著的差异。但是，这种差异在革命、建设和改革的实践探索历程中，也是理论思考、思想认识不断深化和成熟的过程，主要经历了四个阶段。

第一阶段，作为无产阶级和劳动者集中力量的“组织力”。新民主主义革命时期，中国共产党将基层组织力建设放在非常重要的位置，多次提到“组织力”的概念。1921 年 8 月，中国劳动组合书记部成立。《中国劳动组合书记部宣言》明确提出：“我们只有把一个产业底下的劳动

① 列宁．列宁选集：第 1 卷．3 版修订版．北京：人民出版社，2012：526.

者，不分地域，不分男女老少，都组织起来，做成一个产业组合。因为这样一个团体才能算是一个有力的团体，要这样的组织法，劳动者才能用他们的组织力，做奋斗事业，谋改良他们的地位呢。”① 而随后1922年5月的《第一次全国劳动大会宣言》延续了上述观点，指出：“我们组织工会并不是无意义的，也不仅仅是娱乐、教育或抚恤的机关，我们组织工会的目的，是要用我们这个阶级的组织力，做奋斗的工作，谋达到改良我们的状况。”② “这次大会是在中国劳动运动史上第一次的会议，这是我们工人们组织力扩大的证明。我们相信以后我们的奋斗工作较前更易成功，因为这次大会已开了全国工人们联合起来的新纪元。”③ 1922年的《中国共产党第二次全国代表大会宣言》指出，民主主义革命的胜利，还不能使无产阶级获得“完全解放”，无产阶级还需要实行“与贫苦农民联合的无产阶级专政”，“如果无产阶级的组织力和战斗力强固，这第二步奋斗是能跟着民主主义革命胜利以后即刻成功的”④。这里的“组织力”主要是从劳动者、无产阶级的组织力量的视角提出来的，也即在“民主主义联合战线里”，工人阶级要“组织在共产党和工会里面”，“时常要记得他们是一个独立的阶级，训练自己的组织力和战斗力，预备与贫农联合组织苏维埃，达到完全解放的目的”⑤。在20世纪20年代领导工人革命运动过程中，中国共产党是真正保护劳工、为劳工阶级利益而奋斗的，但在斗争中也会采取多种方式为劳动阶级争取利益。“在劳工阶级的势力还未组织成熟及未建设劳工阶级的国家以前，共产党为保护劳工目前利益及完成其组织力战斗力起见，在一定限度

① 中共中央文献研究室，中央档案馆．建党以来重要文献选编（1921—1949）：第1册．北京：中央文献出版社，2011：46.

② 同①66.

③ 同①67.

④ 同①132-133.

⑤ 同①134.

内，并不反对那些开明一点进步一点的党派和势力采用这种假仁假义的‘保护劳工’政策。”[①] 京汉路总工会的成立，意味着“更集中更强大的组织力存在”，“是保障中国人民利益真正势力的出现”[②]。中国共产党的性质决定了其为劳动阶级利益的保护者，对这种利益的维护重点也在于促进劳工阶级组织力的强大。

第二阶段，作为无产阶级政党的“组织力”。1928 年，毛泽东在分析中国的红色政权为什么能够存在时指出，“一个要紧的条件，就是共产党组织的有力量和它的政策的不错误”[③]。1929 年，中共中央给毛泽东、朱德和湘赣边特委的信中提出，“党的无产阶级基础既如是削弱，而干部分子又因两年来白色恐怖的摧残损失极巨，故党的战斗力组织力虽经六次大会正确路线的指导终还未健全起来”[④]，所以党还不能成为斗争的先锋队。大革命的失败使当时的中央笼罩着悲观的情绪。而毛泽东在 1929 年《中共红四军前委给中央的信》中则认为：“我党的战斗力组织力虽然弱到如中央所言，但在反革命潮流逐渐低落形势之下，恢复一定很快，党内干部分子的消极态度也会迅速地消灭。群众是一定倾向我们的。”[⑤] 毛泽东等对党的组织力增强充满着乐观的态度。而在此之前，1925 年，党的四大就把“支部”作为党的基本组织确定下来。1926 年，中国共产党又提出了“一切工作归支部”[⑥] 的口号，并制定了一些有利于党组织开展工作的规章制度。在革命斗争实践中，1927 年

① 中共中央文献研究室，中央档案馆．建党以来重要文献选编（1921—1949）：第 1 册．北京：中央文献出版社，2011：209.

② 同①210.

③ 毛泽东．毛泽东选集：第 1 卷．2 版．北京：人民出版社，1991：50.

④ 中共中央文献研究室，中央档案馆．建党以来重要文献选编（1921—1949）：第 6 册．北京：中央文献出版社，2011：34.

⑤ 同④116.

⑥ 中央档案馆．中共中央文件选集：第 2 册（1926）．北京：中共中央党校出版社，1989：182.

的“三湾改编”，毛泽东强调“把支部建在连上”，加强基层党组织的思想建设、组织建设和作风建设，这是党提升基层党组织组织力的最初实践。

第三阶段，作为国家力量的“政治组织力”。全民族抗日战争爆发后，国内对于抗战前途的认知出现了巨大的分歧。悲观者多持“亡国论”，自大者吹嘘“速胜论”。为了正确认识抗战前途，1938 年，毛泽东在《论持久战》中比较中日双方力量、驳斥“亡国论”和“速胜论”时指出，“日本的军力、经济力和政治组织力是强的，但其战争是退步的、野蛮的，人力、物力又不充足，国际形势又处于不利。中国反是，军力、经济力和政治组织力是比较地弱的，然而正处于进步的时代，其战争是进步的和正义的”[①]。“政治组织力”概念由此提出，这从整个国家、民族的角度出发而提出了反抗外来侵略的力量。1943 年，毛泽东在中共中央招待陕甘宁边区劳动英雄大会上，从革命的社会动员出发，号召“把群众组织起来，把一切老百姓的力量、一切部队机关学校的力量、一切男女老少的全劳动力半劳动力，只要是可能的，就要毫无例外地动员起来，组织起来，成为一支劳动大军”[②]。“组织起来”，标志着中国共产党对于社会动员的强大自信和实践成就。1945 年，党的七大系统总结了党支部“战斗堡垒”的地位和作用，基层组织力建设在理论上初步走向成熟，概念表述渐次清晰。解放战争时期，为配合土地改革的顺利实施，1947 年冬，党中央又通过整党、批判错误思想等方式，对基层党组织进行整顿，从而为保障解放战争取得胜利奠定了组织基础。

第四阶段，中华人民共和国成立以来，中国共产党对基层党组织和组织力的认识逐步走向深入。邓小平曾经指出：“机关中的党的基层组

① 毛泽东．毛泽东选集：第 2 卷．2 版．北京：人民出版社，1991：449－450.

② 毛泽东．毛泽东选集：第 3 卷．2 版．北京：人民出版社，1991：928.

织，应当对于机关中的每一个党员的思想情况进行监督，及时地把机关工作的缺点，通知本机关的行政负责人和报告党的上级组织。”①江泽民用“党的细胞”“战斗力的坚强堡垒”“基础不牢，地动山摇”来形容基层党组织的地位与作用，用“战斗力”来表达基层党组织的组织力，“基层党组织失去了战斗力，使党从地方到中央都变成了‘空军司令’，失去了基础”②。所以，要“充分发挥农村基层党组织的领导核心作用”③，国有企业基层党组织要“充分发挥企业党组织的政治核心作用”④，非公有制经济组织中的基层党组织要“在企业职工中发挥政治核心作用”⑤。胡锦涛特别强调要提高党的领导水平和执政能力，并提出了增强基层党组织战斗力和提高科学化水平的具体要求，即要形成科学严密的组织架构，创新党的基层组织发挥作用的途径和方式，进一步增强基层党员干部队伍活力⑥。2016 年，习近平在中央政治局常委会审议“两学一做”学习教育方案时指出：“必须激活基层党组织，增强基层组织力。”⑦这里的“基层组织力”，重点是谈基层党组织建设。我们党不可战胜的力量，很重要的一个方面是我们党有非常严密的组织。“要把全面从严治党落实到每个支部、每名党员。”“真正使党的组织生活、党员教育管理严起来、实起来。”⑧真正做到令行禁止、调度有力，真正做出成绩，老百姓有获得感，才能不断提升党组织的组织力，使群众凝聚在党的周围，自觉自愿听党话、跟党走。

---

① 邓小平．邓小平文选：第 1 卷．2 版．北京：人民出版社，1994：253.

② 中共中央文献研究室．江泽民思想年编：1989—2008. 北京：中央文献出版社，2010：6.

③ 江泽民．江泽民文选：第 2 卷．北京：人民出版社，2006：220.

④ 江泽民．论社会主义市场经济．北京：中央文献出版社，2006：468.

⑤ 江泽民．江泽民文选：第 3 卷．北京：人民出版社，2006：21.

⑥ 胡锦涛．提高基层组织建设科学化水平．党建，2010（8）：4.

⑦ 中共中央党史和文献研究院．十八大以来重要文献选编：下．北京：中央文献出版社，2018：179.

⑧ 习近平．习近平谈治国理政：第 2 卷．北京：外文出版社，2017：173.

中国共产党自创立以来，就高度重视党的基层组织和基层组织功能的发挥。中国共产党在对新民主主义革命时期、社会主义革命和建设时期、改革开放和社会主义现代化建设新时期关于党的基层组织力建设深入思考的基础上，在新时代对党的基层组织的地位和作用、基层党组织的组织力等内容进行了高度概括和提炼，形成了“基层党组织组织力”的系统表述。“基层党组织组织力”的科学概括，继承了中国共产党重视基层组织战斗力和功能发挥的传统，深化了中国共产党人对于基层组织力建设的历史思考。

3. 基层党组织组织力建设是面对新形势新挑战的制度性回应

理论创新源自实践的需求，政策导向重在解决实际问题，制度建设要使经验规范化。群众面临的问题、时代提出的问题、党的自身建设生发的问题都需要中国共产党创新思路，做出长期的、稳定的、制度化的而非眼前的、暂时的、临时性的回应。中国共产党人早就认识到，“小农生产社会的中国，不善于组织，散漫已成了中国人一般的习性，无形中亦反映到中国无产阶级的政党——共产党中来，这是中国共产党一向不善组织客观原因之一”[①]。建设强大的、有力量的无产阶级政党，完成实现自身解放和人类解放的历史使命，中国共产党就必须加强组织建设。而基层党组织组织力的提出，最根本的原因在于要化解基层党组织面临的诸多需要迫切解决的问题。

首先，提升基层党组织组织力，突出政治功能，重在解决基层党组织政治功能弱化的问题。马克思主义政党的突出特点和优势就是“讲政治”。实现党的长期执政、保持先进性和纯洁性，必须讲政治。没有强有力的政治保证，党中央的权威和集中统一领导是一句空话，党的团结

① 中央档案馆．中共中央文件选集：第 4 册（1928)．北京：中共中央党校出版社，1989：76.

是一句空话，党的中心工作大局也是一句空话。“在政治问题上，任何人同样不能越过红线，越过了就要严肃追究其政治责任。有些事情在政治上是绝不能做的，做了就要付出代价，谁都不能拿政治纪律和政治规矩当儿戏。”① 但是部分基层党组织存在着政治功能弱化的现象，其主要表现为以下几点：一是未能切实贯彻党中央确定的路线方针政策和重大决策部署，落实指示批示精神不及时，推进工作不到位。二是未能正确处理政治工作与业务工作之间的关系，事务化倾向严重。部分农村党组织凝聚力不强、软弱涣散，在推进乡村振兴重大部署上力度不够；部分国企党组织只重视生产发展和企业利润，政治站位不高，大局意识不强；部分企事业单位割裂业务与政治关系，将把方向、谋大局、定政策等政治功能搁置一边。三是党内政治生活不严肃、党内政治生态不清朗，码头文化、小圈子盛行，表面化、娱乐化和庸俗化。四是有些党员干部理想信念模糊动摇，宗旨意识淡薄，精神状态、工作作风和能力素质不能很好适应新时代改革发展的要求。

其次，基层党组织存在能力不足、工作不规范、作风待改进等问题。“谁能组织政治，谁就能掌握未来。”② 基层党组织是党开展全部工作的基础。基层党组织能否切实贯彻落实中央大政方针，能否贯彻落实党在基层的领导作用，能否深入推进基层党的建设，关键是自身本领和能力是否能够适应时代和实践的要求。但是，当前一些基层党组织的“八项本领”和“七种能力”都还亟待提高。例如，在基层社会结构变化、社会流动性增强条件下，“人找组织难，组织找人难”。有的基层党组织软弱涣散甚至瘫痪，有的基层党组织形同虚设，直接影响了基层党

---

① 中共中央纪律检查委员会，中共中央文献研究室．习近平关于严明党的纪律和规矩论述摘编．北京：中央文献出版社，2016：23－24.

② 亨廷顿．变化社会中的政治秩序．王冠华，刘为，等译．上海：上海人民出版社，2015：382.

组织的社会整合能力和组织能力。例如，部分基层党组织群众工作能力不强，服务能力和意识不够，惯用行政命令、“一刀切”等老办法，官僚主义、形式主义如影随形，无法形成密切联系群众、引领服务群众的良好氛围，更难以形成发展合力。网络技术的发展创新了基层党建活动方式，但如何在应用标准化的技术与做党员个体暖心工作之间保持平衡也是严峻的挑战。

最后，基层党组织依然存在管党治党宽松软等问题。“当前，基层干部队伍主流是好的，但在一些地方、部门、单位，基层干部不正之风和腐败问题还易发多发、量大面广。”① 基层党建存在的问题包括：理论学习不系统不深入；部分党组织和党员干部不作为、懒作为、乱作为、伪作为；不正之风和腐败问题易发多发、量大面广；基层党组织作为党在基层社会的末梢，“四风”问题还较为突出，存在一些基层党员干部以权谋私、向家人或朋友输送利益等现象。根据中央纪委国家监委网站发布的“全国查处违反中央八项规定精神问题统计表”，2021 年 10 月，全国共查处因违反中央八项规定精神受到党纪政务处分的达 7 683 人，其中乡科级及以下就达到 7 196 人。从当前基层党建存在的问题可以看出，基层党组织组织力既涉及基层党组织自身建设问题，也涉及基层党组织与群众、与社会各方面的关系问题。

社会结构的多样性、党员个体的流动性、基层社会组织的竞争性等不断增强的外在因素，以及基层党组织政治观念淡漠、组织能力降低、宗旨意识缺失等逐步弱化的内在因素，在基层社会政治空间中相互激荡，形成“跷跷板”效应，组织内部的向心机制遭到破坏，基层党组织权威

---

① 中共中央文献研究室．习近平关于全面从严治党论述摘编．北京：中央文献出版社，2016：193.

性下降，极大地影响了基层党组织的战斗堡垒作用的发挥，动摇了党的领导和执政的根基。新时代推进党的基层组织组织力建设，显示了坚持和加强党的全面领导，坚持党要管党、全面从严治党的坚强决心。在新的历史起点上，基层党组织组织力建设明确了目标方向、提出了具体要求、找准了切入点，为实践中的组织力建设提供了切实可行的指导与引领。

4. 基层党组织组织力建设是完成时代使命的坚强保证

伟大的政党肩负伟大的使命，以马克思主义为指导的无产阶级政党的历史使命就是要解放全人类、实现共产主义。中国共产党自成立之日起就旗帜鲜明地将自己的历史使命用稳定的制度规范固定了下来。1921年，《中国共产党第一个纲领》明确党的历史使命在于“推翻资本家阶级的政权”“承认无产阶级专政”“消灭资本家私有制”等①。党的二大的宣言提出，中国共产党的目的是“组织无产阶级，用阶级斗争的手段，建立劳农专政的政治，铲除私有财产制度，渐次达到一个共产主义的社会”②。党的七大通过的《中国共产党党章》的“总纲”指出，中国共产党，“在现阶段为实现中国的新民主主义制度而奋斗。它的最终目的，是在中国实现共产主义制度”③。1956年党的八大通过的《中国共产党章程》明确中国共产党的“目的是在中国实现社会主义和共产主义”④，“实现人类的最高理想——共产主义”⑤。2017年党的十九大，再次明确了“把实现共产主义作为党的最高理想和最终目标”，同时指出

① 中共中央文献研究室，中央档案馆．建党以来重要文献选编（1921—1949）：第1册．北京：中央文献出版社，2011：1.

② 同①133.

③ 中共中央文献研究室，中央档案馆．建党以来重要文献选编（1921—1949）：第22册．北京：中央文献出版社，2011：533.

④ 中共中央文献研究室．建国以来重要文献选编：第9册．北京：中央文献出版社，1994：314.

⑤ 同④320.

了新时代中国共产党的历史使命是“实现中华民族伟大复兴”。作为马克思主义政党，中国共产党一方面始终如一坚持最高目标和理想，另一方面实事求是聚焦最低纲领和现实任务。

不管是最终实现共产主义，还是阶段性的新民主主义革命的胜利、社会主义革命建设的成功、改革开放的发展、复兴使命的实现，都离不开党的组织体系，离不开党的组织的力量。1941 年，刘少奇在给孙冶方的回信中指出：“中国党历来的组织工作就是很好的，不论做什么事，如组织工人，组织农民，组织政府，组织军队，进行各种方式的战斗，只要在党内一动员，为党员所了解，历来就能做得很好，就能完成任务，就能组织几十万、几百万、几千万的工人农民和军队到革命的战场上去。中国党的组织能力并不弱。”[①] 始终保持先进性和纯洁性、实现长期执政，同样需要强大的组织力作为保证。今天的中国共产党已经从一个“领导人民为夺取全国政权而奋斗的党，成为领导人民掌握全国政权并长期执政的党”，从“受到外部封锁和实行计划经济条件下领导国家建设的党，成为对外开放和发展社会主义市场经济条件下领导国家建设的党”[②]。中国特色社会主义进入新时代，我们比历史上任何时期都更接近、更有信心和能力实现中华民族伟大复兴的目标，同时必须准备付出更为艰巨、更为艰苦的努力。我们必须深刻认识我国社会主要矛盾变化带来的新特征新要求，深刻认识错综复杂的国际国内环境带来的新矛盾新挑战，勇于战胜一切风险挑战。做到这一点，最为基础的就是提升党的基层组织的组织力，充分发挥基层党组织的战斗堡垒作用。“基层党组织是党执政大厦的地基，地基固则大厦坚，地基松则大厦倾。”[③] 在新的历史条件下，提升基层党组织的组织力，加强组织力建设，最基本的前提是清醒认识到中国共产党的领导是中国特色社会主义最本质特

① 刘少奇选集：上卷．北京：人民出版社，1981：220.

② 中国共产党第十六次全国代表大会文件汇编．北京：人民出版社，2002：11.

③ 习近平．在全国组织工作会议上的讲话．北京：人民出版社，2018：13.

征，是中国特色社会主义制度的最大优势。立足新发展阶段，贯彻新发展理念，构建新发展格局，推进国家治理体系和治理能力现代化，把党的一系列重大战略部署落到实处，需要广大党员干部、党的基层组织更加积极主动、担当作为。

三、基层党组织组织力建设的法规制度基础

治国必先治党，治党务必从严，从严必依法度。在中国共产党制度建设探索的历程中，以党章为统领的党内法规制度体系为基层党组织的组织力建设提供了系统的制度准则，为提升、巩固和保证基层党组织的组织力奠定了坚实的基础，有效克服了党的基层组织建设、基层组织力建设的形式化和短期性问题。

1.《中国共产党章程》以及章程性政治文献为基层组织力建设提供了总依据

1921年，党的一大通过的《中国共产党第一个纲领》提出，为了“实行社会革命”之“根本政治目的”，“本党承认苏维埃管理制度，把工农劳动者和士兵组织起来”[①]。“凡有党员五人以上的地方，应成立委员会。”[②] 加强组织建设，不断拓展组织活动范围，建立其组织民众的方式以及为此提供保障的严格纪律要求。同时通过的《中国共产党第一个决议》也指出，“本党的基本任务是成立产业工会”，“党应在工会里灌输阶级斗争的精神”[③]，即要在工会工作中发挥党的组织优势。党的二大通过的《中国共产党章程》(1922）指出，“凡有党员三人至五人均得

① 中共中央文献研究室，中央档案馆．建党以来重要文献选编（1921—1949)：第1册．北京：中央文献出版社，2011：1.

② 同①2.

③ 同①4.

成立一组”[①]，“各组组织，为本党组织系统，训练党员及党员活动之基本单位，凡党员皆必须加入”[②]，“区或地方执行委员会及各组均须执行及宣传中央执行委员会所定政策，不得自定政策”[③]。党的三大通过的《中国共产党第一次修正章程》(1923) 要求，“各农村、各工厂、各铁路、各矿山、各兵营、各学校等机关及附近，凡有党员五人至十人均得成立一小组，每组公推一人为组长，隶属地方支部”[④]。党的四大通过的《中国共产党第二次修正章程》(1925) 指出，“各农村各工厂各铁路各矿山各兵营各学校等机关及其附近，凡有党员三人以上均得成立一支部，每支部公推书记一人或推三人组织干事会，隶属地方执行委员会”[⑤]。1926 年 7 月，《中共中央局向中央执行委员会扩大会议的政治报告》指出，“固然我们的党是发展了，但在发展中也包含不少的缺点”。这些缺点，涉及基层组织的，“支部只有名义而无工作”[⑥]。《中国共产党第三次修正章程决案》(1927) 明确规定，“支部是党的基本组织”[⑦]。大革命失败后，《中国共产党中央执行委员会告全党党员书》(1927) 指出，大革命失败的教训应当使党更加明白：“他的力量与他的将来，建筑在工农群众的身上，在他们的力量与他们的组织上面。”[⑧] 1928 年，党的六大通过的《中国共产党党章》对支部任务进行了具体阐释，其中

---

① 中共中央文献研究室，中央档案馆．建党以来重要文献选编（1921—1949）：第 1 册．北京：中央文献出版社，2011：164.

② 同①165.

③ 同①167.

④ 同①271.

⑤ 中共中央文献研究室，中央档案馆．建党以来重要文献选编（1921—1949）：第 2 册．北京：中央文献出版社，2011：263.

⑥ 中共中央文献研究室，中央档案馆．建党以来重要文献选编（1921—1949）：第 3 册．北京：中央文献出版社，2011：272.

⑦ 中共中央文献研究室，中央档案馆．建党以来重要文献选编（1921—1949）：第 4 册．北京：中央文献出版社，2011：273.

⑧ 同⑦431.

包括，“以党的组织的力量积极参加工农的一切的政治的经济的斗争，以革命的阶级斗争的观点讨论他们的要求，组织群众的革命行动，为取得工农的一切革命行动的领导而斗争”[①]。1930 年，共产国际东方部认为：“没有巩固的有自动力的支部，党是不能在企业中从组织上坚固起来的。”[②] 中国共产党的产业支部、工厂支部等基层组织，自身必须有强大的“自动力”、组织力，才能够使党得到巩固。1945 年，党的七大通过的《中国共产党党章》明确提出：“党的基础组织，是党的支部。”其任务是“在人民群众中进行宣传和组织工作，以实现党的主张和上级组织的各种决议”，“组织人民群众来解决他们自己的各种问题”以及“组织党员的学习”[③] 等。

新中国成立后，党的八大通过的《中国共产党章程》明确使用“党的基层组织”这一概念。邓小平在修改党章的报告中明确指出，“党的基层组织是党联系广大群众的基本纽带”[④]。此后，党的十一大通过的党章提出，“党的基层组织要发挥战斗堡垒作用”；十二大通过的党章则提出，“党的基层组织是党在社会基层组织中的战斗堡垒”；十三大通过的《中国共产党章程部分条文修正案》指出，企事业单位的基层组织，“应以主要精力加强党的建设，做好思想政治工作和群众工作”；十四大至二十大通过的党章都明确提出，“党的基层组织是党在社会基层组织中的战斗堡垒，是党的全部工作和战斗力的基础”。而在十六大以来历次党的代表大会政治报告中，对基层党组织的要求则各有侧重，例如：

---

① 中共中央文献研究室，中央档案馆．建党以来重要文献选编（1921—1949）：第 5 册．北京：中央文献出版社，2011：474.

② 中央档案馆．中共中央文件选集：第 6 册（1930）．北京：中共中央党校出版社，1989：603.

③ 中共中央文献研究室，中央档案馆．建党以来重要文献选编（1921—1949）：第 22 册．北京：中央文献出版社，2011：545 - 546.

④ 中央档案馆，中共中央文献研究室．中共中央文件选集（1949 年 10 月—1966 年 5 月）：第 24 册．北京：人民出版社，2013：169.

十六大报告明确要求基层党组织“坚持围绕中心、服务大局，拓宽领域、强化功能，扩大党的工作的覆盖面，不断提高党的基层组织的凝聚力和战斗力”；十七大报告强调“党的基层组织是党执政的组织基础”；十八大报告明确提出，“创新基层党建工作，夯实党执政的组织基础”；十九大报告则重在“以提升组织力为重点，突出政治功能”；二十大报告明确提出，“大抓基层的鲜明导向”。

从一大到二十大，中国共产党先后制定了《中国共产党第一个纲领》和二大、六大、七大、八大、九大、十大、十一大、十二大的八部《中国共产党章程》或《中国共产党党章》，三大、四大、五大（会后由中央政治局制定）、十三大、十四大、十五大、十六大、十七大、十八大、十九大、二十大的十一部修正章程或中国共产党章程（修正案）。在这些党章或党章性文献中，基层组织始终是一个重要的制度内容。其一是基层组织的条件和形式得以明确，例如“五人以上”“三人至五人”“五人至十人”的人数规定，以及“委员会”“组”“支部”等名称规范。其二是规定基层组织的主要任务，即贯彻落实中央和上级决策部署、发展党员、教育管理党员、联系群众等。其三是明确不同类型基层组织的功能，例如国企、城乡社区、非公经济组织、社会组织、企事业单位等基层党组织的职责定位和工作准则等。在此基础之上，党的十九届四中全会进一步提出：“改进党的领导方式和执政方式，增强各级党组织政治功能和组织力。”① 组织力的范围扩大到了各级党组织，说明组织力建设对于党的建设的重要性更加凸显。

2. 组织法规制度为组织力建设提供强大组织体系支撑

中国共产党的党内法规是一个整体的制度体系。党章是最根本

---

① 中共中央关于坚持和完善中国特色社会主义制度 推进国家治理体系和治理能力现代化若干重大问题的决定．人民日报，2019－11－06（1）.

的党内法规，是管党治党的总依据。在党章之下，还有根据调整对象差异而建构的党的组织法规、领导法规、自身建设法规和监督保障法规。多领域的党内法规制度从不同侧面为组织力建设提供坚实的保障。

党的组织法规是调整党的各级各类组织产生、组成、职权职责等的党内法规。组织法规制度，重点聚焦执政党内部组织机构这一“行为主体”，明确了基层党组织的职责、权限、任务。建党以来制定的不同类型的组织法规制度为组织力建设提供了基本制度支撑。

第一，明确基层组织的意义。1926 年，《组织问题议决案》指出：“组织工作的意义，绝不止于是技术的，而是政治的。换言之便是：组织工作，即党指挥群众运动的枢纽。没有好的组织，便不能指挥广大的群众运动，运用党的政策；一个好的政策，是要有好的组织才能实现的。”“要能做到从思想的团体变为行动的团体，要能做到从支部基础的工作到大的群众行动，便要靠有好的组织工作。”① 深入群众、发展群众、组织群众，最重要的是立足于党的组织本身。从党的基层组织的作用来看，“支部并不是分部，而是党在各工厂、矿山、学校及某区域的核心。布尔塞维克党的组织，就是集合这许多的社会的核心，而成为一个党。支部的组织是按照社会的生活而精密分划的”②。支部要在社会组织和区域中发挥核心作用。作为工人阶级的政党，中国共产党时刻要在复杂环境中引导广大工农群众实行革命，所以它的组织必须特别严密。区别于其他政党的根本不同之点，“就是它的基本组织是支部”，而支部的意义在于：“党的基本组织和党的组织单位”“党的教育和宣传的学校”“党在群众中的核心”“发展党的工具”“党的生活的中心”“党的

① 中共中央文献研究室，中央档案馆．建党以来重要文献选编（1921—1949）：第 3 册．北京：中央文献出版社，2011：279.

② 同①280.

战斗的武器”“党的实际监督党员工作的机关”[①]。所以说，“党没有支部的组织党就是没有基础；支部组织不坚固，党就很涣散。所以党的组织坚固与否，就看他的支部组织得好不好”[②]。

第二，客观认识基层组织面临的挑战和不足。首先，核心领导作用没有充分发挥。“党的支部若没有这样作用，决不能接近群众领导群众。这是一个最严重的缺点，应当要立刻改正。”[③] 同时，“工作方法是旧的，新的干部没有形成，一般党员甚至大部分负责同志对于新的政策不能透澈了解，党的宣传品不但不能深入到党外群众中去，而且不能普遍到党内的群众，支部不能在群众中起核心的作用”[④]。其次，党在组织指导力方面不足，这是一个现实的危险。“本党在组织上，正当发展，但有一种危险，时时有发生之可能，这种危险便是指导力之薄弱，主观的力量不能适合客观的需要，以致失掉了许多活动之机会。”[⑤] 再次，不明了基层组织的意义。“各级党部尚不认识组织工作的意义，多以为组织工作只是技术的，而不了解组织工作的政治意义。”“支部工作尚未真正建立，过去的支部都仅有其形式，各级党部尚不明了支部的意义，亦尚不知支部工作的方法。”[⑥] 最后，党的基层组织与群众之间的关系不密切。“支部工作在党的组织现状之下，占极重要的位置，过去因为支部工作不好，以至本党不能在群众中起广大的作用，而党员之散漫，党的政策不能深入群众，甚至不能深入党内群众，都由此而生。”[⑦]

---

① 中央档案馆．中共中央文件选集：第 2 册（1926）．北京：中共中央党校出版社，1989：611－613.

② 同①611.

③ 同①182.

④ 中央档案馆．中共中央文件选集：第 4 册（1928）．北京：中共中央党校出版社，1989：77.

⑤⑥ 中共中央文献研究室，中央档案馆．建党以来重要文献选编（1921—1949）：第 3 册．北京：中央文献出版社，2011：279.

⑦ 中共中央文献研究室，中央档案馆．建党以来重要文献选编（1921—1949）：第 4 册．北京：中央文献出版社，2011：638.

第三，适应实践要求，改正各方面不足。1922 年，《关于共产党的组织章程决议案》指出：我们既然是为无产群众奋斗的政党，便要“到群众中去”，要组成一个大的“群众党”。而要这样做的话，就必须遵循两个基本规律，即“党的一切运动都必须深入到广大的群众里面去”以及“党的内部必须有适应于革命的组织与训练”[①]。首先，严格党的纪律。革命的政党，缺少严密的集权的有纪律的组织与训练，即使有良好的意愿也无法真正开展革命的运动。因此，“自中央机关以至小团体的基本组织要有严密系统才免得乌合的状态”[②]。其次，以支部为基础加强党的建设。“要把党的真正基础建筑在各支部上面，要把党的基本工作责成各支部，建立每个支部的活动工作，在每一个支部里实行分工，使每一个同志都有活动，实行‘一切工作归支部’的口号，使各支部里都有全党形式的各样工作”[③]。密切党与群众的关系，“今后须特别注重支部工作，经过支部起群众的作用”[④]。最后，时刻保持警惕，及时适应实践任务和环境的变化。“务必坚决地采用适当的组织形式保持党的组织与干部，巩固下层组织基础——支部，无论何时何地的党都不能夸其不至于遭遇破坏。”[⑤] 革命时机来临，“党的队伍要能有迅速动员和迅速改编的能力，以适合环境的任何改变”，“要特别加强群众组织中党团的工作，尤其是支部在群众中的核心作用”[⑥]。

第四，组织法规制度逐步完善和系统化，为基层组织力建设提供坚

---

①② 中共中央文献研究室，中央档案馆．建党以来重要文献选编（1921—1949）：第 1 册．北京：中央文献出版社，2011：162.

③ 中共中央文献研究室，中央档案馆．建党以来重要文献选编（1921—1949）：第 3 册．北京：中央文献出版社，2011：281.

④ 中共中央文献研究室，中央档案馆．建党以来重要文献选编（1921—1949）：第 4 册．北京：中央文献出版社，2011：638.

⑤ 中共中央文献研究室，中央档案馆．建党以来重要文献选编（1921—1949）：第 5 册．北京：中央文献出版社，2011：200.

⑥ 中共中央文献研究室，中央档案馆．建党以来重要文献选编（1921—1949）：第 7 册．北京：中央文献出版社，2011：484.

强保障。新中国成立后，1951 年召开的全国组织工作会议通过了《关于整顿党的基层组织的决议》，1952 年出台了《中共中央关于建立农村工作部的决定》，进一步深化了党在提升基层党组织组织力上的认识。近年来，组织法规制度建设更加完善。《中国共产党工作机关条例（试行）》(2017)、《中国共产党农村基层组织工作条例》(2018)、《中国共产党国有企业基层组织工作条例（试行）》(2019)、《中国共产党党组工作条例》(2019）等规范中央组织、地方组织和基层组织的党内法规逐步建立起来。其中，《中国共产党支部工作条例（试行）》既进一步具体化党的基层组织功能定位和职责任务，也进一步落实党的十九大报告提出的加强基层组织建设，“以提升组织力为重点，突出政治功能”要求。这些法规制度和重要文献的实施，不仅为新时代基层党组织建设提供了基本遵循，还对加强党的组织体系建设、全面提升基层党组织组织力、强化政治功能、巩固党长期执政的组织基础等具有重要的现实意义。

3. 领导法规制度构建了组织力建设的基本路径

党的领导法规是规范和保障党对各方面工作实施领导、完善党的领导体制机制、改进领导方式的党内法规。领导法规制度聚焦“领导行为”和“领导关系”，重在明确党与政权机关、人民团体、社会组织等领导与被领导关系。领导法规制度为基层党组织作用的发挥规定了基本路径。

第一，党组织、党的基层组织要发挥表率作用。1922 年，《关于议会行动的决议案》要求：本党一切议员须利用议员不可侵犯的身份权，参与议会外一切群众运动和违法的组织。“每次示威运动发生，本党议员必为示威行列的领袖，跑在群众的前面。”[①] 在革命年代，利用合法

① 中共中央文献研究室，中央档案馆．建党以来重要文献选编（1921—1949）：第 1 册．北京：中央文献出版社，2011：149.

身份做组织群众的工作，在斗争实践中发挥领导作用，做群众的表率。1927年，党的五大通过的《组织问题议决案》提出“中央应该强毅地实行集体的指导，从中央省委以至支部”[①]，首次明确了党的集体领导原则。1942年，中共中央政治局做出的《中共中央关于统一抗日根据地党的领导及调整组织间关系的决定》确定了根据地领导的统一与一元化。1948年9月8日至13日，中共中央在西柏坡召开了政治局扩大会议，又称“九月会议”。会议通过了《中央关于各中央局、分局、军区、军委分会及前委会向中央请示报告制度的决议》，该决议对各项工作中何者决定权属于中央，何者必须事前请示并得到中央批准后才能付诸实行，何者必须事后报告中央备审都做了详细规定，从而使下级在请示报告时有章可循、有法可依，避免了下级因害怕承担责任大事小情都向中央请示的不良偏向[②]。

第二，党的领导不是包办一切，而是通过组织发挥核心作用。1928年党的六大通过的《职工运动决议案》指出：“党对工会的经常不懈的政治的领导，必须和党与工会之间在组织上严格的分工并行的。对工会的领导非经过党团不可，并且只能经过党团，不能再用任何别的领导形式。”[③] 党领导工会的正确方式是发挥工会中的“党团”的作用。1928年，中央特别指出了“党与群众隔离”的原因。“为什么原故呢？在组织上分析，由于过去党的习惯，是由群众外派人去包办群众工作，而不是经过组织的核心作用，由群众自动起来奋斗，从奋斗中产生群众自己的领袖”，“如此党一方面不能深入群众，一方面也就无以战胜白色恐怖

① 中共中央文献研究室，中央档案馆．建党以来重要文献选编（1921—1949）：第4册．北京：中央文献出版社，2011：208.

② 党内请示报告制度的建立．人民日报，2015-12-08（18）.

③ 中共中央文献研究室，中央档案馆．建党以来重要文献选编（1921—1949）：第5册．北京：中央文献出版社，2011：447.

之进攻”[①]。全民族抗日战争爆发后，抗日民族统一战线形成，国内政治形势发生了新的变化。为了适应这种变化，保证党的领导作用，博古曾指出：“党应该以最高限度的积极性与政治警觉性来迎接与领导这个转变，以高度的政治和组织工作来发展人民的积极性，组织他们反对人民公敌的斗争与保证我们党对于特区政治生活的决定的领导作用。”[②] 1937 年 10 月，为了加强党对军队的领导，毛泽东同张闻天复电朱德、彭德怀、任弼时、邓小平并告周恩来：“关于恢复政治委员及政治机关原有制度，我们完全同意，请即速令执行。”[③] 随后，朱德、彭德怀、任弼时在五台县发布命令：在军队中恢复政治委员及政治机关原有制度，独立营和团以上设立政治委员[④]。

第三，党组织发挥领导作用，必须深入群众。“党的一切工作，必须深入下层党员群众。支部工作必须加强，支部在群众中的工作必须发展。”[⑤] 1939 年，《中共中央关于深入群众工作的决定》提出：“党的支部，必须以群众工作为基本工作，每一支部必须变成每一个乡村每一个市镇所有群众的核心，变成一切群众运动一切群众斗争的宣传者组织者与领导者。”[⑥] “对于巩固共产党，对于建设一个全国范围的广大群众性的思想上政治上组织上完全巩固的布尔什维克的中国共产党，也只有深入群众，并领导群众进行长期的艰苦的斗争，才有可能。”[⑦] 党的领导

---

① 中共中央文献研究室，中央档案馆．建党以来重要文献选编（1921—1949）：第 5 册．北京：中央文献出版社，2011：671，672.

② 中共中央文献研究室，中央档案馆．建党以来重要文献选编（1921—1949）：第 14 册．北京：中央文献出版社，2011：214－215.

③ 中央档案馆．中共中央文件选集：第 11 册（1936—1938）．北京：中共中央党校出版社，1991：377.

④ 中共中央文献研究室．朱德年谱（新编本）（中）．北京：中央文献出版社，2016：699.

⑤ 中共中央文献研究室，中央档案馆．建党以来重要文献选编（1921—1949）：第 16 册．北京：中央文献出版社，2011：580.

⑥ 同⑤738.

⑦ 同⑤739.

的责任，就是要善于在这个“从群众中来，到群众中去”的无限反复的过程中，使党和群众的认识不断地提高，使党和人民的事业不断地前进。

第四，领导法规制度建设持续推进，有力地保证了基层党组织组织力的发挥。1962 年，中央颁布了《中国共产党农村基层组织工作条例试行草案》《中国共产党国营工业企业基层组织工作条例试行草案》《中国共产党商业企业基层组织工作条例试行草案》，用以规范党对各个方面的领导。中国特色社会主义进入新时代，《中共中央政治局关于加强和维护党中央集中统一领导的若干规定》(2017)、《中共中央关于深化党和国家机构改革的决定》(2018)、《关于加强新时代人民政协党的建设工作的若干意见》(2018)、《中国共产党重大事项请示报告条例》(2019)、《中国共产党党组工作条例》(2019)、《中国共产党政法工作条例》(2019)、《中国共产党农村工作条例》(2019)、《中国共产党宣传工作条例》(2019) 等发布，党的领导法规制度规范化和程序化程度明显提高，既注重党的领导覆盖领域的统筹性与全局性，又注重从制度建构中提升基层党组织的组织力，适应了时代和实践的需要。

4. 自身建设法规制度是组织力建设的强大后盾

党的自身建设法规是调整和规范党的政治建设、思想建设、组织建设、作风建设、纪律建设等的党内法规，侧重于规范党内实施的自身建设“行为”，为提高党的建设质量、永葆党的先进性和纯洁性提供制度保障，是基层组织力建设的强大后盾。

在新民主主义革命时期，1927 年通过的《最近组织问题的重要任务议决案》要求各级党部以工农分子新干部替换非无产阶级知识分子干部，使无产阶级和贫民在党的领导干部中占最大多数；1941 年，《中共中央关于增强党性的决定》提出了增强党性之具体措施，强调“要用自我批评的武器和加强学习的方法，来改造自己使适合于党与革命的需要”，要求“从中央委员以至每个党部的负责领导者，都必须参加支部组织，过一定的党的组织生活，虚心听取党员群众对于自己的批评，增强自己党性的锻炼”[①]。新中国成立后，1950 年颁布了《中共中央关于在全党全军开展整风运动的指示》，要求“整顿干部作风”[②]。在宣传教育方面，《中共中央关于轮训全党高、中级干部和调整党校的计划》(1954) 等文件相继印发。在干部队伍建设方面，出台了《中共中央关于加强干部管理工作的决定》(1953)。改革开放之后，1983 年党的十二届二中全会通过的《中共中央关于整党的决定》根据“统一思想，整顿作风，加强纪律，纯洁组织”的任务安排，提出“执行党的纪律，揭露和解决党内存在的思想、作风和组织严重不纯的问题，实现党风的根本好转”[③]；2009 年印发了《中共中央关于加强和改进新形势下党的建设若干重大问题的决定》。

中国特色社会主义进入新时代，《关于加强和改进非公有制企业党的建设工作的意见（试行）》(2012) 颁布实施；《关于加强基层服务型党组织建设的意见》《关于在第二批党的群众路线教育实践活动中进一步加强基层党组织建设的通知》《关于进一步加强和改进新形势下高校宣传思想工作的意见》《关于加强中小学校党的建设工作的意见》《关于在深化国有企业改革中坚持党的领导加强党的建设的若干意见》《全面深化新时代教师队伍建设改革的意见》等文件，重在推动基层党建；

---

① 中央档案馆．中共中央文件选集：第 13 册 (1941—1942)．北京：中共中央党校出版社，1991：147.

② 中共中央文献研究室．建国以来重要文献选编：第 1 册．北京：中央文献出版社，1992：217.

③ 中共中央文献研究室．十二大以来重要文献选编：上．北京：人民出版社，1986：392－393.

《中共中央关于全面推进依法治国若干重大问题的决定》(2014)、《中共中央关于加强党内法规制度建设的意见》(2017)、《关于加强和改进城市基层党的建设工作的意见》(2019)、《中国共产党党内法规制定条例》(2012/2019)、《中国共产党党内法规和规范性文件备案审查规定》(2019)、《中央党内法规制定工作五年规划纲要（2013—2017 年）》(2013)、《中央党内法规制定工作第二个五年规划（2018—2022 年）》(2018）等文件出台，党的自身建设法规制度规范化程度逐步提升，以此为主要原则、基本框架、重点内容的基层组织建设的路线图也相应得到明确。

5. 监督保障法规制度重在体现约束与激励功能

党的监督保障法规是调整党的监督、激励、惩戒、保障等的党内法规，为保证党组织和党员干部履行好党和人民赋予的职责提供制度保障。对于基层组织组织力建设来说，监督保障法规制度的作用在于加强纪律建设、确保行为规范，提供内生动力、激发组织活力，规范工作程序、保障有序有力。

其一，加强纪律建设，确保行为规范。自《中国共产党第一个纲领》起，党就开始运用党内法规进行党内监督、加强纪律约束的实践。“工人、农民、士兵和学生的地方组织中党员人数多时，可派他们到其他地区去工作，但是一定要受地方执行委员会的严格监督。”[①] 1925 年党的四大通过的《中国共产党第二次修正章程》在“纪律”一章明确要求“全国大会及中央执行委员会之议决，本党党员皆须服从之”[②]，规

① 中共中央文献研究室，中央档案馆．建党以来重要文献选编（1921—1949）：第 1 册．北京：中央文献出版社，2011：2.

② 中共中央文献研究室，中央档案馆．建党以来重要文献选编（1921—1949）：第 2 册．北京：中央文献出版社，2011：265.

定了“必须开除之”的六项违纪行为。1927 年党的五大委托中央政治局起草的《中国共产党第三次修正章程决案》提出，“严格党的纪律是全体党员及全体党部最初的最重要的义务，党部机关之决议，应当敏捷的与正确的执行之”①，同时，“为巩固党的一致及威权起见”，专设“监察委员会”一章②。1931 年，中共中央通过了《中央巡视条例》，党内巡视制度初步建立起来③；1932 年，中央组织局印发了《支部巡视员工作条例》，其内容分为支部巡视工作的意义、支部巡视员的任务、巡视的方法、与区委的关系四个部分，反映了党的早期巡视制度的具体情况④。改革开放以后，出台了《中国共产党党员领导干部廉洁从政若干准则（试行）》(1997)、《中国共产党纪律处分条例》(2003）等法规。党的十八大以来，中国共产党在监督保障法规制度领域加快了立法步伐。《中国共产党廉洁自律准则》《中国共产党纪律处分条例》《关于加强新形势下党的督促检查工作的意见》《中国共产党党务公开条例（试行)》等重要文件出台。《中国共产党党内监督条例》(2016)、《中国共产党纪律检查机关监督执纪工作规则》(2019)、《中国共产党问责条例》(2016/2019）等党内法规及规范性文件，为党内监督奠定了制度基础。

其二，提供内生动力，激发组织活力。激励性法规的主要功能是评价、引导和教育。一方面，对工作表现突出、取得实绩的党员和党组织进行激励，在党内构建积极的行为预期，通过正向评价形成促进党员、党组织作为的新推动力。另一方面，发挥行为引导功能，通过树立先进

---

① 中共中央文献研究室，中央档案馆．建党以来重要文献选编（1921—1949)：第 4 册．北京：中央文献出版社，2011：275.

② 同①274.

③ 中共中央文献研究室，中央档案馆．建党以来重要文献选编（1921—1949)：第 8 册．北京：中央文献出版社，2011：374-379.

④ 梅黎明，廖昔君．《支部巡视员工作条例》：一篇反映党的早期巡视制度的重要文献．党的文献，2022（2).

典型，传递正向的价值认可，能够对基层组织和其他党员产生教育作用。《中国共产党党员权利保障条例》(2020)、《中国共产党党内功勋荣誉表彰条例》(2017) 等法规及规范性文件，成为党内激励、党员权利保障与党内工作运行保障的重要制度依据。

其三，规范工作程序，保障有序有力。保障类法规的主要作用是为党务工作的开展确立制度依循。此类法规主要涉及党内机关档案工作、党内法规制定工作、公文处理工作、保密工作、统计与信息化工作等，例如《党政机关公文处理工作条例》(2012)。将党务行为纳入制度化轨道，可以避免行为的随意性，提高行为的预期性，提高党建的科学化水平。

四、使基层党组织组织力建设运转起来

基层党组织组织力建设，对于保持中国共产党的先进性、纯洁性，巩固执政基础、实现长期执政，坚持党对一切工作的领导，以及深入推进基层治理体系和治理能力现代化具有重要的意义。但组织力只有焕发出蓬勃的活力，才能够实现自身的价值。推动基层党组织组织力建设，要从理论走向现实、从制度文本走向制度实践、从观念上的认可走向行为上的自觉。

第一，提升基层党组织的组织力，要加强政治建设，强化政治功能，这是基层党组织组织力建设的根基。长期的封建专制政治传统、分散的小农经济形态、革命建设和改革开放社会环境，无时无刻不在影响着无产阶级政党先进性、纯洁性的建设，影响着作为最坚实基础的基层党组织组织力建设。基层党组织的政治建设，最根本的是要用习近平新时代中国特色社会主义思想武装基层党组织和基层党员干部，深刻认识“两个确立”的决定性意义，坚决做到“两个维护”；同时要注重增强党

内政治生活的政治性、时代性、原则性、战斗性，尊崇党章，严格执行党内政治生活准则；要善于营造风清气正的良好政治生态，推动党内政治文化建设。另外，基层党员干部每个人都要加强党性锻炼，提高政治觉悟和政治能力。基层党组织要准确理解把握新时代党的政治路线、政治纪律、政治规矩，不断增强实践执行力，加强各领域社会基层组织的政治领导，把党的主张转化为群众的自觉行动。克服讲经济而淡化政治，讲业务而忽视政治，在基层而不问政治的倾向。

第二，提升基层党组织的组织力，要加强基层党组织的组织建设，扩大党组织的覆盖面。“为着要建立与加强无产阶级在革命中的领导，无产阶级自己必须组织成为坚强的独立的力量，因为只有自己力量的不断加强，才更能团聚小资产阶级和农民的力量到自己的周围来，才能使自己受到各方面的尊重，而成为民族统一战线的中坚。”[①] 提升组织力，要立足于社会结构的转型和调整，完善和重构自身的组织体系，实现组织覆盖与价值嵌入的统一。确保基层党组织覆盖基层社会各领域各群体，例如两新组织的党建工作，从而形成严密完善、坚强有力的组织体系，做到哪里有群众哪里就有党的工作，哪里有党员哪里就有党的组织，哪里有党的组织哪里就有党的组织力的发挥。要根据已有如《中国共产党普通高等学校基层组织工作条例》《中国共产党农村工作条例》《中国共产党支部工作条例（试行）》《中国共产党农村基层组织工作条例》《中国共产党国有企业基层组织工作条例（试行）》《中国共产党党和国家机关基层组织工作条例》等党内法规，完善党的基层组织体系，为提升基层党组织组织力提供组织保障。

第三，提升基层党组织的组织力，要坚持走群众路线，密切联系群

① 刘少奇选集：上卷．北京：人民出版社，1981：49.

众。"历来的经验证明，没有一个脱离群众的党组织是巩固的。"因此，"只有党与群众密切的联系着，只有党的支部真正成为群众核心的时候，那个党才是一个巩固的党，那个支部才是党在群众中的堡垒"①。基层党组织党员要密切联系群众、理论联系实际，要关心群众、爱护群众，维护群众利益，"至少不损害其利益"，要注意改进工作方法，坚持实事求是，放弃"官僚主义的工作方法"和"命令主义的工作方法"②。基层党组织的力量之源，深植于人民群众之中。基层党组织，只有把解决群众关切问题作为根本任务，及时回应群众对切身利益的诉求，真心实意为群众办实事、做好事、解难事，确保党组织真正成为群众的主心骨和贴心人，才能够形成强大的社会号召力，汇聚民族复兴的磅礴伟力。

第四，提升基层党组织的组织力，对内要不断实现自我革新，对外要切实推动基层发展。"对于党员进行党的教育，领导党员成为工作的模范，团结党外人员，保证该部门工作任务的完成。"③ 基层党组织正视自身存在的突出问题，以改革创新精神提高自我净化、自我完善、自我革新、自我提高的能力，着力解决基层党员干部在理想信念、宗旨意识、担当作为、作风能力等方面的问题。把激发党支部活力作为有力抓手，实施党支部建设整体提升工程，加强能力建设，克服软弱涣散，使基层党组织永葆生机活力、发挥战斗堡垒作用。选好"领头雁"，优化基层党员干部结构，全面提升政治素质、发展能力、履职本领和服务水平，推动基层政治、经济、文化、社会、生态文明等各领域健康协调发展。

第五，提升基层党组织的组织力，要有灵活的工作方法。"党的组织形式与工作方法，是依据党所处的内外环境和党的政治任务来决定

① 陈云．陈云文选：第1卷．2版．北京：人民出版社，1995：165.
② 毛泽东．毛泽东选集：第1卷．2版．北京：人民出版社，1991：140.
③ 中共中央文献研究室．毛泽东文集：第2卷．北京：人民出版社，1993：396.

的，必须具有一定限度的灵活性。如果环境变更，工作条件改变，党提出了新的政治任务，那末，党的组织形式与工作方法，也必须有所改变”[①]。新时代是信息的时代、网络的时代、算法的时代。将信息技术应用到党建工作中，既是信息化时代发展的客观要求，也是党建工作改革创新的必然要求。基层党组织要不断增强学习能力，创新“互联网＋党建”“智慧党建”等组织力提升思路，正确把握传统党建与网络党建的关系，推进线上线下良性互动，为组织力提升提供更加现代、更加便捷、更加高效的技术支撑。

理解或者把握基层党组织组织力建设，有多个切入点，例如组织体系、组织成员、组织制度等不同的维度，其中的每一个维度都能够基于客观事实本身和讨论逻辑为我们呈现出组织力建设的多元样态。以中国共产党的党内法规制度为出发点，党内法规制度中关于基层党组织定位、职责、任务、活动方式等规范性的表达，既能够展示出基层党组织组织力所赖以为基的制度环境，也能够体现基层党组织组织力由以发展和延展的逻辑理路。党内法规为基层党组织组织力建设提供稳定的、持续的、权威性的制度保障，这种保障随时以时代问题、实践问题和理论问题为依归，问题导向的制度建设使党内法规本身表现出开放性、前瞻性和发展性，同时也使基层党组织的组织力建设呈现出灵活性、适应性和有效性。观念和问题水位的不断抬升，也为基层党组织的组织力提升提供了竞争性动能。基层治理是国家治理的基石，坚持党对基层治理的全面领导，把党的领导贯穿基层治理全过程、各方面，尤其需要不断增强基层党组织的组织力。党组织有力量，基层政权有底气，基层群众有活力，党的执政基础就会更加坚实，实现基层治理现代化就会更加有保障，中国特色基层治理制度优势也会得到充分展现。

---

① 刘少奇选集：上卷．北京：人民出版社，1981：316－317.

第五章　严的制度体系：完善党的自我革命制度规范体系

中国共产党是世界上最大的马克思主义执政党，处在执政地位，掌握执政资源。这样的大党，“很容易在执政业绩光环的照耀下，出现忽略自身不足、忽视自身问题的现象”①。党的先锋队性质决定了中国共产党必须始终坚持自我革命。党的十八大以来，中国共产党找到了自我革命这一跳出治乱兴衰“历史周期率”的第二个答案，形成了一整套党自我净化、自我完善、自我革新、自我提高的制度规范体系，为党和国家事业取得历史性成就、发生历史性变革提供了重要制度保障②。只有坚持自我革命，坚持不断完善党的自我革命制度规范体系，才能够有效解决一段时间以来存在的党的领导弱化、党的建设缺失、管党治党不力等问题，才能够解决“六个如何”这些大党独有难题，才能够更好地推进新时代党的建设新的伟大工程。

自我革命指的是中国共产党正视问题、刀刃向内，持续做到自我净化、自我完善、自我革新、自我提高，保证党的先进性和纯洁性，使党始终充满生机活力。“勇于自我革命，从严管党治党，是我们党最鲜明

---

① 中共中央党史和文献研究院．十八大以来重要文献选编：下．北京：中央文献出版社，2018：591．

② 杨晓渡．完善党的自我革命制度规范体系．人民日报，2022－11－11（6）．

的品格。”[①] 从形式上看，自我革命实现的是政党组织内部的变革，是对组织目标、价值、秩序、机制等方面的革命性突破。从实质上讲，自我革命针对的是马克思主义政党内存在的各种弊端与问题，是马克思主义政党的自我完善与发展。自我革命，通过破除弊端、消除隐患实现了自我净化、自我革新，通过坚守初心使命、不断改革与进步实现自我完善、自我提高。

坚持自我革命，实现党的自我革命引领伟大社会革命，必须从制度入手，完善党的自我革命制度规范体系。所谓“党的自我革命制度规范体系”，指的是由规范党的自我革命的具体制度所构成的权威、可靠、完备的具有内在联系的统一制度结构。它是规范党的自我革命主体、调整党的自我革命行为、提供党的自我革命监督保障的规章制度体系。党的自我革命制度规范体系是各类型、各层级、各领域党的自我革命制度规范协调一致组成的有机整体，是党的自我革命制度规范走向系统集成、协同高效的重要标志[②]。制度规范行为，制度激发动能，制度创造文明。党的自我革命制度规范体系，是党的自我革命的制度化、规范化与程序化，是管党治党的制度工具和全面从严治党的制度利器，有利于保障和巩固党的全面领导和长期执政地位，确保自我革命战略思想和全面从严治党战略方针得到贯彻落实，推动实现以自我革命引领伟大社会革命。

一、中国共产党关于自我革命制度规范体系的观念认知

党的自我革命制度规范体系的观念形态，表现为中国共产党的政党

① 习近平．习近平谈治国理政：第 3 卷．北京：外文出版社，2020：20.

② 吕永祥．党的自我革命制度规范体系的价值、构成与完善．中共中央党校（国家行政学院）学报，2023（1）.

组织和组织成员对于自身制度建设所有发生的客观环境、制度关系和制度实践的认识。“党的自我革命制度规范体系”是党的二十大明确提出的，在中国共产党的奋斗历程中，中国共产党人形成了对于制度、制度结构、规范性要求和价值目标等内容的丰富认识。

（一）中国共产党是以马克思主义为指导的工人阶级政党，勇于自我革命是中国共产党区别于其他政党的显著标志

因为自身历史传统、社会结构和阶级关系的差异，现代政党的发生、发展在不同的国家和地区呈现出不同的样态。无产阶级政党是在现代社会发展到出现两大对立阶级直接冲突的情境下产生的。共产党是无产阶级政党中最具先进性的政党。从实践来看，“共产党人是各国工人政党中最坚决的、始终起推动作用的部分”；在理论上，“他们了解无产阶级运动的条件、进程和一般结果”；从价值关怀来看，“他们没有任何同整个无产阶级的利益不同的利益”①。共产党人的目的就是实现“自由人联合体”。实现这样的目的，一方面，“只有用暴力推翻全部现存的社会制度才能达到”②；另一方面，无产阶级“只有在革命中才能抛掉自己身上的一切陈旧的肮脏东西，才能胜任重建社会的工作”③。自我革命是建设强大的无产阶级政党的重要举措。“一个大国的任何工人政党，只有在内部斗争中才能发展起来，这是符合一般辩证发展规律的。”④无产阶级政党要强大起来，保持自身的先进性、纯洁性，也必须善于进行自我批评，进行“无情的自我批评”⑤，勇于纠正自身的错误。“公开承认错误，揭露犯错误的原因，分析产生错误的环境，仔细讨论改正错

① 马克思，恩格斯．马克思恩格斯文集：第 2 卷．北京：人民出版社，2009：44.
② 同①66.
③ 马克思，恩格斯．马克思恩格斯选集：第 1 卷．3 版．北京：人民出版社，2012：171.
④ 马克思，恩格斯．马克思恩格斯选集：第 4 卷．3 版．北京：人民出版社，2012：551.
⑤ 同④614.

误的方法——这才是一个郑重的党的标志”[1]。马克思和恩格斯曾经指出：“对实践的唯物主义者即共产主义者来说，全部问题都在于使现存世界革命化，实际地反对并改变现存的事物。”[2]“辩证法不崇拜任何东西，按其本质来说，它是批判的和革命的。”[3]这种内含批判性和革命精神的辩证法，运用到无产阶级政党对自身主观世界的批判时，就体现了自我革命的本质。

无产阶级政党要完成领导与推动人类社会有史以来最为雄伟、最为壮丽的事业的崇高使命，自身必须进行最为坚决、最为彻底的革命。“我们党的宗旨是全心全意为人民服务，除了最广大人民的利益，没有自己的特殊利益。”[4]没有任何私利、只为人民谋利益，是一个政党或政治力量进行自我革命的根本前提。“共产党员是一种特别的人，他们完全不谋私利，而只为民族与人民求福利。他们生根于人民之中，他们是人民的儿子，又是人民的教师，他们每时每刻地总是警戒着不要脱离群众，他们不论遇着何事，总是以群众的利益为考虑问题的出发点，因此他们就能获得广大人民群众的衷心拥护，这就是他们的事业必然获得胜利的根据。”[5]

党的十八大以后，中国特色社会主义进入新时代。中国共产党在同一切弱化党的先进性、损害党的纯洁性的现象做斗争时，必然要适应实践的要求，把先进性和纯洁性建设放在更加重要的位置。“党和人民事业发展到什么阶段，全面从严治党就要跟进到什么阶段，坚持严字当头，把严的要求贯穿管党治党全过程，以自我革命的政治勇气着力解决

---

① 列宁．列宁全集：第 39 卷．2 版增订版．北京：人民出版社，2017：37.
② 马克思，恩格斯．马克思恩格斯选集：第 1 卷．3 版．北京：人民出版社，2012：155.
③ 马克思．资本论：第 1 卷．2 版．北京：人民出版社，2004：22.
④ 中共中央文献研究室．习近平关于全面从严治党论述摘编．北京：中央文献出版社，2016：168.
⑤ 中共中央文献研究室．毛泽东文集：第 3 卷．北京：人民出版社，1996：47.

党内存在的突出问题，做到管党有方、治党有力、建党有效。”① 内因是变化的根据，一个政党，不严明政治纪律，就会分崩离析。“越是长期执政，越不能丢掉马克思主义政党的本色，越不能忘记党的初心使命，越不能丧失自我革命精神。”②

（二）自我革命是跳出“历史周期率”的第二个答案

破解“历史周期率”实质上是在探讨中国共产党如何有效执掌国家政权，实现长期执政的问题。中国共产党走过了百余年的艰辛奋斗历程，党员总规模超过了 9 800 万，全国范围内执掌政权已经 70 多年。但中国历史传统的“兴亡更替”总是时时提出“如何跳出治乱兴衰的历史周期率”这样的问题。延安时期，毛泽东给出的明确答案是“民主”这条“新路”。“只有让人民来监督政府，政府才不敢松懈。只有人人起来负责，才不会人亡政息。”③ 把“民主”作为中国共产党跳出“历史周期率”的答案表明，只有获得广大人民群众的认同和支持，党的执政基础才是广泛的、深厚的，党的执政是持久的，政权才不会丢失。而要实现这个目标，仅有“民主”是不够的。“经过百余年奋斗特别是党的十八大以来新的实践，我们党又给出了第二个答案，这就是自我革命。”④ 自我革命意味着执政党必须具备内向思维，从自身找方法，加强党的建设，坚持党对一切工作的领导，在夯实执政基础的同时，锻造强大的马克思主义政党，坚持科学执政、民主执政、依法执政，实现长期执政。

“一百年来，党外靠发展人民民主、接受人民监督，内靠全面从严治党、推进自我革命，勇于坚持真理、修正错误，勇于刀刃向内、刮骨疗毒，保证了党长盛不衰、不断发展壮大。”⑤ 人民的监督是外在的约

---

① 中共中央文献研究室．习近平关于全面从严治党论述摘编．北京：中央文献出版社，2016：13.

② 习近平．习近平谈治国理政：第 3 卷．北京：外文出版社，2020：529.

③ 中共中央文献研究室．毛泽东著作专题摘编：下．北京：中央文献出版社，2003：2162.

④ 习近平．以史为鉴、开创未来 埋头苦干、勇毅前行．求是，2022（1）.

⑤ 习近平在十九届中央纪委六次全会上发表重要讲话强调 坚持严的主基调不动摇 坚持不懈把全面从严治党向纵深推进．人民日报，2022－01－19（1）.

束，自我革命是内在的超越。自我革命，是中国共产党人奋斗的深厚底气，蕴含着共产党人接续奋斗的精神密码和制度密码。自我革命在理论和实践上不断开辟新境界，探索出一条跳出“历史周期率”的新路，这条新路是保持本色的新路、自我监督的新路、以人民为中心的新路、永葆活力的新路。中国共产党自我革命的勇气和政治优势，是政治自信的表现，是勇于担当的表现，是引领示范的表现，体现了历史自觉和自信。

跳出“历史周期率”的历史性维度、推动马克思主义中国化时代化的理论性维度、推动党的建设新的伟大工程的实践性维度、实现中华民族伟大复兴的前瞻性维度等四个维度都表明，“先进的马克思主义政党不是天生的，而是在不断自我革命中淬炼而成的”①。

（三）完善自我革命制度规范体系是全面从严治党的长远之策、根本之策

制度问题更带有根本性、全局性、稳定性和长期性。制度优势是一个政党、一个国家的最大优势。“制度好可以使坏人无法任意横行，制度不好可以使好人无法充分做好事，甚至会走向反面。”② 重视并不断加强党的制度建设，是中国共产党的历史经验和优良传统。中国共产党自成立之日起就以制度形式树立起自我革命的伟大旗帜，为党推进自我革命提供制度保障。1921 年，党的一大通过了《中国共产党第一个纲领》，宣告了中国共产党的诞生，对组织纪律等做出了明确规定。1922 年，党的二大通过了党史上第一部《中国共产党章程》。章程对党的纪律等做出了明确规定。1945 年，党的七大通过的《中国共产党党章》，是中国共产党在新民主主义革命时期独立自主制定的党章，具有里程碑

---

① 中共中央关于党的百年奋斗重大成就和历史经验的决议．人民日报，2021－11－17（8）．

② 邓小平．邓小平文选：第 2 卷．2 版．北京：人民出版社，1994：333．

意义。党内法规制度建设孕育着自我革命的优良传统和制度基因，以及建构自我革命制度规范体系的历史根基。

中国共产党坚持全面依法治国与制度治党、依规治党统筹推进、一体建设，全面落实党的领导有制可循、从严管党治党有规可依，党的自我革命制度规范体系为推进党的自我革命提供了有力保障。“我们党是吃过制度不健全的亏的。”① 党的十八大以来，党中央坚持制度治党、依规治党，努力构建系统完备、科学规范、运行有效的制度体系，探索出一条长期执政条件下解决自身问题、跳出“历史周期率”的成功道路，构建起一套行之有效的权力监督制度和执纪执法体系，把全面从严治党提升到一个新的水平。只有把制度建设摆在党的建设的重要位置，以制度建设巩固政治建设、思想建设、组织建设、作风建设、反腐倡廉建设成果，加强制度执行力建设，才能够为党的长治久安提供坚强制度保障。

我们党的党内规矩是党的各级组织和全体党员必须遵守的行为规范和规则。“党的规矩总的包括什么呢？其一，党章是全党必须遵循的总章程，也是总规矩。其二，党的纪律是刚性约束，政治纪律更是全党在政治方向、政治立场、政治言论、政治行动方面必须遵守的刚性约束。其三，国家法律是党员、干部必须遵守的规矩，法律是党领导人民制定的，全党必须模范执行。其四，党在长期实践中形成的优良传统和工作惯例。”② 加强党内法规制度建设是全面从严治党的长远之策、根本之策。我们党要履行好执政兴国的重大历史使命、取得具有许多新的历史特点的伟大斗争胜利、实现党和国家的长治久安，就必须坚持依法治国与制度治党、依规治党统筹推进、一体建设。

---

① 习近平．在“不忘初心、牢记使命”主题教育总结大会上的讲话．北京：人民出版社，2020：19.

② 习近平．习近平谈治国理政：第2卷．北京：外文出版社，2017：151.

（四）自我革命制度规范体系只有运转起来才具有强大的生命力

制度优势要转化为治理效能，既要制定和构建科学完备的制度体系，又要推动制度有效运转起来。自我革命制度规范体系建设，要做到结构合理、要素齐全、环节严密，既有激励性，又有惩戒性，使遵守者得到表彰奖励，违反者受到严厉惩处。解决制度空白与制度过剩并存的结构性问题，坚持问题导向，基础的、主干的、核心的、辅助的法规制度，要形成相互衔接相互支持的制度体系。下位法规制度同上位法规制度相衔接，实体性、程序性和保障性法规制度相配套，形成整体效应。从规范事项上看，“定规矩，就要落实一些已经有明确规范的事情，就要约束一些不合规范的事情，就要规范一些没有规范的事情”①。从质量和效果上看，“法规制度不在多，而在精；不在形式花哨，而在务实管用；不在内容繁杂，而在简便易行”②。自我革命制度规范体系建设，要坚持科学立规、民主立规，确保每项党内法规都立得住、行得通、管得了，避免形式主义，抓住提高制度质量这个关键。

制度的生命力在于执行，党内法规的生命力重在实施。“制度对于随便惯了的人，是一种很大的不便。但是人人随便，就无所谓制度。因此，制度必须严格执行，对不遵守制度的行为要进行不可少的批评和斗争。”③ 自我革命制度规范体系要具有权威性，同时必须下大气力抓落实、抓执行，坚决纠正随意变通、恶意规避、无视制度等现象。“有些法规制度为什么执行不了、落实不下去？就是因为责任不明确、奖惩不严格，违反了法规制度怎么惩罚无章可循。要明确责任主体，确保可执行、可监督、可检查、可问责。”④ 好的法规制度如果不落实，只是写

---

① 习近平．论党的自我革命．北京：党建读物出版社，2023：17.

② 同①115－116.

③ 中共中央文献研究室，中央档案馆．建党以来重要文献选编（1921—1949）：第18册．北京：中央文献出版社，2011：377.

④ 同①116.

在纸上、挂在墙上，就会成为“稻草人”“纸老虎”。由此就会在制度执行上存在“上热中温下冷”，先紧后松、上紧下松、外紧内松等现象。追根究源，因为不知晓，缺乏执行基础；因为不会干，缺乏执行能力；因为自身存在问题，缺乏执行底气。“法规的生命力在于执行，所以要把执行体系凸显出来。”① 制度要有针对性、有约束力。做好宣传学习，加强检查监督，明确执规责任，保证制度实施。“维护党内法规和党的政策的统一性权威性。”②

要保持自我革命制度规范体系的生命力，还需要充分发挥全体党员的自觉性和主动性。“共产党的纪律，是建筑在自觉基础上的，不可以把党的纪律变成机械的纪律，变成限制党员自动性与创造精神的所谓‘纪律’。应该使党员的纪律性与创造精神结合起来。”③ 自觉的而非强制的、积极的而非消极的、主动的而非被动的，自我革命制度规范体系才会因为创新活力而充满生命力。

（五）自我革命制度规范体系重在抓住“关键少数”

中国共产党对于自己的组织和成员始终保持着严格的纪律要求，明确在党章中规定“在党的纪律面前人人平等”。中国共产党党内没有“特殊”的党员。自我革命制度规范体系是用来约束和规范党组织、党员干部和全体党员的活动与行为的。其中，重要的是抓住“关键少数”。从理论和无产阶级政党的本质要求来看，“工人阶级政党的领袖，不是在群众之上，而是在群众之中，不是在党之上，而是在党之中。正因为这样，工人阶级政党的领袖，必须是密切联系群众的模

---

① 中共中央党史和文献研究院．习近平关于依规治党论述摘编．北京：中央文献出版社，2022：163.

② 同①132.

③ 刘少奇选集：上卷．北京：人民出版社，1981：368.

范，必须是服从党的组织、遵守党的纪律的模范”[①]。加强对党的领导干部，或者说加强对“关键少数”的监督，是党要管党、全面从严治党的重要内容。毛泽东曾经明确指出：“所以纪律教育，不但在养成一般党员服从纪律的良好作风上，是必要的；而且在监督党的领袖使之服从纪律，也有其必要。”[②] 邓小平指出，党员犯了错误，“对一般党员处理要宽些，对领导干部要严些，特别是对高级干部要更严些”[③]。

抓住“关键少数”，可以从三个方面入手。首先，明确统一的制度体系。1941 年《中共中央关于增强党性的决定》要求：“从中央委员以至每个党部的负责领导者，都必须参加支部组织，过一定的党的组织生活，虚心听取党员群众对于自己的批评，增强自己党性的锻炼。”[④] 2021 年 6 月，《中共中央关于加强对“一把手”和领导班子监督的意见》发布，就加强“一把手”监督和破解同级监督难题提出了明确要求和具体措施。在党内法规制度体系建设上，必须坚持党内法规面前全体党员的平等地位。其次，高级干部要提高革命警惕，提高革命嗅觉，千万不要“伤风”。“我看这是我们党的团结的可靠保证。再加上一条，我们要严守党的制度和党规党法，发扬党的优良作风，那党就有保证了。”[⑤] 最后，始终保持警惕，坚定反腐惩恶的政治意识。腐败分子是“钻到我们队伍里面的坏分子，蜕化变质分子”[⑥]。因此，“要整好我们

---

① 邓小平．邓小平文选：第 1 卷．2 版．北京：人民出版社，1994：234 - 235.

② 中共中央文献研究室，中央档案馆．建党以来重要文献选编（1921—1949）：第 15 册．北京：中央文献出版社，2011：646.

③ 邓小平．邓小平文选：第 2 卷．2 版．北京：人民出版社，1994：148.

④ 中共中央文献研究室，中央档案馆．建党以来重要文献选编（1921—1949）：第 18 册．北京：中央文献出版社，2011：445 - 446.

⑤ 陈云．陈云文选：第 2 卷．2 版．北京：人民出版社，1995：233.

⑥ 中共中央文献研究室．毛泽东文集：第 8 卷．北京：人民出版社，1999：308.

的党，实现我们的战略目标，不惩治腐败，特别是党内的高层的腐败现象，确实有失败的危险”[①]。

（六）必须发挥监督作用，用好问责利器

完善自我革命制度规范体系，可以从两大方面入手。一方面要集思广益，集中各方面智慧，听取各方面意见。“我们不能关起门来搞自我革命，而要多听听人民群众意见，自觉接受人民群众监督。”[②] 另一方面要发挥党内监督的主导作用，发扬批评与自我批评的优良传统。“有无认真的自我批评，也是我们和其他政党互相区别的显著的标志之一。”[③] 批评与自我批评也是党践行自我革命的过程。“对我们党来说，外部监督是必要的，但从根本上讲，还在于强化自身监督。”[④] “党内监督是全党的任务，第一位的是党委监督，不能一谈到监督就只想到纪委或推给纪委。”[⑤] “只有以党内监督带动其他监督、完善监督体系，才能为全面从严治党提供有力制度保障。”[⑥] 所以，党的二十大报告提出要“以党内监督为主导，促进各类监督贯通协调”[⑦]。自我监督是世界性难题，中国共产党全面从严治党的实践证明，自我革命的机制是有效的，能够解决党自身存在的问题。

“全面从严治党是新时代党的自我革命的伟大实践”[⑧]。完善自我革

① 中共中央文献研究室．改革开放三十年重要文献选编：下．北京：中央文献出版社，2008：1139.

② 中共中央党史和文献研究院．十九大以来重要文献选编：中．北京：中央文献出版社，2021：122.

③ 毛泽东．毛泽东选集：第 3 卷．2 版．北京：人民出版社，1991：1096.

④ 中共中央文献研究室．习近平关于全面从严治党论述摘编．北京：中央文献出版社，2016：207.

⑤ 同④208.

⑥ 同④213.

⑦ 习近平．高举中国特色社会主义伟大旗帜 为全面建设社会主义现代化国家而团结奋斗：在中国共产党第二十次全国代表大会上的报告．北京：人民出版社，2022：66.

⑧ 习近平．习近平谈治国理政：第 4 卷．北京：外文出版社，2022：550.

命制度规范体系包括建构制度、实施制度和完善制度等基本环节。各个环节的有效程度，最终都取决于党内组织和党员干部的责任机制建构，即谁承担责任、承担何种责任、如何履职尽责。从总体上讲，“不明确责任，不落实责任，不追究责任，从严治党是做不到的”[①]，“不讲责任，不追究责任，再好的制度也会成为纸老虎、稻草人”[②]。只有将责任具体到事并具体到人，制度才不会成为一纸空文，监督的主体与客体才会严格执行制度，用好问责利器，落实全面从严治党。党的十一届六中全会通过的《关于建国以来党的若干历史问题的决议》就指出：“我们党敢于正视和纠正自己的错误，有决心有能力防止重犯过去那样严重的错误。”[③]

邓小平曾指出：“我们党经历过多次错误，但是我们每一次都依靠党而不是离开党纠正了自己的错误。”[④]“公开承认错误，揭露犯错误的原因，分析产生错误的环境，仔细讨论改正错误的方法——这才是一个郑重的党的标志”[⑤]。“自我革命本身就是对着问题去的，讳疾忌医是自我革命的天敌。无论什么时候，问题总是客观存在的，怕就怕对问题熟视无睹、视而不见，结果小问题变成大问题，小管涌演变为大塌方。”[⑥]

（七）完善自我革命制度规范体系，既要遵守党纪，也要遵守国法

建设中国特色社会主义法治体系、建设社会主义法治国家是全面推

---

① 中共中央纪律检查委员会，中共中央文献研究室．习近平关于严明党的纪律和规矩论述摘编．北京：中央文献出版社，2016：118.

② 同①113.

③ 中共中央文献研究室．改革开放三十年重要文献选编：上．北京：中央文献出版社，2008：216.

④ 邓小平．邓小平文选：第2卷．2版．北京：人民出版社，1994：170.

⑤ 列宁．列宁全集：第39卷．2版增订版．北京：人民出版社，2017：37.

⑥ 中共中央党史和文献研究院．十八大以来重要文献选编：下．北京：中央文献出版社，2018：591.

进依法治国的总目标。法律规范体系、法治实施体系、法治监督体系、法治保障体系和党内法规体系是社会主义法治体系的重要内容。党的自我革命制度规范体系是在新时代全面从严治党伟大实践中形成发展的。完善党的自我革命制度规范体系，既要遵守党纪，也要遵守国法。“我们是共产党，凭什么办事情？凭党性，也就是凭党的立场，凭党的方针政策办事。要遵守党章和宪法。党章是党规，宪法是党领导全国人民制定的。按照党章和宪法办事，就表现了我们的党性。”①

首先，各级领导干部都要牢记，任何人都没有法律之外的绝对权力，任何人行使权力都必须为人民服务、对人民负责并自觉接受人民监督。要加强对“一把手”的监督，认真执行民主集中制，健全施政行为公开制度，保证领导干部做到位高不擅权、权重不谋私。领导干部手中的权力都是党和人民赋予的，领导干部使用权力，使用得对不对，使用得好不好，当然要接受党和人民的监督。不想接受监督的人，不能自觉接受监督的人，觉得接受党和人民监督很不舒服的人，就不具备当领导干部的起码素质②。

其次，党员既要严格遵守党纪，也要严格遵守政纪。党委对政权系统的工作在原则、政策、大政方针的领导上要紧紧掌握，而又要给政权系统工作方式方法上的灵活性；政权系统在执行具体工作中应发挥创造性与积极性，但在方针政策上又须绝对服从党的决定，努力贯彻下去，不能有所推托或折扣。在政权工作中如何来实现党的领导，是老问题，也是新问题③。“在政权系统中工作的党员和干部，必须服从党委与党团的决议、决定与纪律，不得利用自己的地位自由行动。”党对“政权

---

① 彭真文选：1941—1990 年．北京：人民出版社，1991：514.
② 习近平．论党的自我革命．北京：党建读物出版社，2023：29－30.
③ 林伯渠．林伯渠文集．北京：华艺出版社，1996：564.

之领导的实现、有赖于政权系统中党员干部之言论行动的一致及其对党的决定的绝对服从，所以严整政权系统中党员及党员干部的党纪是有严重意义的”[①]。

最后，任何共产党员，违反了国家的法纪，同普通群众一样，应该受到国法的制裁，决不能因为是党员就可以无法无天，胡作非为。“国家的一切命令和法律，对全国每一个人，包括共产党人在内，都是有效的。不仅如此，共产党人还应该成为尊重、服从和执行国家法纪，巩固无产阶级专政的模范。”[②]“国要有国法，党要有党规党法。党章是最根本的党规党法。没有党规党法，国法就很难保障。”[③] 此时，党已经把制度作为解决自身问题、保证国家长治久安的重要手段。

铲除不良作风和腐败现象滋生蔓延的土壤，根本上要靠法规制度。我们党长期执政，既具有政治优势，也面临严峻挑战，必须依靠党的各级组织和人民的力量，不断加强和改进党的建设、管理、监督。只有建好制度、立好规矩，把法规制度建设贯穿到反腐倡廉各个领域、落实到制约和监督权力各个方面，发挥法规制度的激励约束作用，才能筑起遏制腐败现象滋生蔓延的“堤坝”，才能推动形成不敢腐、不能腐、不想腐的有效机制[④]。

（八）坚持真理，修正错误，在时代和实践的发展中推动制度进步和完善

时代在变，实践在变。问题在变，解决问题的思路和方法也在变。在艰辛探索中，中国共产党在运用制度规范推动自我革命方面积累了许多成功的经验，但由于历史条件的限制，也还存在一定的不足。中国共

---

① 中央档案馆．中共中央文件选集：第 13 册（1941—1942）．北京：中共中央党校出版社，1991：432.

② 《张闻天文集》编辑组．张闻天文集：第 4 卷．北京：中共党史出版社，1995：510.

③ 邓小平．邓小平文选：第 2 卷．2 版．北京：人民出版社，1994：147.

④ 习近平．论党的自我革命．北京：党建读物出版社，2023：113.

产党始终秉持自我革命的态度，不断矫正制度建设中存在的问题。1945年4月，毛泽东在谈论如何制定党的第一个历史决议时明确指出："有漏洞就改，原则是坚持真理，修正错误。"[①] 改革开放后通过的党的第二个历史决议将"坚持真理，修正错误"作为党必须采取的辩证唯物主义的根本立场[②]。建党百年通过的党的第三个历史决议提出："党历经百年沧桑更加充满活力，其奥秘就在于始终坚持真理、修正错误。"[③]坚持真理，修正错误，正是中国自我革命精神的本质体现。

中国特色社会主义进入新时代，全面从严治党对党自身提出了更高的要求，实现国家治理现代化对党提出了更高的要求，实现中华民族伟大复兴对党提出了更高的要求。适应时代和实践的要求，完善党的自我革命制度规范体系，才能够在谁来完善制度规范体系、完善什么样的制度规范体系的问题上实现主客体的统一，在制度规范体系的价值遵循和经验总结的问题上实现原则与经验的统一，在制度规范的实施和完善的问题上实现理论与实践的统一。中国共产党关于自我革命制度规范体系的认知经历了从革命、建设到改革的发展，从零散到系统、从临时性到常态化和完备化的跃升，实现了管党治党与治国理政的统一、发挥优势与文明贡献的统一。

二、党的自我革命制度规范体系的构造形式与内在逻辑

中国共产党的自我革命制度规范体系，是由制度要素、结构和功能共同构造的以民主集中制为核心原则的各类规范的总和。自我革命制度规范体系是"制度治党、依规治党"价值的具体体现，是不同制度要素

① 中共中央文献研究室．毛泽东文集：第3卷．北京：人民出版社，1996：296.
② 中共中央文献研究室．三中全会以来重要文献选编：下．北京：人民出版社，1982：798.
③ 中共中央关于党的百年奋斗重大成就和历史经验的决议．北京：人民出版社，2021：70.

的组合与协调，是制度体系与制度功能的有机统一。

（一）以党章为根本遵循的自我革命制度规范体系构造形式

第一，党章是自我革命制度规范体系的根本。党章是党的总章程，集中体现了党的性质和宗旨、党的理论和路线方针政策、党的重要主张，规定了党的重要制度和体制机制，是全党必须共同遵守的根本行为规范[①]。党章是党的自我革命制度规范体系的基石，完善自我革命制度规范体系，首先体现在不断完善党章、认真学习党章、严格遵守党章上。党的二十大通过的《中国共产党章程》将“坚持自我革命”“以伟大自我革命引领伟大社会革命”“党的自我革命永远在路上”[②] 等新内容载入“总纲”，为新征程持续深化党的自我革命提供方向指引；“党的纪律检查机关”一章相关内容的修改，为纪委完成“坚定不移推进全面从严治党，推动完善党的自我革命制度规范体系”[③] 的任务提供坚实制度保障。“党章，党的法规，不仅是要规定党的基本原则，而且要根据这些原则规定党的组织之实际行动的方法，规定党的组织形式与党的内部生活的规则。”[④] 每一个党员应严格地遵守党章和国家的法律。邓小平在《关于修改党的章程的报告》中曾指出：“一切党员，不管他们的功劳和职位如何，都没有例外。”[⑤] 不允许例外地违反党章、违反法律、违反共产主义道德等方面的规定，对于今天加强自我革命制度建设来说依然具有特别重要的价值。党章是党的自我革命的总依据，对党的自我革命的基本要求、核心内容等根本事项做出权威规定，构成党的自我革命制度规范体系的基石。

---

① 习近平．认真学习党章 严格遵守党章（2012 年 11 月 16 日）．人民日报，2012－11－20（1）．

② 中国共产党章程．人民日报，2022－10－27（2）．

③ 十九届中央纪律检查委员会向中国共产党第二十次全国代表大会的工作报告．人民日报，2022－10－28（4）．

④ 刘少奇选集：上卷．北京：人民出版社，1981：316．

⑤ 邓小平．邓小平文选：第 1 卷．2 版．北京：人民出版社，1994：243．

第二，“党内法规制度体系”和“监督体系”是自我革命制度规范体系的核心要件。党的自我革命制度规范体系是将体系化思维和方法运用于构建和完善党的自我革命制度规范之中，由各类型、各层级、各领域党的自我革命制度规范组成的有机整体，其显著特征是“前后衔接、左右联动、上下配套、系统集成”[①]。实现自我革命、推进自我革命最根本的保障在于形成一套科学规范、运行高效的制度体系。其中，既有党内法规制度体系，也有权威高效的监督体系。从党内法规制度体系来看，“截至2023年7月底，全党现行有效党内法规3 826部”[②]。党内法规制度体系为构建党的自我革命制度规范体系、提升党的自我革命实践中的创新提供了专门制度载体。监督体系是自我革命制度规范体系的重要组成部分，“是党在长期执政条件下实现自我净化、自我完善、自我革新、自我提高的重要制度保障”[③]。《中国共产党党内监督条例》《中国共产党巡视工作条例》等一系列党内监督法规、《关于全面落实中央纪委向中央一级党和国家机关派驻纪检机构的方案》等文件的出台，有效巩固了监督体系发挥作用的基础。监督体系既要实现全覆盖，又要实现权威高效运转。

第三，“坚持真理、修正错误，发现问题、纠正偏差的机制”和“权力监督制约机制”是自我革命制度规范体系的运行机制。自我革命的原则性要求、价值性引领、行为上规范、实践上推进，都需要在现实中运转起来。中国共产党是在中国的革命、建设和改革的实践征程中成长、壮大和成熟起来的政党。自我革命是一种内向的思维方式，是为了解决自身存在的问题，贯穿强烈的问题意识、内含鲜明的问题导向。

---

① 中共中央纪律检查委员会，中共中央文献研究室．习近平关于严明党的纪律和规矩论述摘编．北京：中央文献出版社，2016：64.

② 中央办公厅法规局研究室．领导干部要做学规学法的模范．旗帜，2023（9）.

③ 中共中央关于坚持和完善中国特色社会主义制度 推进国家治理体系和治理能力现代化若干重大问题的决定．人民日报，2019－11－06（1）.

“坚持真理、修正错误，发现问题、纠正偏差的机制”，重在勇于面对事实上存在的扭曲真理、出现错误、造成问题等现象，同时也明确提出解决问题的思路和办法。例如《中共中央关于增强党性的决定》《关于实行精兵简政、增产节约、反对贪污、反对浪费和反对官僚主义的决定》《关于反对官僚主义、反对命令主义、反对违法乱纪的指示》的针对性举措等。“权力监督制约机制”重在以党内监督为主导，促进各类监督贯通协调，让权力在阳光下运行。党内监督是党的自我约束和自我完善。党的十八大以来，党中央把党内监督作为党的建设重要基础性工程，构建党委（党组）全面监督、纪律检查机关专责监督、党的工作部门职能监督、党的基层组织日常监督、党员民主监督的党内监督体系，推进纪律监督、监察监督、派驻监督、巡视监督四项监督统筹衔接，使党内监督的制度优势充分释放。

（二）明确政治监督、政治巡视、政治责任的自我革命制度规范体系建设重点内容

第一，完善党的自我革命制度规范体系，要在强化政治监督上下功夫。政治监督是督促全党坚持党中央集中统一领导的有力举措。新时代政治监督的根本任务就是推动党员干部深刻领悟“两个确立”的决定性意义、坚决做到“两个维护”，确保党中央重大决策部署落到实处。坚持党中央决策部署到哪里、监督检查就跟进到哪里。强化对“一把手”和领导班子监督，是做实政治监督的重点和关键环节。通过抓住“关键少数”管住“绝大多数”。政治监督要实现具体化、精准化、常态化，形成以政治监督为统领，各类监督贯通协同，纪律监督、审计监督、统计监督、财会监督相互融合，统筹衔接、相互协调的工作格局。加强对权力运行的制约和监督，让人民监督权力，让权力在阳光下运行，把权力关进制度的笼子里。坚持完善党和国家监督制度，形成全面覆盖、常态长改的监督合力。“必须依靠强化党的自我监督和人民监督推进党的

自我革命，构建以党内监督为主导、各类监督贯通协调的机制，强化对权力运行的制约和监督，把监督制度优势更好转化为治理效能。”① 政治监督明晰了，自我革命能力就增强了。

第二，完善党的自我革命制度规范体系，要在深化政治巡视上下功夫。从体制机制上解决管党治党宽松软问题，必须把巡视作为加强党内监督的战略性制度安排。“从聚焦党风廉政建设和反腐败斗争到聚焦全面从严治党，再到突出坚持党的领导、加强党的建设，检查党的路线方针政策落实情况，重点发现违反政治纪律和政治规矩、违规选人用人等问题，巡视定位越来越准确，任务越来越清晰。”② 要保障权力始终用于为人民谋利益，就必须解决“一把手”监督难题和同级监督难题，增强对“一把手”和领导班子的监督实效。“发挥政治巡视利剑作用，加强巡视整改和成果运用”③。政治巡视是推进党的自我革命的战略性制度安排，必须进一步健全政治巡视的制度体制机制，坚持发现问题、形成震慑不动摇，建立巡视巡察上下联动的监督网。党的十八大以来，《中央巡视工作规划（2018—2022 年）》颁布实施，《中国共产党巡视工作条例》多次修改，《关于加强巡视巡察上下联动的意见》《关于加强巡视整改和成果运用的意见》等出台，政治巡视的制度规范更加成熟，政治巡视的要求更加明确，政治巡视的实践更加精准。政治巡视对于解决一党长期执政条件下党内监督的难题具有重要意义。

第三，完善党的自我革命制度规范体系，要在增强政治责任上下功

---

① 习近平．全面从严治党探索出依靠党的自我革命跳出历史周期率的成功路径．求是，2023(3).

② 中共中央党史和文献研究院，中央学习贯彻习近平新时代中国特色社会主义思想主题教育领导小组办公室．习近平新时代中国特色社会主义思想专题摘编．北京：党建读物出版社，2023：553.

③ 习近平．高举中国特色社会主义伟大旗帜 为全面建设社会主义现代化国家而团结奋斗：在中国共产党第二十次全国代表大会上的报告．北京：人民出版社，2022：66.

夫。政治责任是指党组织、党员领导干部和党员贯彻和落实党的政治建设的职责以及未能履行好职责时所承担的责任。增强政治责任不仅仅是对党内政治责任主体的行为是否符合制度规范体系即形式正义进行评价，更是对其政治决策、政治行为及后果是否合理正当即实质正义进行考察。完善党的自我革命制度规范体系，对于党的领导干部来说，就是要不断提高政治判断力、政治领悟力、政治执行力，不断增强把握方向、把握大势、把握全局的能力和辨别政治是非、保持政治定力、驾驭政治局面、防范政治风险的能力，担负起政治责任；要做政治上的明白人，涵养政治定力，坚定政治信仰，练就政治慧眼，严守政治纪律；要吃透“上情”，摸清“下情”，心系国之大者。为此，党中央制定修订问责条例、党委（党组）落实全面从严治党主体责任规定，在一系列重要党内法规中明确和细化责任规定。全面从严治党责任制度体系不断健全，确保全面从严治党政治责任落到实处，使风清气正的党内政治生态不断形成和发展。

（三）制度治党、依规治党和民主集中制贯穿自我革命制度规范体系始终

治国必先治党，治党务必从严，从严必依法度。中国共产党自我革命制度规范体系的建构与完善，突出了制度建设鲜明的政治导向，紧紧围绕坚持党的全面领导、维护党中央权威和集中统一领导、加强党的政治建设、正风肃纪反腐、强化责任担当等加强党内法规制度建设，做到规纪必依、执行必严、违反必究，体现了制度治党、依规治党在事关党长期执政和国家长治久安中的战略位置。党的十八大以来，中国共产党高度重视制度治党、依规治党，全方位、立体式加快推进党内法规制度体系建设，为保证全党团结统一和行动一致奠定了坚实的制度基础。

坚持制度治党、依规治党是实现自我革命的重要制度路径。制度优势是一个政党、一个国家的最大优势。邓小平说过：“制度好可以使坏人无法任意横行，制度不好可以使好人无法充分做好事，甚至会走向反面。”党的十八大以来，党中央坚持制度治党、依规治党，努力构建系统完备、科学规范、运行有效的制度体系，把全面从严治党提升到一个新的水平。加强党内法规制度建设是全面从严治党的长远之策、根本之策。坚持制度治党、依规治党，首先要坚持依规治党和依法治国的有机统一，把形成完善的党内法规体系纳入全面推进依法治国总目标，推进国家法律法规和党内法规制度相辅相成、相互促进、相互保障；其次要坚持制度制定和制度执行并重，出台党内法规执行责任制等规定，督促领导干部带头尊规学规守规用规，“让法规制度真正‘带电’，营造尊崇制度、遵守制度、维护制度的良好氛围”①，构建起党统一领导、全面覆盖、权威高效的监督体系，推动各方面制度更加成熟定型；最后要更加突出各方面法规制度建设有机衔接、联动集成、协同协调，突出体制机制的健全完善和法规制度的科学有效，突出运用治理的理念、系统的观念、辩证的思维管党治党建设党。“最根本的就是要使全党各级组织和全体党员、干部都按照党内政治生活准则和党的各项规定办事。”②由此才能够满足自我革命的价值诉求。

民主集中制是中国共产党的根本组织原则和领导制度，是党内政治生活正常开展的重要制度保障，也是群众路线在党的生活中的运用。在党内法规制度建设中坚持贯彻民主集中制，既是中国共产党辉煌历程的经验总结，也是党的建设新的伟大工程的内在要求。坚持民主集中制，是党的自我革命制度规范体系的重要内容，也是完善党的自我革命制度规范体系的基本要求。早在 1928 年，党的六大通过的《中国共产党党章》就将“民主集中制”明确为中国共产党的“组织原则”。1945 年，

---

① 杨晓渡．完善党的自我革命制度规范体系．人民日报，2022－11－11（6）．

② 中共中央纪律检查委员会，中共中央文献研究室．习近平关于严明党的纪律和规矩论述摘编．北京：中央文献出版社，2016：82．

党的七大通过的《中国共产党党章》在“总纲”中指出，“中国共产党是按民主的集中制组织起来的”。1956 年，党的八大通过的《中国共产党章程》这部新中国成立后的第一部党章指出，“中国共产党的组织原则是民主集中制”，“党是按照民主集中制组织起来的”。同时，坚持民主集中制是党的自我革命制度规范体系建设的基本原则和要求。《中国共产党党内法规制定条例》明确规定，党内法规制定工作应当“坚持民主集中制，充分发扬党内民主，维护党的集中统一”。党的自我革命制度规范体系建设，是一个不断回应和解决不同历史时期实践问题的历史进程，是一个从需要制度、建构制度到完善制度的历史进程，是一个充分发扬民主、坚定维护集中统一的历史进程。

在党的自我革命制度规范体系建设的伟大实践中，坚持“制度治党、依规治党”和“民主集中制”，必须始终“牢记中国共产党是什么、要干什么这个根本问题”，使制度体系更加完善、制度执行更为严格、制度优势更好转化为治理效能。完善党的自我革命制度规范体系，必须讲政治，坚持党对一切工作的领导，切实维护党中央权威和集中统一领导；必须坚持党性和人民性的统一，不断增强党性，始终坚守人民立场；必须始终保持自我革命精神，落实好党的群众路线，从群众中来，到群众中去，积极应对各种风险与挑战。

党的自我革命制度规范体系，意味着通过“不断纯洁党的队伍，保证党的肌体健康”、思想方面的价值引领、行为方面的惩治威慑以实现自我净化；意味着构建“系统完备、科学规范、运行有效”的制度体系以实现自我完善；意味着通过破除弊端，“推进理论创新、实践创新、制度创新、文化创新以及各方面创新”以实现自我革新；意味着不断“提升政治境界、思想境界、道德境界”以及“全面增强执政本领”以实现自我提高。“四个自我”在自我革命制度规范体系中形成了整体性的结构平衡和良性运转。

三、党的自我革命制度规范体系的完善路径

“全党必须牢记，全面从严治党永远在路上，党的自我革命永远在路上”[①]。其一是因为党面临的“四大考验”“四种危险”将长期存在，其二是因为中国共产党谋幸福、谋复兴、谋和平的责任担当、使命在肩，其三是因为中国共产党有坚持“人民至上”、敢于“壮士断腕”的过硬底气。只有不断完善党的自我革命制度规范体系，坚持问题导向、效果检验和人民判断，才能够始终走在时代前列、赢得人民拥护，才能够实现以伟大自我革命引领伟大社会革命。

（一）坚持科学原则，正确处理规模与质量、创新与总结、认知与逻辑的关系

制度建设要“充分体现科学性、针对性、可操作性”[②]，“加快形成内容科学、程序严密、配套完备、运行有效的党内法规制度体系”[③]。科学性是党的自我革命制度规范体系权威性和执行力的重要基础。党的自我革命制度规范体系只有始终坚持马克思主义、马克思主义中国化最新理论成果的科学指导，始终坚持实事求是的科学态度，始终坚持符合逻辑的科学方法与技术性安排，才能够在规范形式上符合普遍的认知与逻辑，在制度实践中符合基本的事实与程序。列宁非常重视党纲的作用，他表示，“马克思主义政党的纲领应该以绝对确凿的事实为依

① 习近平．高举中国特色社会主义伟大旗帜 为全面建设社会主义现代化国家而团结奋斗：在中国共产党第二十次全国代表大会上的报告．北京：人民出版社，2022：64.

② 习近平在中共中央政治局第二十四次集体学习时强调 加强反腐倡廉法规制度建设 让法规制度的力量充分释放．人民日报，2015－06－28（1）.

③ 习近平就加强党内法规制度建设作出重要指示强调 坚持依法治国与制度治党、依规治党统筹推进、一体建设．人民日报，2016－12－26（1）.

据”[①]。

坚持科学原则，要正确处理规模与质量的关系。中国共产党是马克思主义执政党，庞大的党员数量在事实上就对规范和约束自身行为的制度提出了规模的要求，只有一定规模的制度，才能够在各方面、各层次、各领域、各环节实现有效的引导、约束、规范和警示。“截至 2022 年 6 月，全党现行有效党内法规共 3 718 部。其中，党中央制定的中央党内法规 221 部，中央纪委以及党中央有关部门制定的部委党内法规 170 部，省、自治区、直辖市党委制定的地方党内法规 3 327 部。”[②] 基本上确立了以党章为统领，以党的组织法规制度、党的领导法规制度、党的自身建设法规制度、党的监督保障法规制度为核心的“1＋4”基本框架体系。随着全面从严治党的深入推进，党内法规制度建设仍将继续深化。因此，如何处理好规模与质量的问题，就是完善自我革命制度规范体系的一个关键内容。“制度不在多，而在于精，在于务实管用，突出针对性和指导性。”[③] 否则，制度规模越大，人们掌握和理解程度越有挑战，制度流于形式的可能性就越大。“要坚持科学立规、民主立规，确保每项党内法规都立得住、行得通、管得了。不要搞那种形式主义，写一堆套话，最后都没有用，就是凑份子，与其这样不如不立。”[④] 法规质量要上去，重要的是科学与严谨。

坚持科学原则，要正确处理创新与总结的关系。中国共产党管党治党、治国理政的重要经验之一就是“政策试点”与“经验总结”。政党也好，国家也好，复杂与多样的制度环境，决定了任何一项政策的出

---

① 列宁．列宁选集：第 3 卷．3 版修订版．北京：人民出版社，2012：460.

② 充分发挥依规治党的政治保障作用：以习近平同志为核心的党中央加强党内法规制度建设纪实．人民日报，2022-06-26（3）.

③ 中共中央文献研究室．十八大以来重要文献选编：中．北京：中央文献出版社，2016：95.

④ 中共中央党史和文献研究院．习近平关于依规治党论述摘编．北京：中央文献出版社，2022：130.

台、一项制度的制定，都不可能是“拍脑袋”的结果。顶层“设计的”试点或者地方“自主的”试点，都是制定和完善制度的具体方式与路径。党的自我革命制度规范体系的完善，一方面要关注各级党组织的试验性探索，另一方面要善于从各地创造性实践中总结具有普遍适用性的经验。四版的《中国共产党纪律处分条例》、四版的《中国共产党巡视工作条例》都是在具体的实践探索过程中逐步完善和成熟起来的。2017年《中共中央关于加强党内法规制度建设的意见》提出的副省级城市和省会城市党内法规制定权试点的部署，在一些城市稳步推进，由此收获的具体经验也逐渐被加以总结。

坚持科学原则，要正确处理认知与逻辑的关系。认知是人们获得知识或应用知识的过程，或者说是加工信息的过程。是否为科学的认知模式，在于是否能够准确地识别党的自我革命制度规范体系建设中的问题及产生问题的根源，这种识别的起点是事实还是想象。“中国共产党的伟大不在于不犯错误，而在于从不讳疾忌医，敢于直面问题，勇于自我革命，具有极强的自我修复能力。”① “加强党内法规制度建设是全面从严治党的长远之策、根本之策。”② 这是对客观事实的认知，是对制度建设长期性的认知。把权力关进制度的笼子里，让权力在阳光下运行，是对不受约束的权力会造成灾难性后果的清醒认知。党的自我革命制度规范体系的完善就是建立在对权力、对制度的科学认知基础之上的。在制度规范建设的逻辑常识方面，党的自我革命制度规范体系，首先要在“授权、用权、制权”之间形成闭环，“把权力运行置于党组织和人民群众监督之下，最大限度减少权力寻租的空间”③。“简明实用、防止繁琐

---

① 中共中央党史和文献研究院．十八大以来重要文献选编：下．北京：中央文献出版社，2018：589.

② 习近平．论坚持全面依法治国．北京：中央文献出版社，2020：169.

③ 同②152.

重复”以及“做到责任清晰、主体明确”是科学性的原则要求。2012年《中国共产党党内法规制定条例》新增加的“适用与解释”，《中国共产党纪律处分条例》对于“六大纪律”内涵、边界、违规适用的针对性规定等，都是法规制度建设科学性的具体体现。

（二）坚持民主原则，增强制度规范体系的正当性基础和发展活力

党内法规体现的是全党的意志，党的自我革命制度规范体系蕴含着全党的意志。只有坚持民主原则，通过民主方式，才能够集中全党的意志，增强法规制度的广泛认同和正当性基础，才能够更好地履行党员义务、维护党员权利，才能够激发前进动能和发展活力。

民主是增强制度广泛认同和正当性的基础。“没有民主就不可能有自觉的纪律。”① 党的政策法令、规章制度的作用，首先在于使全党团结起来、凝聚力量，其次在于使亿万人民团结起来，向着一定目标行动起来。增强制度执行力，做到用制度管权管事管人，就必须坚持制度面前人人平等、执行制度没有例外，坚决维护制度的严肃性和权威性。因此，“制定制度要广泛听取党员、干部意见，从而增加对制度的认同”②。只有全体党员了解、知晓党的法规制度，并愿意遵守党的法规制度，党的法规制度才具有权威性。“每个党员应当了解做一个共产党员的起码知识，共产党是什么，做一个党员的资格、责任和权利义务，党的组织原则，党的纪律等等，进而了解党的理论，党纲党章。”③ 在制度和政策制定过程中有广泛的参与、党内具有表达诉求的规范性渠道、权利得到有效维护，党的自我革命制度规范体系才是理性的、正当的、有效的。党必须大胆的发展党内与群众中的民主作风，建立各种组织的民主

---

① 邓小平．邓小平文选：第2卷．2版．北京：人民出版社，1994：83.

② 习近平．在党的群众路线教育实践活动总结大会上的讲话．北京：人民出版社，2014：18.

③ 《张闻天文集》编辑组．张闻天文集：第3卷．北京：中共党史出版社，1994：156.

制度[①]。“要知道党的决定未被群众采纳时，不是某些地方不合群众的需要，就是群众尚未能根据本身经验了解党的主张的正确。这要求我党重新审查或加紧工作。必须使党的决议变成了广大群众的决议，才能实行。”[②]

民主是践行宗旨、防止党脱离群众的关键举措。恩格斯曾经指出：“民主已经成了无产阶级的原则”[③]。在无产阶级政党组织内部，代表大会对于实行民主具有极其重要的价值。恩格斯在致奥古斯特·倍倍尔的信中写道：“应当坚持每年召开一次党代表大会。即使为了遵守党章，你们执行委员会也必须这样做；否则，你们就会为那些喜欢叫喊的人提供极好的口实。而且，让全党哪怕一年有一次发表自己意见的机会，一般说来也是重要的。”[④] 毛泽东也认为：“定期召开会议，进行批评和自我批评，这是一种同志间互相监督，促使党和国家事业迅速进步的好办法。”[⑤] 无产阶级政党掌握政权之后，如果缺乏监督，很容易出现脱离群众、不关心群众、形式主义和官僚主义的问题。克服并解决这些问题，只有通过民主的方式实现。“对于我们，经常地检讨工作，在检讨中推广民主作风，不惧怕批评和自我批评，实行‘知无不言，言无不尽’，‘言者无罪，闻者足戒’，‘有则改之，无则加勉’这些中国人民的有益的格言，正是抵抗各种政治灰尘和政治微生物侵蚀我们同志的思想和我们党的肌体的唯一有效的方法。”[⑥] 党内的一切事务是由全体党员直接或者通过代表，在一律平等和毫无例外的条件下来处理的，履行义务与享有权利不可分割，“应当学会不仅要求普通党员，而且要求‘上

① 《张闻天文集》编辑组．张闻天文集：第3卷．北京：中共党史出版社，1994：81.
② 谢觉哉文集．北京：人民出版社，1989：350.
③ 马克思，恩格斯．马克思恩格斯全集：第2卷．北京：人民出版社，1957：664.
④ 马克思，恩格斯．马克思恩格斯全集：第38卷．北京：人民出版社，1972：474.
⑤ 中共中央文献研究室．毛泽东文集：第6卷．北京：人民出版社，1999：406.
⑥ 毛泽东．毛泽东选集：第3卷．2版．北京：人民出版社，1991：1096.

层人物’履行党员的义务”[①]，党的领导干部不能有特权。在克服官僚主义、形式主义的过程中，“不能只批评下级，上级不作自我批评。学专制的办法是完全错误的。上下级关系不协调，一般情况下，主要是上级负责。下级要尊重上级，对上级要善意地提出批评和建议”[②]。

民主是激发制度活力和发展动能的重要形式。恩格斯曾经说过，“党已经很大，在党内绝对自由地交换意见是必要的”，“争论、甚至小小的争吵是必要的”[③]。在坚持德国社会主义工人党中央机关报的正确政治路线和反对右倾机会主义者的斗争中，恩格斯在给马克思的信中也写过：“当各种腐朽分子和好虚荣的分子可以毫无阻碍地大出风头的时候，就该抛弃掩饰和调和的政策，只要有必要，即使发生争论和吵闹也不怕。一个政党宁愿容忍任何一个蠢货在党内肆意地作威作福，而不敢公开拒绝承认他，这样的党是没有前途的。”[④] 列宁认为，“应当对党内的问题广泛地展开自由的讨论，对党内生活中各种现象展开自由的、同志式的批评和评论”[⑤]，“自我批评对于任何一个富有活力、朝气蓬勃的政党来说都是绝对必要的”[⑥]。建立和完善党的自我革命制度规范体系，既是为了创造稳定的秩序，也是为了激发创造的活力。制度不是压制创造力与活力的措施。“法律不是压制自由的措施，正如重力定律不是阻止运动的措施一样。”[⑦] 在革命的年代，“革命纪律是巩固民众运动，而不应是压制民众的”[⑧]。在建设时期、改革实践和复兴征程上，革命纪律、自我革命制度规范体系，同样是发挥凝聚、动员和激发活力的作用

① 列宁．列宁全集：第 8 卷．2 版增订版．北京：人民出版社，2017：395.
② 陈云．陈云文选：第 1 卷．2 版．北京：人民出版社，1995：221.
③ 马克思，恩格斯．马克思恩格斯全集：第 37 卷．北京：人民出版社，1971：435.
④ 马克思，恩格斯．马克思恩格斯全集：第 34 卷．北京：人民出版社，1972：90.
⑤ 列宁．列宁全集：第 12 卷．2 版增订版．北京：人民出版社，2017：362.
⑥ 列宁．列宁全集：第 10 卷．2 版增订版．北京：人民出版社，2017：334.
⑦ 马克思，恩格斯．马克思恩格斯全集：第 1 卷．2 版．北京：人民出版社，1995：176.
⑧ 张太雷．张太雷文集．北京：人民出版社，2013：491.

的。将民主作为活力因子注入党的自我革命制度规范体系的建设过程，既有利于增强自我革命制度规范体系的权威性，又有利于使党富有活力、朝气蓬勃。

（三）坚持责任原则，既增强个体责任，也明确组织责任，从层层传导压力走向层层激发动力

列宁曾经指出："一个政党对自己的错误所抱的态度，是衡量这个党是否郑重，是否真正履行它对本阶级和劳动群众所负义务的一个最重要最可靠的尺度。公开承认错误，揭露犯错误的原因，分析产生错误的环境，仔细讨论改正错误的方法——这才是一个郑重的党的标志，这才是党履行自己的义务，这才是教育和训练阶级，进而又教育和训练群众。"[①] 完善党的自我革命制度规范体系，关键在于坚持责任原则。"推动主体责任和监督责任一贯到底，从基础制度严起、从日常规范抓起，切实解决基层党的领导和监督虚化、弱化问题，把负责、守责、尽责体现在每个党组织、每个岗位上。"[②]

健全和完善党的自我革命责任制度体系。推进党的自我革命制度规范体系的完善与发展，必须增强管党治党意识、落实管党治党责任。抓住主体责任"牛鼻子"，自我革命主体责任在党委（党组），落实主体责任关键在"一把手"。强化纪委专责机关的监督责任，在履行监督责任同时，推动主体责任、监督责任贯通联动。职能部门严格监管职责，健全各负其责、统一协调的管党治党责任格局。用好问责利器，坚持敢问责、慎问责、善问责，落实"三个区分开来"，健全容错纠错机制，做到精准规范、实事求是。

协调和贯通组织责任与个体责任。党的自我革命制度规范体系，既

---

① 列宁．列宁选集：第4卷．3版修订版．北京：人民出版社，2012：167.

② 中共中央党史和文献研究院．十九大以来重要文献选编：中．北京：中央文献出版社，2021：384.

约束党员，也约束党组织。坚持责任原则，各级党组织要按照党章和党内法规的要求，履职尽责；党员和党员领导干部也要按照党章和党内法规的要求，履职尽责。从组织视角出发，从中央到基层，各级党组织都要在协同推进党的政治建设、思想建设、组织建设、作风建设、纪律建设和反腐败斗争中，贯彻落实完善自我革命制度规范体系的主体责任，抓党建、管权力、促业务、保落实，督促职能部门落实监管职责。纪律检查机关履行监督专责，为党委主体作用发挥当好参谋助手。从个体视角出发，坚持抓住“关键少数”以上率下，落实领导干部管党治党责任。党员个体要严格遵守组织原则和党内纪律。“一个共产党员是否有高度的纪律性和遵守纪律的精神，只有在他处于危险的情况下，或者在他与党的组织发生了严重的原则分歧和人事上的分歧之时，才能表现出来。只有当他处在少数地位时，仍然是无条件地服从了党的组织原则，他才是一个有高度纪律性和原则性的党员，才能表示他是顾大局的，是懂得局部服从全体、小道理服从大道理的，懂得个别的原则分歧与人事上的分歧，是应该服从于党的统一与党的纪律之最高原则的。”①

从层层传导压力走向层层激发动力。“层层传导压力”，能够压紧压实各级责任，让压力变成动力，激发干部干事创业的主动性和自觉性。但各级各层必须在权力上有明确的边界、在责任上有明确的清单。否则，“层层传导压力”就会演变成形式主义、官僚主义。“有的部门热衷于与下属单位签订‘责任状’，将责任下移，试图让下级的‘责任状’成为自己的‘免责单’。”② 完善党的自我革命制度规范体系，必须将层层传导压力与层层激发动力结合起来，没有发自内心的使命感和责任感，一味地“压”、一味地“问责”，直接的结果就是“怕出事、怕担

① 刘少奇选集：上卷．北京：人民出版社，1981：367.
② 纠正“四风”不能止步 作风建设永远在路上．人民日报，2017-12-12（2）.

责”，懒作为、不作为。厘清责任主体，明确各级权责，才能层层尽责、层层负责，才能保护好、调动起基层干部干事的积极性，党的事业才会充满活力。

（四）坚持开放原则，既要在实践中推进制度改革，也要在前瞻性发展中突出文明贡献

制度是经验的凝结，制度也在经验中继续完善。党的自我革命制度规范体系是在中国共产党不断加强自身建设的探索历程中逐步形成的，也将在担当复兴使命的伟大征程中逐步完善。制度是环境中的规范，制度也时刻与环境保持互动。党的自我革命制度规范体系不是封闭的、孤立的、静止的，而是开放的、联系的、发展的。1879 年，恩格斯在写给倍倍尔的信中指出，“一个有生命力的党所借以进行活动的法律基础，不仅必须由它自己建立，而且还必须可以随时改变”，“一个党丧失了作出有约束力的决议的可能性，它就只能在自己的活的、经常变化的需要中去寻找自己的法规。如果党甘愿使这种需要服从于那些已经僵化和死去的旧决议，那它就是自掘坟墓……”①。这一方面指出了政党内部的法规由政党自身制定，是指导政党活动的基础；另一方面也强调了政党内部的法规应当适应政党活动的需要，不是一成不变的，而是需要随现实情况的变化而不断调整的。

党的自我革命制度规范体系是在实践中形成的。党的二大通过的《中国共产党章程》专列“纪律”一章，对党员、党组织的行为做出严格规范。1927 年，中共正式成立“监察委员会”。1938 年，党的扩大的六届六中全会明确提出用“党规”“党的法纪”约束党员和党的领袖。1948 年建立了请示报告制度。改革开放之后，《关于高级干部生活待遇的若干规定》《关于党内政治生活的若干准则》《中共中央关于整党的决

① 马克思，恩格斯．马克思恩格斯文集：第 10 卷．北京：人民出版社，2009：440.

定》等党内法规制度集中出台。党的十二大修改通过的《中国共产党章程》，明确提出“党必须在宪法和法律的范围内活动”。党的十八大以来，党中央坚持以严的基调强化正风肃纪，从制定和落实《十八届中央政治局关于改进工作作风、密切联系群众的八项规定》破题，聚焦重点领域、关键环节、“关键少数”，修改或制定了《中国共产党廉洁自律准则》《中国共产党纪律处分条例》《中国共产党巡视工作条例》《中国共产党党内监督条例》等一系列制度规范，形成了一整套党自我净化、自我完善、自我革新、自我提高的制度规范体系。

党的自我革命制度规范体系要在实践中持续完善。实践是制度的基础，解决实践面临的挑战，制度建设是稳定和持续的路径选择。全新的实践给制度创新提出了全新要求。党的自我革命制度规范体系，只有聚焦新问题、深问题、真问题，才能够在提出真正解决问题的新理念新思路新办法的过程中走向完善。同时，党的自我革命制度规范体系也是在不断矫正错误的过程中走向成熟的。“中国共产党的伟大不在于不犯错误，而在于从不讳疾忌医，敢于直面问题，勇于自我革命，具有极强的自我修复能力。”[①] 党的自我革命永远在路上，党的自我革命制度规范体系也要不断适合时代和实践要求。“我们党经历过多次错误，但是我们每一次都依靠党而不是离开党纠正了自己的错误。”[②] “一百年来，党外靠发展人民民主、接受人民监督，内靠全面从严治党、推进自我革命，勇于坚持真理、修正错误，勇于刀刃向内、刮骨疗毒，保证了党长盛不衰、不断发展壮大。”[③] 党的十一届六中全会通过的《关于建国以来党的若干历史问题的决议》就指出：“我们党敢于正视和纠正自己的

---

① 中共中央党史和文献研究院．十八大以来重要文献选编：下．北京：中央文献出版社，2018：589.

② 邓小平．邓小平文选：第2卷．2版．北京：人民出版社，1994：170.

③ 习近平在十九届中央纪委六次全会上发表重要讲话强调 坚持严的主基调不动摇 坚持不懈把全面从严治党向纵深推进．人民日报，2022-01-19（1）.

错误，有决心有能力防止重犯过去那样严重的错误。”[①] 党的自我革命制度规范体系建设是一个坚持问题导向、解决实际问题的制度建设过程。完善是要求，不完善是制度建设的实际。有了不适应、不协调、不及时，才需要不断地矫正、修正和完善。毛泽东 1945 年在谈论如何制定党的第一个历史决议时明确指出：“有漏洞就改，原则是坚持真理，修正错误。”[②] 党的六届七中全会通过的《关于若干历史问题的决议》指出：在革命早期，党还处于缺乏充分经验和充分自觉的阶段，在个别时期犯“左”、右倾错误是难以避免的，“党正是在克服这些错误的斗争过程中而更加坚强起来”[③]。

党的自我革命制度规范体系应在前瞻性发展中突出文明贡献。时间是制度发展的空间。党的自我革命制度规范体系不会仅仅停留于当下。“党的自我革命任重而道远，决不能有停一停、歇一歇的想法。不忘初心、牢记使命要靠全党共同努力来实现，每一个党员、干部特别是领导干部必须常怀忧党之心、为党之责、强党之志，积极主动投身到这次主题教育中来。”[④] 政党政治是现代政治文明的重要特征，世界的政党是多样的、多彩的，丰富的世界不可能只存在一种政党模式和政党建设路径。中国共产党的自我革命制度规范体系建设，既是保持自身先进性纯洁性的内在要求，也为世界政党政治文明的发展做出新的探索；既从自身文化传统与革命历程中汲取营养，也从世界有益成果中借鉴智慧。自我革命制度规范体系建设，展现了中国共产党直面人类共同挑战的政治勇气和责任担当，为推动世界政党现代化进程、促进人类文明进步提供

① 中共中央文献研究室．改革开放三十年重要文献选编：上．北京：中央文献出版社，2008：216.

② 中共中央文献研究室．毛泽东文集：第 3 卷．北京：人民出版社，1996：296.

③ 毛泽东．毛泽东选集：第 3 卷．2 版．北京：人民出版社，1991：998.

④ 习近平在中央政治局第十五次集体学习时强调 全党必须始终不忘初心牢记使命 在新时代把党的自我革命推向深入．人民日报，2019－06－26（1）.

了中国方案。

在全面从严治党的实践探索中，中国共产党建构了一套具有严密逻辑的自我革命制度规范体系。党的二十大报告把“完善党的自我革命制度规范体系”作为“健全全面从严治党体系”的重要任务，体现了中国共产党全面从严治党的战略部署、自我革命的战略部署。自我革命制度规范体系是具有严密逻辑的制度体系，具有通过制度引领、制度规范和制度保障实现政治、社会功能的作用。党的自我革命制度规范体系既从确立规矩、强化约束、明确责任、纠正偏差等维度实现秩序建构的目的，也从坚定理想、保障权利、创新驱动、激发动能等维度实现增强活力的目的。只有坚持秩序与活力的双重价值建构，才能够实现党的自我革命制度规范体系的完善和发展、成熟与定型。

第六章　严的政治自觉：规范党内民主实践

党内民主是将民主的原则运用于党内事务的一种制度形式。党内民主是党的生命，发展党内民主，就是要规范和约束党内权力、维护和保障党员权益、激发和促进党内活力。不断深化和推进党内民主的发展，对于明确党内法规制度建设方向、提升党内法规制定的质量、切实推动党内法规制度的实践、增强党内制度意识和激发党内活力具有重要价值。党内法规制度是保障党内民主的重要制度规范，健全和完善党内法规制度，有利于将党内民主的基本价值与原则、党内权力与权利关系、党内民主的具体程序等固定下来，使之保持稳定性、权威性和长期性。继承和弘扬党的历史和实践中的好做法好经验，实现党内民主与党内法规制度建设的良性互动，对于实现新时代党的建设伟大工程具有重要意义。

在长期的革命、建设和改革实践中，中国共产党的自身建设过程始终注意把握两个关键内容。一是致力于推进党内民主，高扬民主的旗帜，用民主的方式方法来化解党内冲突，实现党内团结，推进党的事业；二是致力于完善党内制度，坚持制度治党，用党内法规制度来规范党员个体和组织的行为活动，确保党的组织性、统一性、凝聚力和战斗力。就前者来说，党内民主有助于保持党的生机与活力，团结各方面的力量共同前进，推行正确的路线方针和政策，实现党自身在不同历史时期的目标任务。党的历史实践表明，什么时候党内民主受到重视，什么时候党的事业就会繁荣发展；什么时候党内民主遭受曲折，什么时候党的事业就会遭受损失。就后者而言，党内法规制度建设能够将党内民主的基本价值与原则、党内权力与权利关系、党内民主的具体程序，以及党的建设实践形成的好做法好经验固定下来，从而用党的组织、制度和纪律保障党的民主、团结与活力。中国特色社会主义进入新时代，治理好我们这样的大国大党，尤其需要继续发扬党内民主，深入推进党内法规制度建设。以党内民主引领党内法规制度建设，以党内法规制度建设规范党内民主的实践探索。

一、中国共产党高度重视党内民主法规制度建设

党内民主指的是将民主的原则运用于党内事务的一种制度形式。中国共产党的党内民主，本质上是尊重党员的主体地位，保障党员的权利，充分发挥和调动其主动性和自觉性的一种民主形式。党内法规主要是指用以规范党组织和党员的工作、活动和行为的规章制度。中国共产党的党内法规是一种基于无产阶级政党组织先进性和纯洁性的自我约束。中国共产党是依靠其组织的严密性、行动的一致性来领导人民群众实现和维护自身的利益的，既注重党员的意志与权利，又注重维护组织的统一与效能。中国共产党的党内民主是政党组织内的民主形式，与国家形态民主不同；党内法规也是政党组织内的制度，与国家形态的法律不同。党内民主是一种有限度的民主，党内法规是一种绝对的规制。党内民主与党内法规都是有边界的。

（一）始终坚持用无产阶级政党的先进理念指导自身建设和活动

马克思和恩格斯为无产阶级设计未来理想社会时，明确指出在未来

的“联合体”中，“每个人的自由发展是一切人的自由发展的条件”①。为了实现未来的理想社会，“工人革命的第一步就是使无产阶级上升为统治阶级，争得民主”②。恩格斯也早就明确提出“民主已经成了无产阶级的原则”，“当各民族的无产阶级政党彼此联合起来的时候，它们完全有权把‘民主’一词写在自己的旗帜上”③。马克思、恩格斯未能在有生之年见证他们所设想的理想社会的充分实践，但巴黎公社短短72天的英勇壮举依然给他们以深刻的影响。“公社给共和国奠定了真正民主制度的基础。”④ 列宁领导建立了世界上第一个无产阶级执掌政权的社会主义国家，他关于无产阶级政党民主建设的主张在今天看来依然具有启发意义。列宁指出：“工人阶级是争取民主制的先进战士”⑤。“俄国社会民主工党是民主地组织起来的。这就是说，党内的一切事务是由全体党员直接或者通过代表，在一律平等和毫无例外的条件下来处理的”⑥。那么，如何组织起“党组织内的民主制”⑦ 呢？就是要“在党内生活中尽可能真正实行选举原则”⑧。“党的所有负责人员、所有领导成员、所有机构都是选举产生的”⑨，而党的各个中央机关的选举必须是在代表大会上直接选举产生的。同时，马克思主义经典作家也高度重视党内纪律的重要作用，“要使无产阶级能够正确地、有效地、胜利地发挥自己的组织作用（而这正是它的主要作用），无产阶级政党的内部就必须实行极严格的集中和极严格的纪律”⑩。

---

① 马克思，恩格斯．共产党宣言．北京：人民出版社，2014：51.

② 马克思，恩格斯．马克思恩格斯选集：第1卷．3版．北京：人民出版社，2012：421.

③ 马克思，恩格斯．马克思恩格斯全集：第2卷．北京：人民出版社，1957：664.

④ 马克思．法兰西内战．北京：人民出版社，2016：63.

⑤ 列宁．列宁选集：第1卷．3版修订版．北京：人民出版社，2012：362.

⑥ 列宁．列宁全集：第14卷．2版增订版．北京：人民出版社，2017：249.

⑦ 列宁．列宁全集：第11卷．2版增订版．北京：人民出版社，2017：325.

⑧ 列宁．列宁全集：第10卷．2版增订版．北京：人民出版社，2017：166.

⑨ 同⑥.

⑩ 列宁．列宁全集：第39卷．2版增订版．北京：人民出版社，2017：24.

中国共产党人坚持以马克思主义为指导，并在党的建设理论创新和实践探索中，将党内民主和法规建设放在重要位置上。在新民主主义革命时期，中国共产党人就认为："扩大党内民主，应看作是巩固党和发展党的必要的步骤，是使党在伟大斗争中生动活跃，胜任愉快，生长新的力量，突破战争难关的一个重要的武器。"[①] 平等地对待有不同意见的人、容许任何不同意见的提出与讨论、通过民主造就大批能干的人才等，都是中国共产党人探索党内民主的深入思考。在社会主义革命和建设时期，中国共产党人明确指出："要经常注意扩大民主，这一点更带有本质的意义。"[②] 在改革开放和社会主义现代化建设新时期，中国共产党进一步明确了政治的、经济的改革路径："这些改革的总方向，都是为了发扬和保证党内民主，发扬和保证人民民主。"[③] 推动党内民主的发展，并以此带动人民民主，是中国共产党人实践民主的路线图。而对党内民主的重视也达到了前所未有的高度，即"党内民主是党的生命"[④]。中国特色社会主义新时代，中国共产党始终认为，"要发扬党内民主，营造民主讨论的良好氛围，鼓励讲真话、讲实话、讲心里话，允许不同意见碰撞和争论"[⑤]。

（二）积极推进制度探索，为党内民主提供坚实的基础

1921 年党的一大通过的《中国共产党第一个纲领》提出了党内监督和少数服从多数的民主原则。1922 年党的二大通过的首部《中国共产党章程》体现了民主集中制的雏形。"区执行委员会得派员至该地方

① 毛泽东．毛泽东选集：第 2 卷．2 版．北京：人民出版社，1991：529.

② 周恩来选集：下卷．北京：人民出版社，1984：207.

③ 邓小平．邓小平文选：第 2 卷．2 版．北京：人民出版社，1994：372－373.

④ 中国共产党第十六次全国代表大会文件汇编．北京：人民出版社，2002：50.

⑤ 中共中央文献研究室．十八大以来重要文献选编：上．北京：中央文献出版社，2014：352.

召集全体党员大会或代表会”[①]，“中央执行委员会认为必要时，得召集全国代表临时会议”[②]。“公推”“推举”“选举”等相关规定则开启了党内选举制度的实践。1927 年通过了《中国共产党第三次修正章程决案》，首次明确把“民主集中制”写入党章，“党部的指导原则为民主集中制”，首次明确“各级党部最高的机关为：全体党员大会及代表大会”[③]，首次提出建立监察委员会，“巩固党的一致及权威”[④]，推进党内监督朝着制度化组织化方向前进。1945 年党的七大通过的《中国共产党党章》明确了党员的四项义务和四项权利，保障党员的选举权和被选举权、发言权、批评建议权等权利。改革开放以来，邓小平在总结正反两方面经验的基础上提出，“必须使民主制度化、法律化，使这种制度和法律不因领导人的改变而改变，不因领导人的看法和注意力的改变而改变”[⑤]。在全党共同努力之下，党内民主的制度建设进一步完善，创新探索不断拓展。党代会常任制试点、党内选举、党务公开、党员权利保障、党代表任期制、差额选举、干部选拔任用制度等全方位探索，逐步形成了一个体系完备、内涵丰富、程序规范、效力清晰的党内民主制度体系，即以民主集中制为根本原则，以党员权利保障制度为核心，以党的代表大会制度、党的委员会制度、民主决策制度、党内监督制度、党内选举制度和民主生活会制度为依托，以基层民主建设为支撑的制度体系。党内民主制度建设的“四梁八柱”基本确立。

（三）不断总结实践经验，党内民主法规制度建设更加成熟

善于总结经验，是一个成熟的执政党的重要标志。总结经验，既是

① 《中国共产党章程汇编》编写组．中国共产党章程汇编：从一大到十七大．北京：中共党史出版社，2007：4.

② 同①5.

③ 同①21.

④ 同①27.

⑤ 邓小平．邓小平文选：第 2 卷．2 版．北京：人民出版社，1994：146.

将那些行之有效的好做法加以概括、抽象和理论化，以便用于指导今后的实践，也是对以往存在的不足和缺陷进行反思，以期未来不再重蹈覆辙。例如在党员民主权利保障方面，1994 年颁布实施了《中国共产党党员权利保障条例（试行）》，在试行近十年之后，2004 年正式颁布了《中国共产党党员权利保障条例》。中国特色社会主义进入新时代，实践的发展、党建的探索又积累了许多新的经验。2020 年这一条例被修订。例如在党内选举制度建设和党内基层民主创新方面，党内选举制度、候选人提名制度和选举方式逐步完善，对于基层党组织领导班子成员，采用的由党员和群众公开推荐与上级党组织推荐相结合的办法也越来越成熟。例如在党务公开方面，2010 年的《中共中央办公厅关于党的基层组织实行党务公开的意见》对党务公开的指导思想、基本原则、实施内容、运行程序和公开方式进行了规定，经过七年的制度运行和实践，2017 年颁布实施了《中国共产党党务公开条例（试行）》，改叙述式为条款式，将党务公开的范围从党的基层组织扩宽至全党的各级组织，并针对此前实践中党务公开不能很好落实的问题，明确提出了监督与追责机制，强化了党务公开的执行力。例如从党内决策和监督制度来看，中央政治局向中央委员会全体会议、地方各级党委常委会向委员会全体会议定期报告工作并接受监督的制度，地方党委讨论决定重大问题和任用重要干部的票决制等逐步建立和完善。

二、党内民主推动党内法规制度建设

无产阶级政党的根本目标是实现人的自由和解放，中国共产党的根本宗旨是全心全意为人民服务。党内民主坚持平等的价值诉求，用民主原则处理党内事务，为形成完善的法规制度体系创造了条件。在党内民主充分实践的基础上，党内法规制度建设才更加符合党的建设规律、符合党的建设实际、符合全体党员的根本利益。

(一) 党内民主明确了党内法规制度建设的逻辑起点

党内法规制度建设是一个全方位的制度构造过程，既包括党内法规“四梁八柱”的顶层设计，也包括法规制定的广泛参与，既包括法规的文本规范，也包括文本的实践操作。在可操作的技术规范与程序之外，党内法规制度建设还应该遵循特定的价值取向，即作为制度规范平等对待党的组织和党内成员，尊重党员的主体地位并将他们的意志反映在法规制度之中，明确对党内权力的制约和对权利的维护，坚持公开和透明。首先，在价值层面，党内法规制度建设坚持平等的精神。民主精神是什么？就是平等精神[①]。在党内法规制度建设中，每一位党员都有平等参与的权利，每一位党员的意见都应该得到平等的尊重。“要把我们这样一个大党大国治理好，就要掌握方方面面的情况，这就要靠发扬党内民主而来，靠各级党组织和广大党员、干部广泛听取民声、汇聚民意而来。”[②] 其次，在制度层面，党内法规制度建设平等规定了每一位党员的权利义务。“在党内，所有党员都应该平等相待，都应该平等享有一切应该享有的权利、履行一切应该履行的义务。”[③] 党内民主所要求的对权力配置和权利保障的制度逻辑，在党内法规制度中前者体现为纪检监督等，实现用权力制约权力，后者体现为选举、申诉等，实现用权利制约权力。再次，在实务层面，党内法规制度建设遵循公开原则，保障党员的知情权。“推进党务公开，畅通党员参与党内事务、监督党的组织和干部、向上级党组织提出意见和建议的渠道。”[④] 坚持“能公开

---

① 中共中央文献研究室，中共中央党校．刘少奇论党的建设．北京：中央文献出版社，1991：313.

② 树牢“四个意识”坚定“四个自信”坚决做到“两个维护”勇于担当作为 以求真务实作风把党中央决策部署落到实处．人民日报，2018-12-27（1）.

③ 中共中央文献研究室．十八大以来重要文献选编：上．北京：中央文献出版社，2014：770.

④ 中国共产党第十九次全国代表大会文件汇编．北京：人民出版社，2017：53.

就公开”的原则发布党内法规，让全体党员可以通过党报党刊、重点新闻网站、门户网站等渠道了解党内法规的颁布实施情况。最后，在主体层面，党内法规制度建设必然体现党员主体地位这一原则。《关于新形势下党内政治生活的若干准则》指出，“必须尊重党员主体地位、保障党员民主权利”①。切实维护党员的民主权利，才能够在规则的约束和要求下真正激发组织成员的创造活力。

（二）党内民主有利于提升党内法规制定的质量

推进党内法规制度建设，形成配套完备的党内法规制度体系，关键环节是提升党内法规制定的质量。党的十八大之后，针对曾经存在的不适应、不协调、不衔接、不一致等问题，进行了集中的清理规范工作。但党内法规是否立得住、行得通、管得了，也就是党内法规制定的质量如何，依然是一大挑战。党内法规的制定是否科学、民主、合法，直接影响党内法规制定的质量和生命力②。只有更充分地发扬党内民主，才能不断提升党内法规制度建设的质量，使之适应时代和实践的要求，与国家法律相衔接，在党内得到广泛认可，在实践中具有可行性、可操作性。首先，坚持民主集中制，充分发扬党内民主，使党内法规在规划制定之初就具有民主底色，符合时代要求。《中央党内法规制定工作五年规划纲要（2013—2017年）》和《中央党内法规制定工作第二个五年规划（2018—2022年）》在制定过程中，向中央各部门和省、自治区、直辖市党委广泛征求制定建议和意见，调动各方积极性，让各方都能参与到规划制定过程之中，使党内法规的制定具有时代性、实践性、逻辑性。“突出重点、整体推进，构建内容科学、程序严密、配套完备、运行有效的党内法规体系。”③ 其次，党内法规的权威性和效力来源于制

---

① 关于新形势下党内政治生活的若干准则．北京：人民出版社，2016：26.

② 张晓燕．进一步完善党内法规制定体制机制．中国党政干部论坛，2015（2）.

③ 中国共产党党内法规制定条例．人民日报，2019-09-16（3）.

定过程的民主程度，民主程度越高，起草制定过程的参与越广泛，其权威性和效力就越强。例如在起草阶段充分了解各级党组织和广大党员的意见和建议，采取座谈会、论证会和网上征询等多种方式，广泛征求党代表大会代表、基层党员、干部等的意见，“调查研究可以吸收党委及其工作机关法律顾问和有关专家学者参加”① 等。在对《关于新形势下党内政治生活的若干准则》和《中国共产党党内监督条例》征求意见的过程中，“共提出 1 955 条修改意见，扣除重复意见后为 1 582 条，其中原则性意见 354 条、具体意见 1 228 条”②。最后，严格党内法规和规范性文件的备案审查工作，通过政治性、合法合规性、合理性和规范性审查，保证党内法规符合党章要求，并与国家法律相协调相衔接。审查过程的民主性体现在广泛听取意见、认真开展“会商”、积极反馈意见等方面。

（三）党内民主有利于推动党内法规制度的实施

制度的价值在于实践，制度的权威性也来源于实践。党内法规的制定是经由广泛的民主集中全党意志的结果，成文的党内法规则需要在集中指导下通过更民主的方式加以实施。文本的法规制度是否能够得到顺利实施，是否能够得到普遍遵循，是否能够得到有效执行，真正有赖于制度对象的认同程度。党内民主不仅有利于提升党内法规制定的质量，还有利于推动党内法规的制度实践。首先，党内民主保障党内活动主体的知情权，有利于党内法规制度的实施。《中国共产党党员权利保障条例》规定：“党员有党内参加讨论权，有权在党的会议上和党报党刊上参加关于党的理论、政策的学习讨论，并充分发表意见；有权按照规定在党内参加有关重要决策和重要问题的讨论，参加党组织开展的征求意

① 中国共产党党内法规制定条例．人民日报，2019－09－16（3）．

② 习近平．关于《关于新形势下党内政治生活的若干准则》和《中国共产党党内监督条例》的说明．人民日报，2016－11－03（2）．

见等活动，反映真实情况，积极建言献策。”公开透明的党内法规制度建设，能够让广大党员知晓党规、掌握党规，因而也就能够更好地遵守党规、执行党规。其次，积极参与党内法规的实践可以增强党员遵守党内法规的切身感受，提升党员对于党内法规的实施自觉性。党员在党的会议上讨论党内法规、在党的教育培训活动中学习党内法规，能够更深刻地理解党内法规，从而既能够减少党内法规在执行过程中遇到的阻力，又可以避免党内法规制度流于形式。最后，党内民主能够实现对于党内法规实践的有效监督。党内民主是党内监督的基础，自下而上的监督是推动党内法规落实、改善党内法规执行不力的关键环节。充分依靠党内民主的监督机制，倒逼执纪必严、违纪必纠的落实，能够增强党内法规执行主体执行的自觉性、主动性和严肃性，最大程度发挥党内法规的制度优势，更深层次地推动党内法规的实践。对于一个拥有 9 800 多万党员的大党来说，充分发扬党内民主、广泛吸收党员参与，对于增强党内法规的认同、支持与实践，具有十分重要的现实意义。在大多数情况下，公民参与的动力通常来自获取公民接受政策的需求，公民的接受是决策成功实施的先决条件①。当每一部党内法规都充分汇聚党情和民情、体现党心和民心时，党内法规就能获得内在的认同和自觉的遵守，党内法规的权威性和实效性就会得到彰显。

（四）党内民主有利于增强党内制度意识

制度意识是人们对于制度的主观感受、理性认知和客观评价。党内制度意识，就是党员将党内法规制度看作各种行为和活动最基本的规则，制度具有最终的权威性，制度是各种行为的规范与依据，违反制度要受到惩处，遵守制度应得到褒奖的观念形态，是党内政治文化的重要

---

① 托马斯．公共决策中的公民参与：公共管理者的新技能与新策略．孙柏瑛，等译．北京：中国人民大学出版社，2005：98.

组成部分。在党内民主的实践中，尊重党员的主体地位能够使广大党员意识到法规制度事关每一个党员的权利与义务，每一个党员都必须将党内法规视为最基本的行为规则。通过调动党员参与的积极性，党内民主能够使全体党员主动参与制度制定、执行和完善的全过程，深化党员对制度内在精神的理解，增强党员对于制度内涵和实质的掌握。广泛参与能够使广大党员意识到，党内法规是关住权力的“笼子”，是维护权利的保障，制度有约束作用、激励作用。平等的民主观念能够使党内法规制度公平实施、严肃处理各种违纪行为、保护遵章守纪的党员干部，筑牢拒腐防变的政治底线，营造风清气正的政治生态。而且，对党内法规制度建设的民主评估、民主评议还能够进一步完善和发展党内法规制度建设。党内民主是党的生命，发展党内民主的目的是激发全党上下的创新活力。党员的主体性既有制度保障，又有自我认可，平等、和谐、民主的氛围能够激发全体党员奋斗创业的热情，进而调动全党干事创业的积极性。

三、党内法规制度建设为党内民主提供制度保障

党内民主对于党的建设具有重要的意义。其一，有利于推进全面从严治党。在全面从严治党的新常态之下，党内民主可以推动“严”的行动，也可以维护“严”的成果。其二，有利于团结各方面的力量共同前进。党内民主是党的“凝聚剂”，通过民主凝聚共识，能够增强党员的归属感、责任感和使命感。其三，有利于保持党的生机与活力。党内民主能够保障广大党员在权利、义务、人格上的真正平等，可以为党内的利益表达和沟通提供规范的渠道与平台，可以充分调动党员的积极性、主动性和创造性，激发党组织的创新活力。其四，有利于完成党在不同历史时期的目标任务。党内民主能够激发思想活力、组织动力和制度执

行力，切实贯彻党的方针政策，推动完成社会主义现代化建设、实现中华民族伟大复兴等目标任务。党内民主实践的程度、完善的状态，既需要党内成员民主信仰的支撑，也需要党内制度的保障。党内法规是“体现党的统一意志、规范党的领导和党的建设活动、依靠党的纪律保证实施的专门规章制度”[①]。信仰的“软约束”与制度的“硬约束”为基于规则认同的党内民主提供了共同保证。党内法规制度是保障党内民主的基础性制度设施。如果不用制度和法规将民主价值、形式、做法和经验固定下来，党内民主就会成为虚置的符号。也只有从制度上加强对党内权力的监督与制约，党内民主才能够真正得以实现。

（一）党内法规制度是党内民主原则制度化的重要保障

党内民主是党的生命，是增强党的创新活力、巩固党的团结统一的重要保证。坚持和发扬党内民主必须坚持民主集中制的原则，即将民主基础上的集中和集中指导下的民主有机结合起来。具体来说，在维护党的权威和纪律方面，坚持“党员个人服从党的组织，少数服从多数，下级组织服从上级组织，全党各个组织和全体党员服从党的全国代表大会和中央委员会”的原则；在党的组织建设方面，坚持“党的各级领导机关”“都由选举产生”的原则；在党内决策方面，坚持“集体领导、民主集中、个别酝酿、会议决定”的原则；在民主监督方面，坚持“禁止任何形式的个人崇拜。要保证党的领导人的活动处于党和人民的监督之下”的原则[②]；在践行宗旨意识方面，坚持“密切联系群众”、时刻“保持党同人民群众的血肉联系”的原则[③]；在改进作风方面，坚持“正确地开展批评和自我批评”的原则[④]。

---

① 中国共产党党内法规制定条例．人民日报，2019-09-16（3）.

② 中国共产党章程．北京：人民出版社，2022：17-18.

③ 关于新形势下党内政治生活的若干准则．北京：人民出版社，2016：2，19.

④ 同②12.

原则具有生命力的一个重要基础是具体化为可执行、可操作的制度形式。党内法规制度是开展党内民主活动的重要依据。党的十八大以来，党内法规制度建设形成了党内法规和党内规范性文件有机统一的制度体系，党章、准则、条例、规定、办法、规则、细则等不同位阶的党内法规，以及决定、意见等不同形式的规范性文件，对党内民主的原则、党组织的民主活动、党员的民主权利等都做了相应规定。例如《中国共产党章程》将“民主集中制”这一原则明确为党的建设必须实现的“六项基本要求”之一，特别指出：“必须充分发扬党内民主，尊重党员主体地位，保障党员民主权利，发挥各级党组织和广大党员的积极性创造性。”①《关于党内政治生活的若干准则》《关于新形势下党内政治生活的若干准则》对党的代表大会报告及各种相关重要文献所列的“建立健全充分反映党员和党组织意愿的党内民主制度”“尊重党员主体地位，保障党员民主权利”“积极发展党内民主，增强党的创造活力”等内容做出了详细的规定。《中国共产党廉洁自律准则》突出了清正廉洁的诉求。处于党内法规第三位阶的“条例”，有40多部，从不同领域规范了党内民主的内容。例如《中国共产党党务公开条例（试行）》彰显了“让权力在阳光下运行”② 的理念，《中国共产党纪律检查机关控告申诉工作条例》体现了公平正义精神，其他诸如规定、办法、规则、细则等位阶法规也从不同方面对党内民主的保障和规范做出了规定。党内规范性文件如《关于进一步激励广大干部新时代新担当新作为的意见》还强调了激励担当的价值取向。

（二）党内法规制度是党内民主活动规范化的重要保障

党的十六大报告明确提出“党内民主是党的生命”，同时要求“建

---

① 中国共产党章程．北京：人民出版社，2022：12.

② 中国共产党第十八次全国代表大会文件汇编．北京：人民出版社，2012：27.

立健全充分反映党员和党组织意愿的党内民主制度”[①]。因此，在党内政治生活中，党组织的权力行使、广大党员的权利保障，都必须经由党内法规制度。党内民主法规制度是党内法规制度的重要组成部分，是围绕党内民主发展出来的具备结构化特征的制度体系。

党内民主的制度硬件至少要包括权利保障制度、权力监督和纪律约束制度、组织制度等三种类型，同时不同类型的制度形式，还需要一系列具体制度的支撑。在党内民主法规制度体系中，《中国共产党章程》是最根本的党内法规，是最权威的党内法规。党章、权利保障制度、监督保障制度、组织保障制度构成了“1＋3”的党内民主法规制度体系。

第一，在规范党内民主活动的法规制度建设中，《中国共产党章程》就是发挥核心和统领作用的制度规范，党内民主的基本原则、党内权力-权利关系、党组织类型和职责等都可以从中找到最权威的根据。

第二，《中国共产党党员权利保障条例》将“尊重党员主体地位，保障党员民主权利”[②] 落实到具体的制度条款、工作机制和程序之中。而党员所享有的权利，例如参加党的会议、阅读党的文件、接受教育和培训，参加党内讨论、提出意见建议，批评、检举，选举和被选举，保留不同意见，申辩、申诉、控告等权利，也分别有相应的法规加以规定，例如《中国共产党地方组织选举工作条例》《中国共产党基层组织选举工作暂行条例》《纪检监察机关处理检举控告工作规则》。

第三，《中国共产党纪律处分条例》则将“严肃党的纪律，纯洁党的组织，保障党员民主权利”的要求制度化、程序化、具体化。除了人民的利益，党没有自己的特殊利益。但是权力同时必须加以监督和制约。“一切有权力的人都容易滥用权力，这是万古不易的一条经验。有

---

① 中国共产党第十六次全国代表大会文件汇编．北京：人民出版社，2002：50.

② 中国共产党第十七次全国代表大会文件汇编．北京：人民出版社，2007：50.

权力的人们使用权力一直到遇有界限的地方才休止。”“要防止权力滥用，就必须以权力约束权力。”[①] 因此，在维护党规党纪、实施纪律处分时必须遵循民主的原则，例如“党纪面前一律平等”“民主集中制”“惩前毖后、治病救人”等。《中国共产党问责条例》重点强调“管党治党政治责任”[②]，《中国共产党党内监督条例》则重在以民主集中制巩固和强化“组织监督”、“民主监督”和“相互监督”。党内法规制度建设可以通过对党内权利的保障来实现对党内权力进行有效的监督与制约。党内监督的实现，有赖于党内民主所激发的党员积极性、主动性和创造性的发挥。

第四，党内民主的组织保障体现为《中国共产党章程》关于党的全国代表大会的规定，以及《中国共产党全国代表大会和地方各级代表大会代表任期制暂行条例》《中共中央组织部关于党的地方各级代表大会若干具体问题的暂行规定》关于党的权力机关的职责、结构和程序等内容。《中共中央关于加强和改进新形势下党的建设若干重大问题的决定》提出了建立各级党代表大会代表提案制度，落实和完善党代表大会代表任期制，建立健全党代表参与重大决策、列席会议、联系群众制度等各方面制度，推动既有制度优化运行，切实保障党内民主。

（三）党内法规制度是党内民主程序化的重要保障

党内法规不仅要明确党内民主的基本原则，构建党内民主的基本制度架构，而且要具体规定能够体现这种原则和支撑这些制度的程序、环节与技术。程序和技术能够使党内民主科学有效地运转起来。党内法规制度对党内民主程序做了规定，党组织和党员按照党内法规制度规定的民主程序开展活动，有利于推动和保障党内民主的程序化。《中国共产党章程》明确规定党的各级领导机关要由选举产生，但是，如何组织选

---

① 孟德斯鸠．论法的精神：上册．张雁深，译．北京：商务印书馆，1961：154.

② 中国共产党问责条例．人民日报，2019－09－05（3）.

举，选举的环节如何规范，选票如何制作，如何介绍候选人，拉票贿选如何处理，等等，都需要有明确的法规制度做出规定、作为根据。《中国共产党党员权利保障条例》就具体写明了选举过程中，党员作为选举人参与选举的酝酿过程；对候选人的情况应向选举人做介绍；选举采用无记名投票的方式；在选举结束后，不得以任何方式追查选举人的投票意向等。不同组织层级和领域，各种具体程序规定也都不同，例如针对国有企业党委及其主要领导干部选举程序有《中国共产党国有企业基层组织工作条例（试行）》做依据，基层自治组织和基层政权组织的党组织活动则有《中国共产党农村基层组织工作条例》《农村基层干部廉洁履行职责若干规定（试行）》进行规定，等等。党政领导干部的选拔也必须遵循民主的方式。《党政领导干部选拔任用工作条例》指出“选拔任用党政领导干部，应当经过民主推荐”[①]。民主推荐包括谈话调研推荐和会议推荐，而且不同的推荐方式，参与对象也不同，较为全面地覆盖，能够使党组织更充分地了解掌握情况。《干部选拔任用工作监督检查和责任追究办法》对干部选拔任用“一报告两评议”的具体规定，明确了民主评议人员的范围、民主评议的对象、评议结果和整改情况等程序规定，保障了干部任用的民主性。《中国共产党地方委员会工作条例》对党内的议事和决策程序做了具体规定，例如议事决策原则、决策咨询机制、主持者、到会人数、赞同人数、表决方式等，程序完整、技术完备。其他如党内民主生活会、组织生活会等各种程序环节在操作上越来越完善。对民主权利和民主程序的规定使党内民主的实践具备了可靠的制度保障。

（四）党内法规制度不断总结和吸收党内民主的实践经验

根据实践探索和创新经验总结出一般原则和制度的做法，是我们党治国理政的重要经验。党内法规制度建设是党领导人民进行革命、建设

---

① 党政领导干部选拔任用工作条例．人民日报，2019－03－18（2）．

和改革的实践进程的产物。现实提出了问题并找到了解决问题的路径、办法，积累了行之有效的经验做法，党内法规则用制度的形式将这些好做法好经验加以概括、总结和规范化，进而变成党内共同遵循的原则和规则。党内民主是党的生命，党内民主是党内干部群众围绕党和国家中心工作大局推进现代化建设的内生动力。在改革开放的实践探索中，党的领导机关、党员干部和群众、地方各级党的部门针对现实中遇到的新鲜问题，探索了各种解决思路、制度设计和操作技术，有效地克服了面临的挑战。例如党代会常任制试点、差额选举、公开竞争选拔等，拓展了党内民主的边界，对于党内民主的发展具有重要意义。党内法规则不断地将党内的各种创新实践加以总结，形成具体的权威性的规则，进而有力地巩固了党内民主。根据实际工作经验，《党政领导干部选拔任用工作条例》明确规定“公开选拔、竞争上岗应当结合岗位特点”，“防止简单以分数、票数取人”[①]，既重视民主过程的竞争性，又强调综合考虑政治、专业、实绩和表现。《中国共产党纪律处分条例》也根据全面从严治党的实践，在修订后的条例中更加具体地突出了“六项纪律”的规定。党内法规的修订、完善过程就是不断地肯定改革创新、实践探索，并将经验上升为制度的过程。

中国特色社会主义进入新时代，我们党面临的执政环境更加复杂，改革开放需要解决的深层次问题也更加突出。党面临的执政考验、改革开放考验、市场经济考验、外部环境考验的长期性和复杂性，精神懈怠危险、能力不足危险、脱离群众危险、消极腐败危险的尖锐性和严峻性，要求我们既维护好党中央的权威和集中统一领导，又进一步发扬民主，凝聚全党力量。实现党内民主与党内法规制度建设的良性互动，才能够进一步深入推进党的建设伟大工程。一方面，“只有认真地扩大党

---

① 党政领导干部选拔任用工作条例．人民日报，2019－03－18（2）.

内民主，才能巩固党内的自觉的纪律，才能建立与巩固党内的集中制，才能使领导机关的领导工作臻于正确”[①]。党内民主“应是为着巩固纪律和增强战斗力，而不是削弱这种纪律和战斗力”[②]。另一方面，“良法是善治之前提”，党内法规制度建设在管党治党中发挥着重要的作用。加强党内法规制度建设，增强党员干部的法规意识、制度意识，同时会带动人们的平等意识、权利意识、参与意识、竞争和创新意识，实现从对民主精神的历史传承到坚持以人民为中心的法规制度建设，提升党内民主的实现程度。在党内民主与党内法规制度建设的关系上，既不是党内民主的单兵独进，也不是纯粹地完善法规后再推动民主，要将党内民主建立在法规制度建设的基础之上，同时要用党内民主来引导和促进党内法规制度建设。党的历史表明，缺乏民主的制度建设和缺乏制度的民主建设都容易在实践中产生消极的影响。实现党内民主和党内法规制度建设的互动与融合，有利于进一步加强和改善党的领导，提升党的执政能力，推进新时代党的建设伟大工程，实现国家长治久安。

---

① 刘少奇选集：上卷．北京：人民出版社，1981：365.

② 毛泽东．毛泽东选集：第2卷．2版．北京：人民出版社，1991：529.

第七章　严的目标要求：维护党的执政安全

中国共产党是在内忧外患中诞生、在磨难挫折中成长、在战胜风险挑战中壮大的政党，始终有着强烈的忧患意识和风险意识。在百余年的奋斗历程中，中国共产党人从来没有停止过对于实现长期执政和维护执政安全的思考与探索，也不断更新对相关制度建设的认识。复杂的国际环境与形势，各种自然灾害与社会危机动荡，以及自身建设过程中存在的问题，都给中国共产党的执政安全带来了严峻的挑战。制度问题带有根本性、全局性、稳定性和长期性，坚持和加强党内法规制度建设，有利于发挥党的执政理念的引领功能，夯实党的执政根基的支持功能，完善党的执政方式的规范功能，提高党的执政能力的保障功能。党内法规制度建设，是历史发展的必然，也是应对现实挑战的要求，能够使党始终保持先进性和纯洁性，进而实现长期执政，确保党和国家的长治久安。

一、通过制度建设维护执政安全

中国共产党诞生于近代中国追求民族独立和人民解放的历史洪流之中，肩负着为中国人民谋幸福、为中华民族谋复兴的初心使命。在救亡图存和思想启蒙双重变奏的历史变革中，中国共产党经过艰辛探索，走出了一条既顺应历史发展趋势，又符合文化传统的现代化之路。作为以马克思主义为指导的政党，不管是新民主主义革命时期在局部地区执政，还是新中国成立后在全国范围内执政，中国共产党始终经受着各种长期和复杂的考验，面临着各种严峻和尖锐的危险。跳出“历史周期率”，维护党的执政安全，实现党的长期执政和国家的长治久安，就要走民主和法治之路，不断探索制度建设，尤其是坚持和完善党内法规制度建设。

“政党是现代民族国家中最有效的政治实体。”① 政党掌握政权是一种普遍的政治现象，是国家政治生活的核心。不管是何种类型的政党，执政总是会伴随着各种风险、挑战和危机。虽然执政安全是不同类型政党面临的共同问题，但是对其如何理解存在诸多差异。国内学者关于这个问题的研究表现出多样性的取向。有学者认为：执政安全是指执政党在对国家权力的掌握、控制和行使过程中没有危险、不受威胁②。也有学者认为：执政安全是指执政党在执政过程中能够有效防范、抵御和化解风险，从而保持其稳固的执政地位的一种客观状态③。还有学者认为：所谓执政安全是指执政党不存在危险或受到内外执政风险影响下能保持执政地位④。其中，较为综合性的研究指出：执政安全是指执政党没有丢失政权的危险，能有效抵御住各种执政风险，执政党执政体系处在稳定良性运行以及可与时俱进的状态⑤。把握和理解执政安全，一方面要准确界定内涵，另一方面也要明确边界。结合中国共产党对于执政安全的关切，我们更要从理论上阐释好执政安全。

---

① 沃拉斯．政治中的人性．朱曾汶，译．北京：商务印书馆，2009：54.

② 邢文利．政党执政安全问题探析．理论探索，2006（6）.

③ 赵中源，陈长明．人才安全与党的执政安全．湘潭大学学报（哲学社会科学版），2006（4）.

④ 陈小林．中国共产党执政安全问题研究．南昌大学学报（人文社会科学版），2002（1）.

⑤ 黄丽萍，徐晨光．论邓小平执政安全思想的形成及特点．理论探讨，2006（5）.

（一）何谓执政安全

简单地讲，执政安全是指执政党不存在危险或受到内外执政风险影响下能保持执政地位的一种状态。我们可以从三个维度理解中国共产党的执政安全。其一，保持长期执政地位。中国共产党的执政地位不是与生俱来的，也不是一劳永逸的，但中国共产党要始终走在时代前列、成为人民的主心骨和伟大事业的领导核心，必须保持长期执政地位。也正因如此，党的十九大才提出了“加强党的长期执政能力建设”① 的要求。长期执政是无产阶级政党的根本性问题，无产阶级政党的性质、宗旨和使命决定了党必须保持长期执政的状态、能力和水平，而且推进国家治理现代化，一刻也不能离开中国共产党的坚强领导。更为重要的是，实现中华民族伟大复兴的目标，也对中国共产党的执政能力和执政水平提出了新的更高要求。其二，在执政过程中能够有效防范、抵御和化解风险，从而保持执政体系良性运转。在中国特色社会主义现代化事业建设过程中，中国共产党无时无刻不面临着国内外影响执政安全的各种障碍和难题，维护执政安全，就必须有效应对各种风险挑战，不断增强驾驭全局的能力，消除不安定因素，确保党的执政体系保持秩序性和规范性，维护国体、政体和政局的稳定，保障国家政治、经济和社会生活及活动的有序运行，经得住各种风浪的考验。其三，对未来的执政风险形成科学可靠的预判，结合战略与策略的手段，构建有效应对机制。维护中国共产党的执政安全不是抽象的、空洞的，而是全面的、系统的和整体的。这还需要科学研判未知风险，并在此基础上形成正确的战略和策略手段，建立健全有效化解执政威胁的体制机制。

执政安全，是与执政风险相对而言的。执政风险就是指可能危及执

---

① 习近平．决胜全面建成小康社会 夺取新时代中国特色社会主义伟大胜利：在中国共产党第十九次全国代表大会上的报告．北京：人民出版社，2017：62.

政党执政地位的潜在因素。执政风险的类型是多样的，例如自然的、环境的变化所形成的风险，疾病、传染病等公共卫生突发事件的影响，社会矛盾和紧张关系所诱发的冲突，竞争性发展道路所形成的体制对抗，意识形态差异所形成的风险，等等。把握执政风险的定义，既要从主观上进行考虑，又要从客观上进行分析。首先，执政党的政治把握能力不强和自身治理水平不高是最根本的执政风险，这导致缺乏有效应对危机的能力。其次，执政党的负外部影响是重要的执政风险，外部不利因素的存在会对执政安全形成外在的约束。最后，自然灾害、生态、环境、传染病等所诱发的各种潜在风险是加剧执政风险的催化剂，这些突发事件和偶然因素增加了维护执政安全的难度，带来了应对执政风险的新课题。最严峻的挑战就是各种风险的乘数叠加。“如果防范不及、应对不力，就会传导、叠加、演变、升级，使小的矛盾风险挑战发展成大的矛盾风险挑战，局部的矛盾风险挑战发展成系统的矛盾风险挑战，国际上的矛盾风险挑战演变为国内的矛盾风险挑战，经济、社会、文化、生态领域的矛盾风险挑战转化为政治矛盾风险挑战，最终危及党的执政地位、危及国家安全。”①

中国共产党的执政安全具有这样一些特征。首先，原则性。“中国共产党领导是中国特色社会主义最本质的特征，是中国特色社会主义制度的最大优势”②。中国共产党是中国特色社会主义事业的领导核心，这是执政安全的内在规定性，决定了维护中国共产党执政安全的首要原则就是要坚持党的领导。坚持党的领导，是新时代坚持和发展中国特色社会主义的根本保证，是维护执政安全的核心要义。其次，系统性。维护执政安全是有目的、有策略的政治行为，是合目的性和合规律性的统

① 习近平．习近平谈治国理政：第2卷．北京：外文出版社，2017：222.

② 习近平．在庆祝中国共产党成立100周年大会上的讲话．北京：人民出版社，2021：11.

一，是系统性与完整性的统一。维护党的执政安全，需要汇聚各个方面、各个要素，形成整体的合力，必须处理好内部和外部、局部和整体、当前和长远等方面的关系。再次，协调性。党的执政安全意味着在党的集中统一领导下，党的执政理念能够得到有效贯彻，党的执政目标能够得到有效实现，党的各项事业能够得到顺利展开。执政安全是政治安全、意识形态安全、经济安全、文化安全、社会安全、生态安全、网络信息安全、军事安全等方面相互联系、相互作用、相互依赖的协调共联动。最后，长期性。执政安全具有动态性、时代性、发展性。维护执政安全，不是一时的、短暂的，是随着形势发展而不断变化的一项长期性课题。中国共产党和中国特色社会主义事业的长期性决定了党的执政安全也具有长期性。

（二）新时代中国共产党面临的风险与挑战

亚里士多德在《政治学》一书中论及古代城邦政体骚乱和变革的原因时指出："一切政体可以被内部的变故所毁弃，一般地也可以被外力所破坏。"[①] 一个城邦是如此，一个政党、一个国家也是如此。中国特色社会主义进入新时代，中国共产党带领全国人民实现中华民族伟大复兴的中国梦的前景更加广阔。与此同时，中国共产党在统筹国内国际两个大局，在改革发展稳定、内政外交国防、治党治国治军等方面面临的风险和挑战也与日俱增。

第一，错综复杂的国际环境和形势给中国共产党的治国理政带来了严峻挑战。从国家安全维度来看，冷战结束后，国际安全形势发生巨大变化，传统安全问题依然存在，而非传统安全问题更加突出。"9・11"恐怖主义事件发生后，虽然世界各国都加大了防范和打击的力度，但恐怖主义并没有绝迹。全球化背景下，国内外恐怖主义势力相互勾结则是

① 亚里士多德．政治学．吴寿彭，译．北京：商务印书馆，2009：269.

一个显著的特点。我国一些地区也曾遭受了“三股势力”的侵扰，境内外分裂分子相互勾结，曾制造了一系列恐怖事件。从全球生态维度来看，人类中心主义对自然和环境的征服和索取所带来的环境风险正威胁着全人类共同的家园。从种族和族群维度来看，世界范围内的不平等、移民、族群冲突、难民、社会冲突等问题对既有的社会政治结构造成了严重的冲击。这些已经超越了民族国家的边界而形成全球性问题，具有深刻的国际背景。它不仅考验中国共产党的掌控能力，还考验着其治国理政的智慧和水平。

第二，在国内，我们还面临着诸如自然灾害、突发公共卫生事件、经济动荡等各种严峻挑战。我国是世界上自然灾害较严重的国家之一，灾害种类多、发生频率高、分布地域广、造成损失大。洪涝、干旱、台风、地震、火灾、农作物病虫害等灾害频繁发生，已成为影响我国经济发展和社会稳定的重要因素。此外，还有各种不确定性导致的经济问题，政策缺乏认同基础或执行不力等导致的社会矛盾纠纷。各种因素相互叠加，具有极强的关联性，对中国共产党的执政能力等提出了严峻的挑战。

第三，中国共产党的自身建设还存在着复杂的影响先进性、纯洁性的因素。在市场经济条件下，经济领域中的交换原则，常常通过不同形式和途径反映到政治领域和党内生活中，致使一些党员和党员干部理想信念失落，宗旨意识淡化。党内存在的思想不纯、组织不纯、作风不纯等突出问题尚未得到根本解决；党面临的执政考验、改革开放考验、市场经济考验、外部环境考验也是长期的和复杂的，面临的精神懈怠危险、能力不足危险、脱离群众危险、消极腐败危险也是尖锐的和严峻的。在经济转轨、体制改革和政府职能转变的过程中，滋生了一些以权谋私、权钱交易等腐败现象。党的政治建设、思想建设、组织建设、作风建设和纪律建设也存在需要改进的环节。上述各种因素交织叠加，威胁着党的执政安全根基的稳固。

（三）维护执政安全的核心和基础是加强制度建设

制度是一定历史条件下在社会生活中形成的要求人们共同遵守的办事规程或行动准则。它是人类文明的重要标志，也是一个政党成熟的重要标志。一个政党要保持生机和活力，维持生命力，必须高度重视制度在执政过程中所起的作用。无产阶级政党的制度建设是无产阶级政党的各级组织和党员必须遵守的办事规则和行为准则，是无产阶级政党的各种行为规范的综合。制度建设是无产阶级政党自身建设的重要内容，加强制度建设体现着无产阶级政党自身建设规律，也是马克思主义政党维护执政安全、实现长期执政的本质要求。马克思主义经典作家高度重视无产阶级政党的制度建设，坚持将无产阶级政党的指导思想、奋斗目标、组织原则等纳入制度化、规范化的轨道，为无产阶级政党的自身建设提供了根本遵循，具有真理性价值。制度建设是中国共产党的优良传统，加强制度建设体现着中国共产党维护自身执政安全的使命自觉和实践自觉。党的十八大以来，中国共产党高度重视制度建设，出台或修订了一大批党内法规制度规范，将维护执政安全这一命题纳入党内法规制度建设的轨道，用制度建立起抵御执政风险的安全墙，努力构建起系统完备、科学规范、运行有效的制度体系，推动制度建设取得了长足的进步，为防范化解执政党的内源性风险、维护党的执政安全、实现党的长期执政奠定了坚实基础。党的十九大报告明确提出新时代党的建设总要求，要求把“制度建设”贯穿于党的各项建设之中，适应了维护党的执政安全的现实需要。党的二十大报告明确提出要“完善党的自我革命制度规范体系”。

二、维护执政安全的观念演进与制度化逻辑

中国共产党，“在内忧外患中诞生，在磨难挫折中成长，在战胜风

险挑战中壮大，始终有着强烈的忧患意识、风险意识”[①]。在百余年奋斗历程中，中国共产党见证过民国时期走马灯式的政党轮替，也对自身在局部执政和在全国范围执政的实践有深刻的思考。随着历史环境、时代主题和中心工作的不断变化，中国共产党对于执政安全的认知和思考也经历了一个不断演进的过程，相关制度建设也不断强化。

（一）跳出“历史周期率”，坚持“两个务必”

新民主主义革命时期，中国共产党的中心工作是领导全国人民为夺取全国政权而奋斗。虽然中国共产党尚未在全国范围执政，但在中央苏区、陕甘宁边区和解放区的政权建设实践为中国共产党人思考执政问题打开了广阔的空间。1931 年，中华苏维埃共和国临时中央政府成立，中国共产党开始了在局部的执政。瑞金时期，颁布《中华苏维埃共和国宪法大纲》、施行工农兵代表大会制度、严惩贪污腐化分子等，表明了中国共产党人对执政的严肃立场和态度。全民族抗日战争时期，中国共产党高度重视各根据地的政权建设，严格实施“三三制”，有效巩固了政权的安全。解放战争时期，各解放区的土地改革、各级人民代表会议的召开、民主政治运动等为战争的胜利和夺取全国政权奠定了坚实的基础。1945 年 7 月，党的七大闭幕后，黄炎培等 6 人到延安考察。其间，毛泽东与黄炎培等进行了三次深入会谈。当毛泽东问黄炎培对延安之行有什么感想时，黄炎培说：我生六十多年，耳闻的不说，所亲眼看到的，真所谓“其兴也勃焉”“其亡也忽焉”，一人，一家，一团体，一地方，乃至一国，不少不少单位都没有能跳出这周期率的支配力。一部历史，“政怠宦成”的也有，“人亡政息”的也有，“求荣取辱”的也有，总之没有能跳出这周期率。中共诸君从过去到现在，我略略了解的了，就是希望找出一条新路，来跳出这周期率的支配。毛泽东说：我们已经

① 习近平．习近平谈治国理政：第 3 卷．北京：外文出版社，2020：96.

找到新路，我们能跳出这周期率。这条新路，就是民主。只有让人民来监督政府，政府才不敢松懈。只有人人起来负责，才不会人亡政息①。“窑洞对”的核心思想就是如何跳出政治兴亡的“历史周期率”。

1949年，中国共产党七届二中全会在河北平山县西柏坡召开。它是解放战争时期召开的唯一一次中央全会，做出的各项政策规定，不仅对迎接中国革命在全国的胜利，而且对新中国的建设事业，具有重要指导作用。在这次会议上，毛泽东明确告诫和警示党内：随着革命的胜利，我们将会面临更大的风险和挑战，例如骄傲情绪、以功臣自居的情绪、停顿起来不求进步的情绪、贪图享乐不愿再过艰苦生活的情绪等。“可能有这样一些共产党人，他们是不曾被拿枪的敌人征服过的，他们在这些敌人面前不愧英雄的称号；但是经不起人们用糖衣裹着的炮弹的攻击，他们在糖弹面前要打败仗。我们必须预防这种情况。”② 夺取全国胜利，只是万里长征走完了第一步，革命胜利后的道路更长、工作更伟大，也更艰苦。因此，“必须向党内讲明白，务必使同志们继续地保持谦虚、谨慎、不骄、不躁的作风，务必使同志们继续地保持艰苦奋斗的作风”③。毛泽东未雨绸缪，在中国共产党即将执掌全国政权之际为全党敲响了警示的钟声。

新民主主义革命时期，中国共产党形成了丰富系统的党内法规制度，对于加强党的建设、改进党的领导起到了重要作用。1941年，中共中央政治局通过的《中共中央关于增强党性的决定》明确指出，为了“应付革命过程中长期残酷复杂的斗争”和“实现我们所担负的伟大历史任务”，“全党党员和党的各个组成部分都在统一意志、统一行动和统

---

① 中共中央文献研究室．毛泽东年谱：一八九三—一九四九：中卷．修订本．北京：中央文献出版社，2013：610-611.

② 中共中央文献研究室，中央档案馆．建党以来重要文献选编（1921—1949）：第26册．北京：中央文献出版社，2011：170.

③ 同②171.

一纪律下面，团结起来，成为有组织的整体”[①]。1948 年，中共中央发出了《关于建立报告制度》《关于建立报告制度的补充指示》等规章制度，以更好了解情况，“不犯或少犯错误”，减少革命损失。党内法规制度的建设保证了党的团结统一、保证了党的先进性和纯洁性。

（二）巩固新生政权，建设一个新中国

新中国成立后，中国共产党成为全国范围的执政党，党所处的地位和环境发生了深刻变化，党所承担的任务和面临的形势也发生了巨大的变化。一方面，中国共产党要继续推进军事斗争，维护国家统一和领土主权；着手恢复国民经济，进行土地改革，发展生产；建立新的政治秩序，巩固新生政权。另一方面，中国共产党要积极开展国际交往，既要打破西方国家对新中国的封锁，又要争取更多的朋友，创造和平的国际环境。同时，因为在全国范围内的执政实践刚刚开始，能不能“建设一个新中国”也在考验着中国共产党。党内有些同志思想准备不足，面对新的形势，存在能力恐慌；党外有人怀疑中国共产党能不能领导经济建设、领导国家政权建设。随着官僚主义逐渐滋长、封建主义沉渣泛起，脱离群众、违反群众利益等现象不断发生。从完成新民主主义革命、进行社会主义革命，到建立社会主义制度、开展大规模的社会主义建设，中国共产党面临的执政环境更加严峻，维护执政安全更加紧迫。

1956 年，毛泽东在《论十大关系》中指出，为了镇压反革命、抵抗帝国主义、建设社会主义、巩固社会主义，“无产阶级政党和无产阶级专政，现在非有不可，而且非继续加强不可”[②]。在社会主义制度建立之后，在生产极大发展、物质极大丰富、共产主义实现之前，阶级未消亡、政党未消亡、国家也未消亡，因此，政权的巩固依然是现实的需

---

① 中共中央文献研究室，中央档案馆．建党以来重要文献选编（1921—1949）：第 18 册．北京：中央文献出版社，2011：443.

② 中共中央文献研究室．毛泽东文集：第 7 卷．北京：人民出版社，1999：35.

要。同年，关于党的领导体制问题，毛泽东提出设立四个副主席、一个总书记，“对于我们这样的大党，这样的大国，为了国家的安全、党的安全，恐怕还是多几个人好”[①]。中心目的就是维护“国家的安全”。在《关于修改党的章程的报告》中，邓小平指出：“中国共产党已经是执政的党，已经在全部国家工作中居于领导地位。”“执政党的地位，使我们党面临着新的考验。”[②] 例如官僚主义习气、脱离实际和脱离群众的危险等。

社会主义制度建立之后，“还需要有一个继续建立和巩固的过程，人民群众对于这个新制度还需要有一个习惯的过程，国家工作人员也需要一个学习和取得经验的过程”[③]。1957 年，毛泽东在《关于正确处理人民内部矛盾的问题》中指出，“凡属于思想性质的问题，凡属于人民内部的争论问题，只能用民主的方法去解决，只能用讨论的方法、批评的方法、说服教育的方法去解决，而不能用强制的、压服的方法去解决”[④]。正确处理人民内部矛盾是维护执政安全的重要条件。而对于党本身来讲，党的团结和统一是党的生命，党内政治生活要坚持“批评与自我批评”的方针，要坚持“惩前毖后、治病救人”的方针对待犯错误的同志。“我们的目标，是想造成一个又有集中又有民主，又有纪律又有自由，又有统一意志、又有个人心情舒畅、生动活泼，那样一种政治局面，以利于社会主义革命和社会主义建设，较易于克服困难，较快地建设我国的现代工业和现代农业，党和国家较为巩固，较为能够经受风险。”[⑤] 增强党的团结，维护党的统一，善于调动一切积极因素，团结

① 中共中央文献研究室．毛泽东传：第 4 册．北京：中央文献出版社，2011：1484.

② 邓小平．邓小平文选：第 1 卷．2 版．北京：人民出版社，1994：214.

③ 中共中央文献研究室．毛泽东文集：第 7 卷．北京：人民出版社，1999：216.

④ 同③209.

⑤ 中共中央文献研究室．建国以来重要文献选编：第 15 册．北京：中央文献出版社，1997：50.

一切可能团结的人，对于维护党的执政安全极为重要。

新中国成立后，中国共产党党内法规制度建设承担着国家建设和政党建设的双重任务。为了调整党与国家的关系，1949 年发布了《关于中央人民政府成立后宣传工作中应注意事项的指示》《关于中央人民政府成立后党的文化教育工作问题的指示》，明确要求政府职权范围内的事务应由中央人民政府讨论决定，不要再如过去那样有时以中国共产党名义向人民发布行政性质的决定、决议或通知，“以便党的中央宣传部和各级宣传部能够摆脱行政事务，集中注意于党内外的思想斗争，党的宣传鼓动工作的领导和党的文化教育政策的制定”[①]。在 1958 年《关于成立财经、政法、外事、科学、文教小组的通知》的基础上，中央颁布了《中国共产党农村基层组织工作条例试行草案》《中国共产党国营工业企业基层组织工作条例试行草案》《中国共产党商业企业基层组织工作条例试行草案》，用以规范党对各个方面的领导。另外，《关于成立中央及各级党的纪律检查委员会的决定》(1949)、《中共中央关于在全党全军开展整风运动的指示》(1950)、《中共中央关于加强干部管理工作的决定》(1953)、《关于加强党的监察机关的决定》(1962) 先后发布，积极推进党内法规制度建设，以巩固社会主义政权。

(三) 发展是第一要务，应对“四大考验”，克服“四种危险”

改革开放和社会主义现代化建设新时期，党的执政环境发生了深刻的改变。在国内，“文化大革命”结束之后的拨乱反正任务非常艰巨；在国外，经济飞速发展对我国造成了严峻挑战。“现在，周边一些国家和地区经济发展比我们快，如果我们不发展或发展得太慢，老百姓一比较就有问题了。”[②] 发展才是硬道理，中国解决各种问题的关键在于发

---

① 中共中央文献研究室．建国以来重要文献选编：第 1 册．北京：中央文献出版社，1992：66.

② 中共中央文献研究室．十三大以来重要文献选编：下．北京：人民出版社，1993：1857.

展；中国共产党执政安全的保障在于经济发展。

围绕“什么是社会主义、怎样建设社会主义”这个理论命题，中国共产党及时将党的工作重心转移到经济建设上来。1982 年 9 月，党的十二大修改了党章，规定了改革开放和社会主义初级阶段理论、中国特色社会主义理论体系、党必须在宪法和法律的范围内活动等内容。通过确立“一个中心，两个基本点”的正确政治路线，强调要通过大力发展生产力，为防范党的执政风险提供物质基础。同时，坚持解放思想、实事求是的思想路线，开展真理标准问题大讨论。“一个党，一个国家，一个民族，如果一切从本本出发，思想僵化，迷信盛行，那它就不能前进，它的生机就停止了，就要亡党亡国。”① 坚持实事求是、反对教条主义为党的执政安全奠定了思想基础。关于党的自身建设，邓小平的警示振聋发聩：“中国要出问题，还是出在共产党内部。”② 干部队伍建设、党的纪律建设、党的作风建设和反腐败斗争是关系党的执政安全的关键要素。维护党的执政安全，必须适应发展趋势和时代特征，要充分发扬党内民主，恢复和发展党的民主集中制。“没有民主就没有社会主义，就没有社会主义的现代化。”③ 民主要发挥作用，“必须使民主制度化、法律化”④，制度问题“关系到党和国家是否改变颜色”⑤。1994 年通过的《中共中央关于加强党的建设几个重大问题的决定》及时回应了党的建设所面临的新形势和新挑战。

围绕“建设什么样的党、怎样建设党”这个理论命题，中国共产党积极推进党的建设“新的伟大工程”，不断提高党的执政能力。按照

① 胡锦涛．在邓小平同志诞辰 100 周年纪念大会上的讲话．北京：人民出版社，2004：6.
② 邓小平．邓小平文选：第 3 卷．北京：人民出版社，1993：380.
③ 邓小平．邓小平文选：第 2 卷．2 版．北京：人民出版社，1994：168.
④ 同③146.
⑤ 同③333.

“健全党规党法，严肃党纪”的要求，《关于高级干部生活待遇的若干规定》《关于党内政治生活的若干准则》等一批重要党内法规相继发布。1990年，中共中央颁布了《中国共产党党内法规制定程序暂行条例》，首次以党内法规的形式界定“党内法规”，推进了党内法规制定工作制度化、规范化。面对苏联解体、东欧剧变的重大事变，江泽民指出，加强党的领导、搞好党的建设，“任何时候都是绝对不能忽视、不能放松的，否则就会犯历史性的错误”①。党要不断提高抵御风险能力和拒腐防变能力，必须坚持马克思主义的指导，坚持中国特色社会主义的共同理想。一方面，要弘扬优良传统，改进工作作风，改善党和群众的关系。“党的作风状况关系党的生死存亡，关系国家的前途命运”②，“人心向背，是决定一个政党、一个政权兴亡的根本性因素”③。马克思主义执政党的最大危险就是脱离群众，失去人民群众的支持。另一方面，要加强党的纪律建设，严肃党内政治生活。“如果治党不严，纪律松弛，组织涣散，发展下去不是没有亡党亡国的危险啊！”④

围绕“实现什么样的发展、怎样发展”这个理论命题，中国共产党明确警示全党要清醒面对“执政考验、改革开放考验、市场经济考验、外部环境考验”和“精神懈怠的危险，能力不足的危险，脱离群众的危险，消极腐败的危险”⑤。《中共中央关于加强和改进新形势下党的建设若干重大问题的决定》明确指出，“全党必须居安思危，增强忧患意识，常怀忧党之心，恪尽兴党之责”⑥。21世纪经济全球化、政治多极化、

---

① 中共中央文献研究室．十四大以来重要文献选编：上．北京：人民出版社，1996：327.

② 中共中央文献研究室．江泽民思想年编：1989—2008. 北京：中央文献出版社，2010：549.

③ 中共中央文献研究室．十五大以来重要文献选编：中．北京：人民出版社，2001：1560.

④ 同③1108.

⑤ 胡锦涛．在庆祝中国共产党成立90周年大会上的讲话．北京：人民出版社，2011：10.

⑥ 中共中央关于加强和改进新形势下党的建设若干重大问题的决定．北京：人民出版社，2009：6.

文化多元化、社会原子化、信息碎片化迅猛发展，国内改革发展进入了关键时期，党自身肩负的使命任务发生了新的变化，中国共产党努力驾驭各类复杂局面，抵御执政风险，不断推进社会建设，为党的执政安全提供了坚实的社会基础。对中国共产党来说，“抓住了先进性建设，就抓住了党的建设的根本，就抓住了加强党的执政能力建设、巩固党的执政地位的关键”[①]。《中国共产党纪律处分条例》(2003)、《中国共产党党内监督条例（试行)》(2003)、《中共中央关于加强党的执政能力建设的决定》(2004)、《中国共产党巡视工作条例（试行)》(2009）等一系列法规发布。中国共产党提出要加强党的执政能力建设和党的先进性建设，确立了以人为本的执政理念，把实现好、维护好、发展好最广大人民根本利益作为一切工作的出发点和落脚点，把反腐倡廉建设摆在更加突出的位置，深入开展反腐败斗争，全面提高党抵御执政风险、维护执政安全的能力。

（四）坚守初心使命，坚持自我革命

党的十八大以来，我国发展面临着前所未有的风险挑战，既有国内的也有国际的，既有经济、政治、文化、社会等领域的也有来自自然界的，既有传统的也有非传统的，“黑天鹅”“灰犀牛”还会不期而至。“我国面临对外维护国家主权、安全、发展利益，对内维护政治安全和社会稳定的双重压力，各种可以预见和难以预见的风险因素明显增多。”[②] 因为长期执政，“各种弱化党的先进性、损害党的纯洁性的因素无时不有，各种违背初心和使命、动摇党的根基的危险无处不在”[③]。为更好应对前进道路上各种可以预见和难以预见的风险挑战，我们必须

① 中共中央文献研究室．十六大以来重要文献选编：中．北京：中央文献出版社，2006：615.

② 习近平．习近平谈治国理政：第1卷．2版．北京：外文出版社，2018：84.

③ 习近平．习近平谈治国理政：第3卷．北京：外文出版社，2020：531.

从历史中获得启迪，从历史经验中提炼出克敌制胜的法宝。2012 年，中共中央发布《中国共产党党内法规制定条例》，2019 年，中共中央政治局会议修订了《中国共产党党内法规制定条例》，党内法规制定工作所遵循的规则更加完善。2014 年，党的十八届四中全会通过了《中共中央关于全面推进依法治国若干重大问题的决定》，“形成完善的党内法规体系”被纳入了中国特色社会主义法治体系之中，进一步凸显了党内法规体系在法治国家建设中的地位。2017 年，《中共中央关于加强党内法规制度建设的意见》提出到建党 100 周年时，形成比较完善的党内法规制度体系、高效的党内法规制度实施体系、有力的党内法规制度建设保障体系，党依据党内法规管党治党的能力和水平显著提高。

首先，“始终把为中国人民谋幸福、为中华民族谋复兴作为自己的初心和使命，并一以贯之体现到党的全部奋斗之中”[①]。中国共产党以初心使命托举起维护执政安全的使命责任，马克思主义执政党的最大危险就是脱离群众，与人民心心相印、与人民同甘共苦、与人民团结奋斗，必须坚持以人民为中心的发展思想，坚持人民至上。其次，切实贯彻落实新时代党的建设总要求，全面推进党的政治建设、思想建设、组织建设、作风建设、纪律建设，把制度建设贯穿其中，深入推进反腐败斗争，有效提高党的领导水平和执政水平、拒腐防变和抵御风险能力。最后，深入推进党要管党、全面从严治党。“‘打铁还需自身硬’是我们党的庄严承诺，全面从严治党是我们立下的军令状。”[②] 克服承平日久、精神懈怠的心理；改变“船到码头车到站”，不思进取、庸政懒政混日子的状态；增强担当、攻坚克难的斗志；以反腐败永远在路上的坚韧和执着，深化标本兼治。只有这样，才能够“保证干部清正、政府清廉、

---

① 习近平．习近平谈治国理政：第 3 卷．北京：外文出版社，2020：530.

② 习近平．在第十八届中央纪律检查委员会第六次全体会议上的讲话．北京：人民出版社，2016：6.

政治清明，才能跳出历史周期率，确保党和国家长治久安”①。

习近平总书记指出：“功成名就时做到居安思危、保持创业初期那种励精图治的精神状态不容易，执掌政权后做到节俭内敛、敬终如始不容易，承平时期严以治吏、防腐戒奢不容易，重大变革关头顺乎潮流、顺应民心不容易。”② 团结带领人民进行具有许多新的历史特点的伟大斗争，维护党的执政安全，必须坚守初心使命，严明党的政治纪律和政治规矩，坚持不断进行自我革命，始终做到自我净化、自我完善、自我革新、自我提高，不断增强党的政治领导力、思想引领力、群众组织力、社会号召力，推动党在革命性锻造中更加坚强。

中国共产党是中国伟大事业的核心力量，在面临风险、危机和困难时，始终坚持问题导向，保持忧患意识，将维护执政安全作为行动追求，对执政安全建设进行了长期不懈的探索，对执政安全的认识有一个由浅入深、由表及里的成熟过程，逐步明确了维护执政安全的方向，厘清了执政安全建设的思路，突出了执政安全的重点。首先，经历了从传统安全到现代安全的转变。由传统单一的政治安全、军事安全扩展到经济安全、社会安全、外交安全等多方面的安全体系，同时，更加重视党自身因素对执政安全的影响。其次，经历了从国内安全到国内国际安全并重的转变。新民主主义革命时期和新中国成立初期，党主要从自身和国内的角度出发来夯实执政基础和加强自身建设。党的十八大以来，国际环境和国内条件都在发生深刻而复杂的变化，中国共产党坚持统筹国内国际两个大局，兼顾国内和国际安全。“既重视外部安全，又重视内部安全，对内求发展、求变革、求稳定、建设平安中国，对外求和平、

---

① 习近平．决胜全面建成小康社会 夺取新时代中国特色社会主义伟大胜利：在中国共产党第十九次全国代表大会上的报告．北京：人民出版社，2017：67.

② 习近平．习近平谈治国理政：第 3 卷．北京：外文出版社，2020：71.

求合作、求共赢、建设和谐世界”[①]。最后，经历了从确定性到非确定性的转变。单纯环境下的安全认知，从实践和现实角度出发，是明确的、显性的、可预期的。而随着影响执政安全的因素日趋复杂，“可以预见和难以预见的风险增多，发生这样那样的问题甚至较大风险的可能性不仅是存在的，而且是很现实的”[②]。这一过程中逐渐重视制度的保障作用，从以政策等规范性文件为重点逐渐转到构建以党内法规为基石的整全性制度体系。

三、党内法规是维护执政安全的制度基石

“思所以危则安矣，思所以乱则治矣，思所以亡则存矣。”[③] 防范化解风险、维护执政安全是中国共产党人持续接力的经常性课题。一个政党，一个政权，其前途命运取决于人心向背。中国共产党要保持先进性和纯洁性，实现长期执政，确保党和国家长治久安，就必须坚持以人民为中心，坚持人民至上，人民群众反对什么、痛恨什么，就坚决防范和纠正什么；要化解各种风险、应对各种挑战，就必须推动制度建设，因为制度问题带有根本性、全局性、稳定性和长期性。“制度好可以使坏人无法任意横行，制度不好可以使好人无法充分做好事，甚至会走向反面。”[④] 加强和改善党内法规制度建设，从自在的信仰引领、理念指导、内在约束，到自觉的法规约束、制度约束、外在约束，能够推动现有机制体制健康发展，实现兴利除弊和改革创新，是党保持长期执政地位并维护国家长治久安的关键一招。《中国共产党党内法规制定条例》第三

---

① 中共中央文献研究室．习近平关于社会主义生态文明建设论述摘编．北京：中央文献出版社，2017：58.

② 胡锦涛．胡锦涛文选：第3卷．北京：人民出版社，2016：19.

③ 欧阳修，宋祁．新唐书．北京：中华书局，1999：3117.

④ 邓小平．邓小平文选：第2卷．2版．北京：人民出版社，1994：333.

条规定："党内法规是党的中央组织，中央纪律检查委员会以及党中央工作机关和省、自治区、直辖市党委制定的体现党的统一意志、规范党的领导和党的建设活动、依靠党的纪律保证实施的专门规章制度。"党内法规制度是全面从严治党的重要依据和基本遵循，关系着社会主义事业的成功，关系着国家治理现代化水平的提高，关系着党和国家的长治久安。

（一）有利于发挥党的执政理念的引领功能，赢得人民群众的支持和认同

党内法规是党的理想、宗旨、性质的文本载体和表现形式，有利于在大众面前树立起高扬执政党理想和价值观的旗帜。通过党内法规，人们可以看到中国共产党是坚定共产主义远大理想和中国特色社会主义共同理想的党，是坚持以人民为中心、为人民服务的党，是坚持民主集中制、全面从严要求自己的党。1875 年，恩格斯在致倍倍尔的信中说："一般说来，一个政党的正式纲领没有它的实际行动那样重要。但是，一个新的纲领毕竟总是一面公开树立起来的旗帜，而外界就根据它来判断这个党。"① 同年 5 月，马克思在致白拉克的信中也说过，"制定一个原则性纲领"，"就是在全世界面前树立起可供人们用来衡量党的运动水平的里程碑"②。党内法规，包括党的章程、纲领、准则和条例等，是党的核心理念、核心价值观的规范性表达。它还是政党文明发展程度和发展水平的标识，预示着执政党强大的生命力和前景。党内法规虽然是党的规矩、纪律等的规范载体，但是具有强烈的外部效应，即通过党的建设的规范化、制度化、程序化，通过党的领导干部和广大党员行为的规范化，深化政党治理现代化的同时，增强人民群众对中国共产党的支持和认同。

党内法规制度建设坚持以人民为中心，为防范化解风险、维护执政

① 马克思，恩格斯．马克思恩格斯文集：第 3 卷．北京：人民出版社，2009：415.
② 同①426.

安全奠定了坚实的人民立场。“党团结带领人民进行革命、建设、改革，根本目的就是为了让人民过上好日子，无论面临多大挑战和压力，无论付出多大牺牲和代价，这一点都始终不渝、毫不动摇。”[①]《中国共产党章程》“总纲”第一段明确规定：“中国共产党是中国工人阶级的先锋队，同时是中国人民和中华民族的先锋队，是中国特色社会主义事业的领导核心，代表中国先进生产力的发展要求，代表中国先进文化的前进方向，代表中国最广大人民的根本利益。”[②] 除了章程和章程类文件，其他如纲领、准则、条例以及决定、意见等党内法规和规范性文件也都从不同的维度宣示了中国共产党的根本宗旨和领导理念，充分发挥了党内法规维护执政安全的价值引领功能。

（二）夯实党的执政根基的支持功能，不断提高党的建设科学化水平

党内法规为全面从严治党提供了基本的制度遵循，有利于坚持党要管党、全面从严治党。中国特色社会主义最本质的特征是中国共产党领导，中国特色社会主义制度的最大优势是中国共产党领导，党是最高政治领导力量。“党政军民学，东西南北中，党是领导一切的。”[③] 中国共产党必须要始终走在时代前列、始终成为全国人民的主心骨、始终成为坚强领导核心，为新时代的砥砺前行保驾护航。然而，“党的执政地位不是与生俱来的，也不是一劳永逸的”[④]。巩固党的执政地位，必须全面从严治党。“治国必先治党，治党务必从严，从严必依法度。”[⑤] 这个

---

① 特约调研组．习近平调研指导过的贫困村脱贫纪实．北京：人民出版社，2021：177－178.

② 中国共产党章程．北京：人民出版社，2022：1.

③ 习近平．决胜全面建成小康社会 夺取新时代中国特色社会主义伟大胜利：在中国共产党第十九次全国代表大会上的报告．北京：人民出版社，2017：20.

④ 中共中央文献研究室．十六大以来重要文献选编：中．北京：中央文献出版社，2006：273.

⑤ 中共中央党史和文献研究院．十八大以来重要文献选编：下．北京：中央文献出版社，2018：509.

“法度”主要是党内法规。全党牢固树立尊崇党内法规的理念，就必须在管党治党实践中切实运用好党内法规。“要健全完善制度，以党章为根本遵循，本着于法周延、于事有效的原则，制定新的法规制度，完善已有的法规制度，废止不适应的法规制度，健全党内规则体系，扎紧党纪党规的笼子。”① 党内法规是全面从严治党的长远之策、根本之策，意味着党必须依据特定的规则和程序，恪守制度的边界。除了规范党员权利和义务，规范权力结构与运作，更在于形成强有力的组织观念、规矩意识、纪律观念。党内法规规范化、科学化、体系化程度的提升，能够确立全党共同遵循的行为准则，逐步构建严密的制度之笼。

党内法规制度建设是党的制度建设的重中之重，贯穿于党的其他各方面的建设之中，为党的建设提供着规范性依据。党内法规制度建设好了，党的其他各方面的建设就有了最坚实的基础。党内法规制度使党的工作正规化、程序化和制度化，以调节党内关系，指导党内生活，规范党员行为，保证党的事业顺利发展。它对党组织职责权限、组织架构，党的领导地位、领导体制和领导方式，党的自身建设，党内纪律和规矩等进行了全面系统规定，是党组织开展工作、活动和党员在其位、负其责的刚性约束，具有根本性和稳定性的重要价值。党内法规制度使党具备了体系化的行为准则和规范，党组织和党员能够按照规定的要求向着共同的目标迈进，形成向前发展的统一力量，从而达到壮大其组织、维护执政安全的目的。“党坚持依规治党，严格遵守党章，形成比较完善的党内法规体系，严格制度执行，党的建设科学化、制度化、规范化水平明显提高。”②

（三）完善党的执政方式的规范功能，持续推进社会主义法治国家建设进程

党内法规体现了全面依法治国的根本要求，有利于促进中国特色社

① 习近平．在第十八届中央纪律检查委员会第六次全体会议上的讲话．北京：人民出版社，2016：18.

② 中共中央关于党的百年奋斗重大成就和历史经验的决议．北京：人民出版社，2021：32.

会主义法治体系建设和实践探索。党内法规制度建设贯穿于中国革命、建设和改革的全部历史进程中，体现着党对共产党执政规律、社会主义建设规律和人类社会发展规律认识的不断深化。“党内法规既是管党治党的重要依据，也是建设社会主义法治国家的有力保障。”[1] 将“党内法规制度体系”纳入“中国特色社会主义法治体系”具有重要的意义。中国特色社会主义进入新时代，实现全面依法治国必须要尽快健全党内法规制度体系，推动依规治党、制度治党和依法治党一体化建设。只有坚持以党章为根本构建党内法规制度体系，使党内法规制度与国家法律相衔接，才能实现党内法规制度体系与全面依法治国战略相协调。这样可以强化党内法规的针对性，提高党内法规的执行力，推进以法治为基础的国家治理体系和治理能力现代化。

党内法规制度建设能够有效应对风险挑战和冲击。“发展环境越是严峻复杂，越要坚定不移深化改革，健全各方面制度，完善治理体系，促进制度建设和治理效能更好转化融合，善于运用制度优势应对风险挑战冲击。”[2] 党的十一届三中全会提出“健全党的民主集中制”，“健全党规党法，严肃党纪”，党的十九届四中全会提出“突出坚持和完善支撑中国特色社会主义制度的根本制度、基本制度、重要制度”，无不深刻表明一个道理：只要坚持和完善中国特色社会主义制度，推进国家治理体系和治理能力现代化，善于运用制度力量应对风险挑战冲击，我们就能够经受压力，化危为机。亚里士多德在谈及如何维护一个城邦时指出，“我们也可以说，一般政体所建立的各种法制，其本旨就在谋求一个城邦的长治久安；大家拥护这些法制，一个政体可得维持于不坠”[3]。

---

① 中共中央关于全面推进依法治国若干重大问题的决定．人民日报，2014－10－29（1）.

② 深化改革健全制度完善治理体系 善于运用制度优势应对风险挑战冲击．人民日报，2020－04－28（1）.

③ 亚里士多德．政治学．吴寿彭，译．北京：商务印书馆，2009：278.

新时代防范化解风险，维护执政安全，就要在认真梳理和总结党内法规制度建设经验的基础上，适应时代和实践的要求，积极推动党内法规制度建设。

（四）提高党的执政能力的保障功能，将原则性要求转化为具体的规范依据

党内法规的多维功能有利于形成维护执政安全的结构化保障效力。党内法规制度建设，能够将党的执政理念制度化，充分发挥党的执政理念的引领功能；能够建构坚持人民至上的制度基础，夯实党的执政根基的支持功能；能够推进党的执政方式的制度化，完善党的执政方式的规范功能；能够在制度建设基础上增强党的长期执政能力，提高党的执政能力的保障功能。就执政理念而言，它指的是中国共产党以广大人民群众为中心而实现执政、实践执政的观念和思想。执政理念是对“为何执政”和“如何执政”等问题的回答。1922 年《中国共产党第二次全国代表大会宣言》明确指出，中国共产党的目的，“是要组织无产阶级，用阶级斗争的手段，建立劳农专政的政治，铲除私有财产制度，渐次达到一个共产主义的社会”①，确立了党的最高纲领。党的十九大通过的《中国共产党章程》明确提出：“党要适应改革开放和社会主义现代化建设的要求，坚持科学执政、民主执政、依法执政，加强和改善党的领导。”② 用党内法规制度将党的执政理念、以人民为中心的宗旨、党的执政方式和党的长期执政能力规范好，固定下来，并在实践中形成共同遵守的准则、实践标准，使得党和国家发展进程具有持续性、稳定性，进而有效维护党的执政安全。

---

① 中共中央文献研究室，中央档案馆．建党以来重要文献选编（1921—1949）：第 1 册．北京：中央文献出版社，2011：133.

② 中国共产党第十九次全国代表大会文件汇编．北京：人民出版社，2017：78.

维护执政安全、加强党的执政能力建设既是一项长期任务，也是一项系统工程。围绕世界范围内政党政治发展实践中的成败得失，针对自身在奋斗历程中所取得的辉煌成就，结合革命、建设和改革的伟大实践，中国共产党始终坚持从制度建设视角观察分析和认真研究党的执政安全。党的十六届四中全会通过的《中共中央关于加强党的执政能力建设的决定》强调指出："我们必须居安思危，增强忧患意识，深刻汲取世界上一些执政党兴衰成败的经验教训，更加自觉地加强执政能力建设，始终为人民执好政、掌好权。"[①] 它把增强忧患意识同加强党的执政能力建设自觉地联结在一起，深化了对共产党执政规律的认识，是加强执政党建设的理论创新。党的十七届四中全会强调指出，党内存在不少不适应新形势新任务要求、不符合党的性质和宗旨的问题。这些问题"严重影响党的执政地位巩固和执政使命实现"[②]。党的十九届六中全会通过的《中共中央关于党的百年奋斗重大成就和历史经验的决议》指出，"全党要牢记中国共产党是什么、要干什么这个根本问题，把握历史发展大势，坚定理想信念，牢记初心使命，始终谦虚谨慎、不骄不躁、艰苦奋斗，从伟大胜利中激发奋进力量，从弯路挫折中吸取历史教训，不为任何风险所惧，不为任何干扰所惑，决不在根本性问题上出现颠覆性错误"[③]。党内法规制度建设具有导向性、规范性、实践性和前瞻性。在不稳定性、不确定性因素日益增多的背景下，我们还会遇到各种障碍、各种困难。加强党内法规制度建设，能够使我们前进的方向更加明确，使党的组织和成员的行为更加规范，使党的领导和党的建设的

---

① 中共中央关于加强党的执政能力建设的决定．北京：人民出版社，2004：4.

② 中共中央文献研究室．十七大以来重要文献选编：中．北京：中央文献出版社，2011：166.

③ 中共中央关于党的百年奋斗重大成就和历史经验的决议．北京：人民出版社，2021：72.

战略谋划更加具有实践基础，使我们能够更加科学地预测风险、化解冲突、应对挑战。这就使得党的执政安全建立在更加稳固的基础之上，以强有力的自觉性、主动性和实效性建设好长期执政的马克思主义政党。

第八章　严的实践探索：党内法规制度体系建设的路径选择

重视党自身建设，是无产阶级政党的内在要求。党的建设是一个系统工程。从内容上讲，涵盖了政治、思想、组织、作风、纪律建设，以及廉政建设等各个方面；从调整对象看，包括基层党建、企业党建、机关党建、军队党建等各个领域。其中，“制度是决定因素”①，制度建设贯穿于上述各个方面和领域的全过程，而党的领导、组织等制度是“带有根本性、全局性、稳定性和长期性”② 的重大问题，其重要性、现实性和紧迫性不言而喻。中国特色社会主义进入新时代，在世情、国情和党情发生深刻变化，党的建设面临巨大挑战的背景下，加强党内法规制度体系建设就更加突出地摆在我们面前。如何在理论上有深入思考、实践中有系统推进，是一个迫切需要解决的问题。

中国共产党的党内法规制度体系建设，为全面从严治党战略部署的推进提供了坚强的制度保证。在长期深入推进党的制度建设的实践基础上，新时代党内法规制度体系建设规划性更强、清理力度更大、制定更加规范和执行更加有效。党内法规制度体系建设的未来发展，一方面要客观看待当前面临的诸多挑战，另一方面要系统梳理和科学总结实践领

---

① 邓小平．邓小平文选：第2卷．2版．北京：人民出版社，1994：308.

② 同①333.

域已经取得的成就和经验，深入探讨与党建科学化相适应的制度体系建设的内在逻辑和理论支撑。

一、党内法规制度建设的基本价值

“党内法规”，是“党的中央组织，中央纪律检查委员会以及党中央工作机关和省、自治区、直辖市党委制定的体现党的统一意志、规范党的领导和党的建设活动、依靠党的纪律保证实施的专门规章制度”①。这是中国共产党党内的“立法法”即《中国共产党党内法规制定条例》做出的清晰界定。具体地讲，党内法规主要是中国共产党的党内各项规章制度，是中国共产党规范自身组织及其运行的各种制度。其中有规范党组织工作的，有规范党组织活动的，还有规范党员行为的，等等。因为党内法规对于全党具有规范、约束和监督作用，它的制定必须遵循严格的、科学规范的程序。1990 年，中共中央印发了《中国共产党党内法规制定程序暂行条例》，就党内法规的制定工作进行探索性实践。我们党对于根据特定体制机制和程序制定党内法规制度有严格的自我约束和清醒的制度自觉。

“党内法规制度体系”主要是指：“以党章为根本，以民主集中制为核心，以准则、条例等中央党内法规为主干，由各领域各层级党内法规制度组成的有机统一整体。”② 这个界定来自《中共中央关于加强党内法规制度建设的意见》。也就是说，党内的各项规章、制度和规则，虽然地位和作用不同，存在权威性和层次性的差异，但是，在整体上形成了一整套既相互区别又相互联系、相互支持的内在逻辑关系。遵循“内

① 中国共产党党内法规制定条例．人民日报，2019－09－16（3）．
② 中共中央印发《关于加强党内法规制度建设的意见》．人民日报，2017－06－26（1）．

容科学、程序严密、配套完备、运行有效”的标准，这一逻辑关系保证了各个方面能够各归其位、各司其职。

将目前党内依然有效运行的各项法规概括提炼来看，我们可以勾勒出两个“1＋4”的党内法规制度体系基本架构。第一个“1＋4”是从调整领域这一横向视角来界定的。其中“1”是指《中国共产党章程》，“4”主要指的是党的组织法规制度、领导法规制度、自身建设法规制度和监督保障法规制度。第二个“1＋4”是从效力位阶这一纵向视角来界定的。其中“1”是指《中国共产党章程》，“4”依次是指由党中央制定的中央党内法规，由中央纪委、中央各部门制定的部委党内法规，由省级党委制定的地方党内法规，以及由党中央授权的副省级城市和省会城市党委制定的地方党内法规。不管从哪个角度去理解，《中国共产党章程》这个“1”都是最为根本、最为权威、最为基础的总依据。作为党的根本大法，党章是其他党内法规制度的“根”和“源”，是“基石”，在党内政治生活中具有最大权威和最高效力。其他党内法规制度都是由此生发出来的，都必须构筑于这个基础之上。

自成立之日起，我们党就高度重视党内的规章制度建设。党的十八大以来，我们始终坚持全面从严治党，坚持依规治党，各方面制度改革深入推进，党内法规制度体系也在稳步推进并不断完善。党内法规制度建设始终坚持以党章为根本遵循，坚持思想建党、理论强党和制度治党同向发力，坚持制度化、规范化、程序化，坚持通过改革创新完善制度体系、补齐制度短板，使党的各方面制度更加成熟、更加定型。邓小平曾经指出：“我们过去发生的各种错误，固然与某些领导人的思想、作风有关，但是组织制度、工作制度方面的问题更重要。这些方面的制度好可以使坏人无法任意横行，制度不好可以使好人无法充分做好事，甚至会走向反面。”① 党内法规制度体系建设具有多重价值和意义。

---

① 邓小平．邓小平文选：第2卷．2版．北京：人民出版社，1994：333.

第一，加强党内法规制度体系建设，是全面从严治党的必然要求。马克思主义执政党，由于其性质、宗旨和实践逻辑，自身必须始终过硬。只有不断加强党内法规制度体系建设，才能够不断增强党自我净化、自我完善、自我革新、自我提高的能力。一段时间以来，部分地方和领域出现了党的领导弱化、党的建设缺失、全面从严治党不力、管党治党宽松软等现象。2023 年，中央纪委国家监委立案审查调查中管干部 87 人，全国纪检监察机关共立案 62.6 万件，留置 2.6 万人，给予党纪政务处分 61 万人。查处民生领域腐败和作风问题 7.7 万起，给予党纪政务处分 7.5 万人。立案审查调查行贿人员 1.7 万人。查处享乐主义、奢靡之风问题 6.2 万个，批评教育和处理 8.3 万人[①]。因此，全面从严治党，把权力关进制度的笼子里，必然要求把制度体系完善了，把制度绩效提高了。

第二，加强党内法规制度体系建设，是实现国家治理现代化、实现党长期执政和国家长治久安的重要保证。党的十八届三中全会强调推进国家治理体系和治理能力现代化，形成系统完备、科学规范、运行有效的制度体系，这对国家法律和制度的完善与发展提出了明确要求，同时也要求执政党的党内法规制度与之有机结合，形成科学系统的安排。虽然我们在党内法规制度建设方面取得了显著成绩，但是其本身还存在一些不足，例如：基础性党内法规不够齐全，制度空白领域依然存在；配套和衔接性法规制度，接合力不够；存在制度重复、叠床架屋和制度老化现象；等等。党内法规制度属于党的制度建设的重要组成部分，是党的建设科学化不可或缺的重要元素之一，也是社会主义法治体系的重要组成部分，积极推动党内法规制度体系建设，能够为实现国家治理现代

---

① 深入学习贯彻习近平总书记关于党的自我革命的重要思想 纵深推进新征程纪检监察工作高质量发展：在中国共产党第二十届中央纪律检查委员会第三次全体会议上的工作报告（2024 年 1 月 8 日）. 人民日报，2024-02-26（2）.

化提供稳定的支持和保证。

第三，加强党内法规制度体系建设，能够为人类政治文明贡献中国智慧和中国方案。政党政治是现代政治生活的重要特征。因为历史、文化和传统的差异，不同的国家和地区有不同的政党模式。一党制、两党制、多党制是我们经验观察的主流模式。正确认识和理解当代中国的政党制度，可以在理论上增强说服力，在实践上增强自信心。与当前世界上流行的政党制度模式不同，我国的政党制度，具体可以表述为中国共产党领导的多党合作和政治协商制度，是完全不同于既有政党制度模式的新形态。这一制度是从中国的历史、传统和文化土壤中生长出来的符合自身国情的政党制度，它契合了我国政治文化传统价值观，体现了一种文化传承与历史选择的有机结合。其政治价值多体现为避免政治动荡、保持权力结构平衡、促进利益表达与整合。作为执政党的中国共产党的党内法规制度体系建设，以及我国政党制度的实践，拓宽了政党的理论边界，丰富了政党的实践模式，为政党理论和制度探索提供了中国智慧和中国方案。

中国特色社会主义进入新时代，最为重要的发展方略就是“坚持党对一切工作的领导”。坚持和加强党的建设，重点是突出一个“严”字，根本在于“政治建设”，“制度建设”作为红线贯穿全过程和各方面。党内法规制度体系建设，是党的政治建设的制度保证，是全面从严治党的制度保证，是坚持和加强党的全面领导的根本保障。我们需要按照既有的部署努力推动，清醒认识到党内法规制度体系建设是一个长期的艰苦的过程，既要有当下的、具体的、针对性的政策，也要有战略的、宏观的、长远的谋划。

二、新时代党内法规制度体系建设的鲜明特色

我们党自成立之日起，就高度重视用制度和纪律宣示自身的目标和

追求，约束和规范自身的行为，推动革命、建设和改革的伟大斗争实践。不同的时代，党内法规制度建设呈现出的特点也不尽相同。建党之初和革命斗争年代，党内法规的完备性不足，而且多是为了解决其面临的紧迫性问题。新中国成立以后，尤其是改革开放以来，党内法规制度建设逐步走上规范化的道路，各个方面的规章制度越来越完善。中国特色社会主义进入新时代，党内法规制度建设更加注重系统性、战略性和前瞻性。党的十八大以来，党的建设制度改革深入推进，党内法规制度体系不断完善。

其一，突出顶层设计，党内法规制度建设规划性更强。党内法规制度建设要实现什么样的目标，通过怎样的制度结构来实现，以及如何随着时代的发展而随时能够灵活地加以完善，是具有战略性的问题，不能仅仅依赖于碎片化、阶段性、部分的制度应对。党的十八大以来党内法规制度建设的战略设计和顶层谋划，首先体现在党中央的深谋远虑方面，例如党的十八届三中、四中全会，以及党的十九大、二十大关于党内法规体系的战略决策等；其次体现在目标的明确方面，例如《中央党内法规制定工作五年规划纲要（2013—2017 年）》要求，“到建党 100 周年时全面建成内容科学、程序严密、配套完备、运行有效的党内法规制度体系”，建设目标更加明确；最后体现在战略意图的落实方面，例如出台《中国共产党党内法规制定条例》和《中国共产党党内法规和规范性文件备案规定》，中国共产党首次拥有了正式的党内“立法法”，党内法规制度体系建设具备了基本依据和规范。2018 年，《中央党内法规制定工作第二个五年规划（2018—2022 年）》正式出台。党内法规制度体系建设的任务书、时间表、路线图更加清晰，党内法规制定工作的系统性、战略性和前瞻性大大增强。2023 年，中共中央印发了《中央党内法规制定工作规划纲要（2023—2027 年）》，就“完善党内法规制度体系，增强党内法规权威性和执行力”提出明确要求和具体措施。

其二，着眼于“瘦身”“健身”，党内法规制度清理工作稳步推进。改革开放以来，我们党制定并颁布的党内法规和规范性文件，对规范党的自身行为、塑造党的形象、正确处理党和国家的关系、带领人民推进经济政治和社会发展发挥了重要作用。但党内法规制度建设同时也存在着一些挑战，例如：党内法规制度建设的宏观构建不足；部分制度滞后于实践和形势；部分短期性、专题性、阶段性法规清理不及时；上位下位法规，以及党内法规与宪法法律衔接不紧密；甚至有的领域还存在着制度空白；等等。2012 年，《中共中央办公厅关于开展党内法规和规范性文件清理工作的意见》正式印发，明确要求开展党内法规和规范性文件的清理工作。“第一阶段从 2012 年 7 月至 2013 年 9 月，清理 1978 年至 2012 年 6 月底前制定的党内法规和规范性文件；第二阶段从 2013 年 7 月至 2014 年 6 月，清理新中国成立后至 1978 年前制定的党内法规和规范性文件。”① 这次集中清理工作由中共中央办公厅牵头组织实施，中央纪委等多个中央和国家机关共同参与，前后历时两年。“通过对新中国成立至 2012 年 6 月期间出台的 2.3 万多件中央文件进行全面筛查，共梳理出规范党组织工作、活动和党员行为的党内法规和规范性文件 1 178 件。经过清理，废止 322 件，宣布失效 369 件，二者共占 58.7%；继续有效的 487 件，其中 42 件需适时进行修改。”② 各地区各部门也通过集中性的梳理、整理、清理逐步推动了既有制度的“瘦身”和“健身”。党中央还重视开展专项清理和即时清理工作，例如 2018 年 5 月《中共中央关于涉党和国家机构改革党内法规和相关文件专项清理的决定》就明确决定废止 3 件、修改 35 件中央党内法规和相关文件。通过集中清理，一方面，系统地掌握了现有党内法规的基本状况，摸清

① 中共中央办公厅法规局．中央党内法规和规范性文件汇编（1949 年 10 月—2016 年 12 月）：下册．北京：法律出版社，2017：1370 - 1371.

② 中央党内法规和规范性文件集中清理工作全部完成．人民日报，2014 - 11 - 18（4）.

了家底；另一方面，也初步明确了理顺关系、提高效率、增强协调性等具体思路。

其三，立足当下，回应实践，党内法规制度建构日益规范。历史地看，党内法规制度建设经历了一个由点到线、由线到面、由面到体的发展过程。“党的十八大以来，党内法规制定工作驶入快车道，先后制定修订 140 多部中央党内法规，包括 1 部党章、2 部准则、14 部条例，占 240 多部现行中央党内法规的 60%。”① 2017 年印发的《中共中央关于加强党内法规制度建设的意见》提出了“到建党 100 周年时，形成比较完善的党内法规制度体系、高效的党内法规制度实施体系、有力的党内法规制度建设保障体系，党依据党内法规管党治党的能力和水平显著提高”这一目标。我们统筹推进各方面工作，构建由各领域各层级党内法规制度组成的有机统一体系。适时修订党章，统领党内法规制度体系的建设。改革开放以来，党的全国代表大会先后多次修改完善党章；积极稳妥出台准则条例，搭建党内法规制度体系的“四梁八柱”。2016 年，《关于新形势下党内政治生活的若干准则》正式出台，对新时代如何开展党内政治生活提出了严肃、明确、有针对性的要求；此外，制定多部现行有效条例，为党内各方面工作和党员行为提供了基本规范。

其四，聚焦制度绩效，党内法规制度执行力进一步增强。“要提高制度执行力，让制度、纪律成为带电的‘高压线’，使查处违纪违法问题制度化、经常化，使党员、干部心有所畏、言有所戒、行有所止。”② 制度的价值在于实践，实践能够将制度与制度对象有机联系起来。只有

---

① 宋功德．坚定不移推进依规治党．机关党建研究，2019（1）.

② 中共中央文献研究室．十八大以来重要文献选编：中．北京：中央文献出版社，2016：195.

遵守制度者得到褒奖，违反制度者受到惩处，制度的权威性和持续性才能够得到保障。在实践中，党内法规制度体系建设中存在重制定、轻实施的问题，致使制度空转，成了“纸老虎”“稻草人”，出现“破窗效应”。维护党内法规的权威性、持续性，增强党内法规的执行力，需要推动一系列重要举措。第一，从法规制度文本出发，在形式上保证法规具有可操作性，在目的宗旨、目标举措、调整对象、惩戒措施和作用时限等各个方面体现针对性。第二，坚持以上率下，领导机关和领导干部“关键少数”要在遵守法律等方面发挥示范作用。第三，加大责任追究和惩处力度，严肃查处违反和破坏党内法规制度的行为。第四，重在监督检查和绩效评估，对重要党内法规制度实施情况开展定期督查和专项督查，开展制度绩效的第三方评估。第五，建立贯通上下的备案工作体系，建立备案工作考核通报制度，建立备案工作衔接联动机制，严格备案审查，要特别纠正“问题文件”。

新时代党内法规制度建设的路径选择有几个鲜明的特征。一是始终注重问题导向，党内法规的建设，就是为了应对和解决党的建设面临的问题，不管这个问题是党的建设的实践领域，还是制度建设本身。总体来讲，就是要解决党内法规制度建设与党的建设实践探索一致性问题、制度约束和利益调整中的阻力问题、推动制度落实的责任担当等问题。二是始终注重整体性、系统性，任何一项法规制度都不是孤立的，而是要与其他不同位阶、层次、调整领域的法规制度相互支持相互联结，共同构成法规制度体系的。三是始终注重可操作性，将法规制度的原则性与针对性有机结合起来，在体现制度价值的同时，使制度有机制和程序支持，便于实践操作，有利于提高制度绩效。

三、走向成熟定型的党内法规制度体系

党内法规制度体系建设，有明确的目标，有清晰的路径，有显著的成绩，但是，从新时代党的建设实际来看，要求会更高，任务会更重，挑战也会更严峻。

（一）清醒认识党内法规制度体系建设的挑战

第一，党内法规如何科学分类？不同的分类标准反映了不同的思考角度，科学的分类有利于从学理上更好地研究党内法规制度建设，从实践中更好地明确不同法规的边界。党内法规分类需要准确反映规章制度的性质和功能，反映党的建设实际，覆盖党的建设各领域各方面，各类之间要保持基本平衡。目前党内法规的分类有这样几个角度：一是按照制定机关来划分，分为中央党内法规、部门党内法规和地方党内法规；二是根据调整对象来划分，2013 年《中央党内法规制定工作五年规划纲要（2013—2017 年）》据此把党内法规分为 8 种，即党章及相关党内法规，党的领导和党的工作方面的党内法规，思想、组织、作风、反腐倡廉、民主集中制建设法规和党的机关工作法规；三是按照党内法规的名称来划分，分为党章、准则、条例、规定、办法、规则、细则 7 种；四是按照党章的章节名称来划分；五是根据 2017 年印发的《中共中央关于加强党内法规制度建设的意见》提出的“1＋4”的划分方法，就是党章下面分 4 个部分，即党的组织法规、党的领导法规、党的自身建设法规、党的监督保障法规。上述分类方法和标准，有不同的视角。但有些也明显存在着交叉重叠问题需要解决，例如：党的自身建设法规包括党的建设五个方面的法规，党的组织法规显然与其中的组织建设法规有重复之嫌；党的监督保障法规实际上与纪律建设法规内容相交叠。另

外，党内法规分类还应该体现新变化。例如党的十九大对党的建设布局做出了新的表述，即以党的政治建设为统领，全面推进党的政治建设、思想建设、组织建设、作风建设、纪律建设，把制度建设贯穿其中，深入推进反腐败斗争；党的二十大提出完善党的自我革命制度规范体系。这些内容都应及时反映到法规制度建设之中。

第二，党内法规应该具备怎样的规模，同时如何保障其质量？关键性的问题是党内法规要保持怎样的规模才是合适的，党内法规的质量如何与规模保持一致。“截至 2023 年 7 月底，全党现行有效党内法规 3 826 部，其中，中央党内法规 228 部”①。目前党内法规总体规模庞大、数量众多。但是，尚未有“中国共产党党内法规全编”或者类似“党内法规大全”作为学习和研讨的整体性资源数据与平台。目前出版的《中国政党制度年鉴》《中国共产党党内法规汇编》所收录的法规并非全部，而是有选择的。中国共产党新闻网、中央纪委国家监委网站等所列举的法规，或者聚焦某一时段，或者集中某一领域，也没有全部法规全编的信息。规模庞大加上信息不全，这就导致党内法规的学习、贯彻和落实存在着信息不对称、法规盲区等挑战。

与此同时，党内法规的庞大规模也可能会影响法规的质量。一是制定过程本身质量不高；二是法规得不到有效执行，效果不佳，质量不高。从现在的情况来看，党内法规制定过程方面，实际调研还不够深入、听取意见还不够广泛、民主讨论还不够充分。一些党内法规草案征求意见的方式、范围和程序都有需要改进的地方。党内法规制定工作的规范性不够，2012 年出台的《中国共产党党内法规制定条例》对党内法规的制定规范有明确要求，但从出台的党内法规看，还存在一些与条

---

① 中央办公厅法规局研究室．领导干部要做学规学法的模范．旗帜，2023（9）．

例不符的现象。受传统习惯的影响，我们比较重视实体性规范，但对于党内法规落实非常重要的程序性、制裁性、保障性规范，存在配套不足现象。从这些方面来说，党内法规制定质量还要大力提高。

第三，党内法规制度体系如何更加成熟、更加定型？邓小平 1992 年指出："恐怕再有三十年的时间，我们才会在各方面形成一整套更加成熟、更加定型的制度。在这个制度下的方针、政策，也将更加定型化。"① 要形成更加成熟、更加定型的制度，需要做到以下两大方面：一方面，积极解决不同层次、不同领域、不同调整对象的法规供给问题。根据《中国共产党党内法规制定条例》，不同的主体在法规制定过程中责任归属不同，权力边界不同。这些部门要积极制定、修订和完善党内法规。另一方面，持续地广泛地实践。党的各级部门都要认真学习贯彻党内法规，积极推动法规的实施，并在实践中不断加以检验和完善。要实现《法治中国建设规划（2020—2025 年）》提出的"党内法规体系更加完善"的目标任务，还有很多亟待努力的地方。

因此，适应新时代中国特色社会主义现代化建设的要求，深入推进党内法规制度体系建设，积极应对面临的挑战，一方面要坚持探索在先、总结在后，积极鼓励各个部门、各个领域开展切实的实践探索；另一方面要及时总结实践经验，上升为法规制度。同时，基于实践探索深化党内法规理论思考，为党的理论创新贡献智慧。"要认真总结党的建设实践经验，及时把比较成熟、普遍适用的经验提炼上升为制度，同时要加强党内法规制度建设理论研究和宏观设计，形成定期评估、清理、修订机制，该填充的填充，该链接的链接，该替换的替换，使党内各项法规制度便利管用，在全面从严治党中发挥更大作用。"②

---

① 邓小平．邓小平文选：第 3 卷．北京：人民出版社，1993：372.

② 中共中央文献研究室．习近平关于全面从严治党论述摘编．北京：中央文献出版社，2016：107.

（二）坚持贯彻民主集中制，深化党内法规制度建设

1. 民主集中制是中国共产党的根本组织原则和领导制度

民主集中制是中国共产党的根本组织原则和领导制度，是党内政治生活正常开展的重要制度保障，也是群众路线在党的生活中的运用。在党内法规制度建设中坚持贯彻民主集中制，既是中国共产党百年辉煌历程的经验总结，也是党的建设新的伟大工程的内在要求。

坚持民主集中制，必须采取有效措施发扬民主，调动全体党员、党的组织的积极性和创造性。只有这样，党才能够同人民群众建立起密切的联系并巩固这种联系；党的领导才能够沿着正确的方向前进并适应各种具体情况与特点；党才能够获得充满活力的党内生活并确保党的事业更好发展；党的集中和统一才能够得以巩固，党的纪律才能够是自觉的而不是机械的。坚持民主集中制，必须实现党的集中统一领导。党是阶级的最高组织。党的团结和统一，是党的生命，是党的力量所在。维护党的团结，巩固党的统一，是每一个党员的神圣职责。维护党中央权威和集中统一领导，是坚持民主集中制的内在要求。

坚持民主集中制，既要充分发扬民主，又要善于集中统一。不同时期、不同领域、不同方面，民主集中制的侧重点不同。但无论在什么情况下，民主与集中都不可偏废，既不能离开民主讲集中，也不能离开集中讲民主。“集中使我们少犯错误，民主使我们发挥积极性。”① 民主集中制，既能够最大限度激发全党的创造活力，又能够统一全党的思想和行动。

2. 坚持民主集中制是党内法规制度建设的基本遵循

事在四方，要在中央。党中央坚持和加强对党内法规制度建设的集中统一领导，从全局和战略高度擘画党内法规制度建设蓝图，加强统筹

---

① 中共中央文献研究室．邓小平年谱：第2卷．北京：中央文献出版社，2020：158.

谋划、搞好整体布局，锚定目标、按计划分阶段推进党内法规制度建设，确保了党内法规制度建设上下贯通、一体推进。坚持民主集中制，是党内法规制度体系的重要内容，也是党内法规制度建设的基本要求。

坚持民主集中制是党内法规制度体系建设的重要内容。党章是立党管党治党的总章程，是最根本的党内法规，明确民主集中制这一根本组织原则是党章的重要内容。1928 年，党的六大通过的《中国共产党党章》将“民主集中制”明确为中国共产党的“组织原则”。1956 年，党的八大通过的《中国共产党章程》这部新中国成立后的第一部党章指出，“中国共产党的组织原则是民主集中制”，“党是按照民主集中制组织起来的”。中国特色社会主义进入新时代，党的二十大通过的《中国共产党章程》明确提出：“党是根据自己的纲领和章程，按照民主集中制组织起来的统一整体。”党的组织法规、领导法规、自身建设法规和监督保障法规，也都将民主集中制作为自身建设的重要内容。《关于党内政治生活的若干准则》《关于新形势下党内政治生活的若干准则》，坚定维护党中央权威和集中统一领导。《中共中央政治局关于加强和维护党中央集中统一领导的若干规定》强调中共中央政治局同志必须带头严格遵守党章和党内政治生活准则，自觉在党中央集中统一领导下履行职责、开展工作。《中国共产党重大事项请示报告条例》严格向党中央请示报告制度，确保政令畅通、令行禁止。

坚持民主集中制是党内法规制度建设的基本要求。《中国共产党党内法规制定条例》明确规定，党内法规制定工作应当“坚持民主集中制，充分发扬党内民主，维护党的集中统一”。该党内法规指出：要充分发扬民主，“广泛征求意见”，“征求意见范围根据党内法规草案的具体内容确定，必要时在全党范围内征求意见。征求意见时应当注意听取党代表大会代表和基层党员、干部以及有关专家学者的意见。与群众切身利益密切相关的党内法规草案，应当充分听取群众意见”。征求意见的方式，可以采取书面形式，也可以采取座谈会、论证会、网上征询等形式。同时，党内法规制定工作要坚持“党中央集中统一领导”，而且为了“维护党内法规制度体系的统一性和权威性”，还必须要加强党内法规和规范性文件的备案工作。在《中央党内法规制定工作五年规划纲要（2013—2017 年）》的指导思想中，突出强调了党内法规制度建设要“以民主集中制为核心”，全面提高党的建设科学化水平、加强和改善党的领导。

3. 坚持民主集中制是党内法规制度建设实践探索的基本经验

中国共产党党内法规制度建设的百余年历程，是一个不断回应和解决不同历史时期实践问题的历史进程，是一个从需要制度、建构制度到完善制度的历史进程，是一个充分发扬民主、坚定维护集中统一、坚持民主集中制的历史进程。

坚持问题导向，不断总结经验。在党内法规制度建设史上，1938 年召开党的扩大的六届六中全会是一个关键的历史时刻。会前成立的“中央规则起草委员会”具体承担着党内法规的起草工作。会上毛泽东、张闻天、刘少奇等同志关于“党规”“党的法纪”“党规党法”的论述意味着领导层在党内法规制度建设上达成了高度共识。会议讨论通过的组织法规对于建设一个强大的、团结的、巩固的党发挥了巨大的作用。党的扩大的六届六中全会通过的党内法规，是在充分吸收党的自身建设实践经验基础上形成的。例如，《关于中央委员会工作规则与纪律的决定》就是建立在若干相关党内规章制度基础之上的。这些制度包括 1923 年的《中国共产党中央执行委员会组织法》、1937 年的《中共中央政治局工作规则和纪律草案》和《中共中央书记处工作规则和纪律草案》。《中国共产党纪律处分条例》，从 1997 年的“试行”，到 2003 年正式发布施行，再到 2015 年坚持纪严于法、纪在法前、纪法分开，以至 2018 年和 2023 年根据新形势修订，将党的纪律建设的理论、实践和制度创新成果固定下来，“五版”条例都始终坚持问题导向，不断总结制度实施的实践经验。

坚持集中统一领导，加大顶层设计力度。2013 年，《中央党内法规制定工作五年规划纲要（2013—2017 年）》明确提出，“基本形成涵盖党的建设和党的工作主要领域、适应管党治党需要的党内法规制度体系框架”，为到建党 100 周年时全面建成内容科学、程序严密、配套完备、运行有效的党内法规制度体系打下坚实基础。2014 年，党的十八届四中全会将“形成完善的党内法规体系”纳入全面推进依法治国总目标。2018 年，《中央党内法规制定工作第二个五年规划（2018—2022 年）》围绕建党 100 周年党内法规体系建设目标任务，进一步明确了党内法规体系建设的任务书、时间表、路线图。2019 年，党的十九届四中全会对加快形成完善的党内法规体系做出新的部署安排。党的二十大报告要求“必须持之以恒推进全面从严治党，深入推进新时代党的建设新的伟大工程，以党的自我革命引领社会革命”。2023 年，中共中央印发了《中央党内法规制定工作规划纲要（2023—2027 年）》，就“深入贯彻落实党的二十大重大决策部署，完善党内法规制度体系，增强党内法规权威性和执行力，进一步发挥依规治党的政治保障作用”做出了新的规划和部署。

坚持发扬民主，广泛听取意见。2017 年印发的《中共中央关于加强党内法规制度建设的意见》明确提出，到建党 100 周年时，形成比较完善的党内法规制度体系，确定了党内法规制度体系的基本框架。2021 年的全国党内法规工作会议提出：“全面提高党内法规工作质量，推动党内法规制度建设不断迈出新步伐。”《中国共产党地方组织选举工作条例》《中国共产党基层组织选举工作条例》等，注重发扬党内民主，加强党的地方组织和基层组织建设，为维护党的集中统一领导奠定了坚实的民主基础。中国共产党全国代表大会和地方各级代表大会代表任期制规定，完善党代表大会制度，推动党内民主的发展。在对《关于新形势下党内政治生活的若干准则》和《中国共产党党内监督条例》征求意见的过程中，“共提出 1 955 条修改意见，扣除重复意见后为 1 582 条，其中原则性意见 354 条、具体意见 1 228 条”①。党内法规制定过程的民主程度越高，起草制定过程的参与越广泛，其权威性和效力就越高。

4. 新时代深化党内法规制度建设，必须坚持贯彻民主集中制

坚持全面从严治党，持续深化党内法规制度建设，深入推进新时代党的建设新的伟大工程，必须始终“牢记中国共产党是什么、要干什么这个根本问题”，坚持贯彻民主集中制，使党内法规体系更加完善、制度执行更为严格、制度优势更好转化为治理效能。

在党内法规制度建设中坚持贯彻民主集中制，要做到以下两点：首先必须讲政治。旗帜鲜明讲政治是马克思主义政党的根本要求。加强党的政治建设，必须坚持党对一切工作的领导，切实维护党中央权威和集中统一领导。聚焦党的政治属性、政治使命、政治目标、政治追求，持续推动党内法规制度建设。以党的政治建设为统领，把政治标准和政治要求贯穿到党的各方面制度建设之中，推动全面从严治党向纵深发展，实现党的建设质量全面提高。其次必须讲民主。建章立制，要坚持从实际出发，充分发扬民主，深入调查研究，广泛征求意见，遵循党的制度建设规律，妥善处理数量与质量、前瞻性与现实性等关系，确保党内法规制度体现全党意志，适应党的建设和党的工作需要，经得起实践和历史检验。要营造民主讨论的良好氛围，鼓励讲真话、讲实话、讲心里话，允许不同意见碰撞和争论，同时善于进行正确集中，防止议而不决、决而不行。

在党内法规制度建设中坚持贯彻民主集中制，要坚持党性和人民性

① 习近平．关于《关于新形势下党内政治生活的若干准则》和《中国共产党党内监督条例》的说明．人民日报，2016-11-03（2）.

的统一。中国共产党的党性与人民性是一致的。只有不断增强党性，维护党的统一意志、统一行动和统一纪律，才能在党内法规制度建设中，坚持集体领导和个人分工负责相结合；坚持集体领导、民主集中、个别酝酿、会议决定的原则；既防止名为集体领导实为无人负责，又防止个人专断。也只有在党内法规制度建设中坚持民主集中制，中国共产党才能够不断增强自我净化、自我完善、自我革新、自我提高的能力，才能始终成为时代先锋、民族脊梁，始终成为马克思主义执政党。中国共产党来自人民、植根人民、服务人民，人民立场是中国共产党的根本立场。无论是党内法规制度体系建设，还是党内法规的实践运用，只有得到全体党员和广大人民群众的支持，实现充分的教育和群众政治觉悟的大幅度提升，才能说制度建设的根基已经牢固。

在党内法规制度建设中坚持贯彻民主集中制，必须始终保持自我革命精神，积极应对各种风险与挑战。坚持贯彻民主集中制，要用好批评和自我批评这个有力武器，抓住“关键少数”，加强对“一把手”的监督，着力解决发扬民主不够、正确集中不够、开展批评不够、严肃纪律不够等问题。坚持贯彻民主集中制，要落实好党的群众路线，从群众中来，到群众中去，将各方面、各领域、各环节的好经验好做法汇集起来，丰富和完善党内法规制度建设。坚持贯彻民主集中制，要加强民主集中制的教育，使全党都熟悉民主集中制的规矩，懂得民主集中制的方法，努力克服民主集中制执行不力、集中不够、民主不够、软弱涣散、家长制、“一言堂”等问题。坚持贯彻民主集中制，党的各级领导干部、全体党员都必须严格尊崇党章，把维护党章和其他党内法规作为首要任务，加强对遵守党内法规制度的监督检查，“确保党内监督落到实处、见到实效”①。

---

① 习近平．在第十八届中央纪律检查委员会第六次全体会议上的讲话．北京：人民出版社，2016：22.

（三）坚持自我革命，锻造长期执政的马克思主义政党

“建设什么样的长期执政的马克思主义政党、怎样建设长期执政的马克思主义政党”是新时代党和国家事业发展的重大理论与实践课题。中共中央围绕这个重大时代课题，提出了一系列原创性的新理念新思想新战略。党的十九届六中全会审议通过的《中共中央关于党的百年奋斗重大成就和历史经验的决议》，融汇了中国共产党践行初心使命所进行的奋斗、牺牲和创造，深刻揭示了“过去我们为什么能够成功、未来我们怎样才能继续成功”，对于我们不断加强党的建设，深入推进党的自我革命，提高全党斗争本领和应对风险挑战能力，永葆党的生机活力，锻造一个强大的、长期执政的马克思主义政党具有重要的指导意义。

1. 启航新时代需要系统总结党的建设基本经验

中国共产党自 1921 年成立以来，坚持把为中国人民谋幸福、为中华民族谋复兴作为自己的初心使命，始终坚持共产主义理想和社会主义信念，团结带领全国各族人民为争取民族独立、人民解放和实现国家富强、人民幸福而不懈奋斗，书写了中华民族几千年历史上最恢宏的史诗。

中国共产党具有高度的历史自觉、理论自觉和实践自觉。中国共产党一经成立，就肩负起带领人民谋求民族独立、人民解放和实现国家富强、人民幸福的历史重任，团结带领人民创造了新民主主义革命的伟大成就、社会主义革命和建设的伟大成就、改革开放和社会主义现代化建设的伟大成就、中国特色社会主义新时代的伟大成就。中国共产党人以高度的历史自觉，极大地推进了中国的历史进程。在长期的革命、建设和改革的实践中，中国共产党人把马克思列宁主义的基本原理同中国革命的具体实践结合起来，创立了毛泽东思想，实现了马克思主义中国化的第一次历史性飞跃；形成了中国特色社会主义理论体系，实现了马克思主义中国化新的飞跃；创立了习近平新时代中国特色社会主义思想，

实现了马克思主义中国化新的飞跃。中国共产党人以高度的理论自觉，极大地推进了中国的理论进程。在中国共产党的坚强领导下，实现了中国从几千年封建专制政治向人民民主的伟大飞跃，中国发展从此开启了新纪元；实现了中华民族有史以来最为广泛而深刻的社会变革，实现了迈进社会主义社会的伟大飞跃；推进了中华民族从站起来到富起来的伟大飞跃，大踏步赶上了时代；中国特色社会主义进入新时代，中华民族迎来了从站起来、富起来到强起来的伟大飞跃。中国共产党人以高度的实践自觉，极大地推进了中国的发展进程。历经革命、建设和改革的锤炼，中国共产党已经锻造为成熟的、具有重大全球影响力的世界第一大执政党，有资格有能力担当起中国特色社会主义事业领导核心的历史重任。开启全面建设社会主义现代化国家新征程、坚持和发展中国特色社会主义尤其需要总结中国共产党自身建设的基本经验。

总结党的建设基本经验是推进新时代党的建设的应有之义。建党百余年来，中国共产党依据客观实践要求，不断加强和改进党的建设，形成了一系列符合中国国情的政党建设的核心理念与基本原则。中国共产党的奋斗历程从来都不是一帆风顺的，既有辉煌成就，也有挫折失败。经验要经常总结，例如维护党中央权威和集中统一领导，以马克思主义及其中国化理论成果武装全党，选拔德才兼备的高素质干部，持之以恒正风肃纪，等等，要加以坚持；教训要及时吸取，例如党的历史上存在的各种“左”的、右的错误等，则需要加以摒弃。经验与教训都是特定历史情境的产物，具有独特的时代印记，背后也彰显着深刻的理论逻辑和实践逻辑。党的建设基本经验从党的发展历程中衍生，是对中国共产党政治智慧的提炼，充分彰显了中国共产党的精神特质和鲜明品格。

总结党的建设基本经验是实现国家治理现代化的必然要求。从国家治理体系上看，党的领导制度体系是中国特色社会主义制度体系的重要构成，加强党的建设、全面从严治党又是党的领导制度体系的关键内容；从国家治理能力上看，党的领导能力和执政能力直接决定着国家治理能力，而党的建设水平又直接影响着党的领导能力和执政能力。将制度优势转化为治理效能，党的建设发挥着独特作用。系统总结党的建设基本经验对推进国家治理体系和治理能力现代化具有重要价值。

总结党的建设基本经验是丰富世界政党政治文明的客观需要。政党政治是现代政治文明的关键特征，政党在国家政治生活中扮演着重要角色。中国共产党始终坚持胸怀天下，时刻关注人类前途命运，同世界上一切进步力量携手前进，始终是世界和平的建设者、全球发展的贡献者、国际秩序的维护者。面临百年未有之大变局，世界政党政治正经历各种极端主义思潮的侵蚀，从而导致价值扭曲、族群撕裂和社会动荡。系统总结中国共产党自身建设的基本经验，能够打破政党政治模式的固有认知范式，为解决政党政治面临的挑战提供新的选择。在世界政党政治文明的背景下，系统总结党的建设基本经验能够进一步增强我们的制度自信。

2. 坚持自我革命，不断加强和改进党的建设

党的百年奋斗锻造了走在时代前列的中国共产党，形成了以伟大建党精神为源头的精神谱系，保持了党的先进性和纯洁性，党的自我净化、自我完善、自我革新、自我提高能力显著增强，党的执政能力和领导水平不断提高，管党治党宽松软状况得到根本扭转，反腐败斗争取得压倒性胜利并得到全面巩固，党在革命性锻造中更加坚强。

新民主主义革命时期，中国共产党弘扬伟大建党精神，实施和推进党的建设伟大工程，提出思想建党的原则，坚持民主集中制，坚持理论联系实际、密切联系群众、批评和自我批评三大优良作风，形成统一战线、武装斗争、党的建设三大法宝，努力建设全国范围的、广大群众性的、思想上政治上组织上完全巩固的马克思主义政党。社会主义革命和建设时期，中国共产党着重围绕执政条件下党的建设的重大课题，从思

想上组织上作风上加强党的建设、巩固党的领导，不断提高党的领导水平，增强了党的纯洁性和全党的团结，积累了执政党建设的初步经验。改革开放和社会主义现代化建设新时期，中国共产党围绕解决好提高党的领导水平和执政水平、提高拒腐防变和抵御风险能力这两大历史性课题，以执政能力建设和先进性建设为主线，把党风廉政建设和反腐败斗争提到关系党和国家生死存亡的高度，深入推进惩治和预防腐败体系建设，开创和推进党的建设新的伟大工程。中国特色社会主义新时代，中国共产党坚持全面从严治党，提出党的建设总要求，坚持以长期执政能力建设、先进性和纯洁性建设为主线，以党的政治建设为统领，全面推进政治建设、思想建设、组织建设、作风建设、纪律建设，把制度建设贯穿其中，深入推进反腐败斗争，不断提高党的建设质量，推动党的建设全面进步。

系统梳理党的建设历史成就，科学总结党的建设基本经验，不断推进新时代党的建设新的伟大工程，对于我们开启全面建设社会主义现代化国家、实现中华民族伟大复兴的新征程具有重要的意义。

——始终坚持党要管党，全面从严治党。办好中国的事情，关键在党，关键在党要管党、全面从严治党。世界上曾经长期执政的大党丧失执政地位的现实告诉我们，思想混乱、组织涣散、作风不纯、纪律松弛、特权泛滥、腐败丛生，丧失了战斗力和凝聚力，最终会失去执政资格，“自己打败自己”。中国共产党自建立之日起就严字当头，用铁的纪律约束自己。党的十八大以来，面临长期而复杂的“四大考验”、尖锐而严峻的“四大考验”，中国共产党始终牢记“打铁必须自身硬”，着力解决“党的领导弱化、党的建设缺失、管党治党不力”等突出问题，敢于直面问题，勇于自我革命，不断增强自我净化、自我完善、自我革新、自我提高的能力，坚持真理、修正错误，解决了许多长期想解决而没有解决的难题，办成了许多过去想办而没有办成的大事，党内政治生态发生了根本好转。

——始终坚持将党的政治建设摆在首位。旗帜鲜明讲政治是马克思主义政党的根本要求。党的政治建设是党的根本性建设，决定党的建设方向和效果。加强党的政治建设，目的是坚定政治信仰，强化政治领导，提高政治能力，净化政治生态，实现全党团结统一、行动一致。加强党的政治建设，重在聚焦党的政治属性、政治使命、政治目标、政治追求，持续发力。以党的政治建设为统领，把政治标准和政治要求贯穿党的思想建设、组织建设、作风建设、纪律建设以及制度建设、反腐败斗争始终，推动全面从严治党向纵深发展，实现党的建设质量全面提高。同时，把党的政治建设融入党和国家事业发展大局，做到党的政治建设与中心工作紧密结合相互促进。加强党的政治建设，重点是从党内政治生活管起、从党内政治生活严起。保持先进性和纯洁性，才能不断增强党的创造力、凝聚力、战斗力。

——始终坚定理想信念，补足精神之“钙”。“理想信念就是共产党人精神上的‘钙’，没有理想信念，理想信念不坚定，精神上就会‘缺钙’，就会得‘软骨病’。”① 奋斗目标越宏伟，执政环境越复杂，就越需要更好地把我们党建设成为有创造力、凝聚力、战斗力的马克思主义政党。补足精神之“钙”，才能站稳政治立场，抵御各种诱惑。“马克思主义信仰、共产主义远大理想、中国特色社会主义共同理想，是中国共产党人的精神支柱和政治灵魂，也是保持党的团结统一的思想基础。”②炼就“金刚不坏”之身，必须用科学理论武装头脑，认真学习当代中国马克思主义、二十一世纪马克思主义，把理想信念建立在对科学理论的理性认同上，建立在对历史规律的正确认识上。邓小平曾鲜明指出：

① 中共中央文献研究室．习近平关于全面从严治党论述摘编．北京：中央文献出版社，2016：57.

② 中共中央关于党的百年奋斗重大成就和历史经验的决议．北京：人民出版社，2021：31.

“过去我们党无论怎样弱小，无论遇到什么困难，一直有强大的战斗力，因为我们有马克思主义和共产主义的信念。有了共同的理想，也就有了铁的纪律。无论过去、现在和将来，这都是我们的真正优势。”① 只有坚定理想信念，才能坚持正确政治方向，在胜利和顺境时不骄傲不急躁，在失败和逆境时不消沉不动摇，经受住各种风险和困难考验，永葆共产党人政治本色。

——贯彻落实新时代党的组织路线。党的力量来自组织。中国共产党是按照马克思主义建党原则建立起来的，形成了包括党的中央组织、地方组织、基层组织在内的严密组织体系。这是世界上任何其他政党都不具有的强大优势。正确的政治路线要靠正确的组织路线来保证。新时代党的组织路线坚持全面贯彻习近平新时代中国特色社会主义思想，重点加强组织体系建设，着力培养忠诚干净担当的高素质干部，集聚爱国奉献的各方面优秀人才，坚持德才兼备、以德为先、任人唯贤，为坚持和加强党的全面领导、坚持和发展中国特色社会主义提供坚强组织保证。新时代党的组织路线是理论的也是实践的，要在推进党的建设新的伟大工程、落实全面从严治党的实践中切实贯彻落实。

——作风建设永远在路上。中国共产党作为马克思主义执政党，不但要有强大的真理力量，而且要有强大的人格力量。真理力量集中体现为党的正确理论，人格力量集中体现为党的优良作风。在革命、建设和改革的长期实践中，中国共产党始终要求全党同志坚持光荣传统、发扬优良作风，为党和人民的事业不断前进提供了重要保障。作风问题的核心是党同人民群众的关系问题。中国共产党来自人民、植根人民、服务人民，一旦脱离群众，就会失去生命力。加强作风建设，必须紧紧围绕保持党同人民群众的血肉联系，增强群众观念和群众感情，不断厚植党

---

① 邓小平．邓小平文选：第 3 卷．北京：人民出版社，1993：144.

执政的群众基础。形成优良作风不可能一劳永逸，克服不良作风不可能一蹴而就。作风建设没有休止符。

——始终深入推进反腐败斗争。腐败是党长期执政的最大威胁，反腐败是一场输不起也决不能输的重大政治斗争，必须加强对权力的制约，依纪依法设定权力、规范权力、制约权力、监督权力。中国共产党坚持不敢腐、不能腐、不想腐一体推进，惩治震慑、制度约束、提高觉悟一体发力，坚持无禁区、全覆盖、零容忍，坚持重遏制、强高压、长震慑，坚持受贿行贿一起查，坚持有案必查、有腐必惩，以猛药去疴、重典治乱的决心，以刮骨疗毒、壮士断腕的勇气，坚定不移"打虎""拍蝇""猎狐"，清除一切腐败分子。完善党和国家监督体系，设立国家监察委员会和地方各级监察委员会，构建巡视巡察上下联动格局，构建以党内监督为主导、各类监督贯通协调的机制，进一步加强对权力运行的制约和监督。

——始终坚持完善以党章为根本、以民主集中制为核心的党内法规体系。权力必须受到监督和制约。马克思、恩格斯曾经说过，一切公职人员必须"在公众监督之下进行工作"①，这样"能可靠地防止人们去追求升官发财"② 和"追求自己的特殊利益"③。从权力运作的基本逻辑来看，"权力导致腐败，绝对权力导致绝对腐败"。中国共产党"坚持依规治党，严格遵守党章，形成比较完善的党内法规体系，严格制度执行，党的建设科学化、制度化、规范化水平明显提高"④。把权力关进制度的笼子里，不敢腐的惩戒机制、不能腐的防范机制、不易腐的保障机制逐步形成和得到巩固。党内法规制度建设经历了从无到有、从少到

---

① 马克思，恩格斯．马克思恩格斯选集：第3卷．3版．北京：人民出版社，2012：141.

② 同①55.

③ 同①54.

④ 中共中央关于党的百年奋斗重大成就和历史经验的决议．北京：人民出版社，2021：32.

多，由点到面、由面到体，形成了比较完善的党内法规体系。截至2021年7月1日，全党现行有效党内法规共3 615部。其中，党中央制定的中央党内法规211部，中央纪律检查委员会以及党中央工作机关制定的部委党内法规163部，省、自治区、直辖市党委制定的地方党内法规3 241部。有效党内法规中，党章1部，准则3部，条例43部，规定850部，办法2 034部，规则75部，细则609部①。完备的党内法规制度建设，既能彰显出中国共产党的大党气派、大党智慧、大党治理之道，同时也能为世界政党政治文明贡献中国智慧和中国方案。

3. 坚持全面从严治党，一以贯之推进党的建设新的伟大工程

回顾历史，不是为了从成功中寻求慰藉，更不是为了躺在功劳簿上、为回避今天面临的困难和问题寻找借口，而是为了总结历史经验、把握历史规律，增强开拓前进的勇气和力量。“牢记中国共产党是什么、要干什么这个根本问题”，才能够把握历史大势，不为任何风险所惧，不为任何干扰所惑，坚持不懈推进中华民族伟大复兴。系统总结党的建设基本经验，深刻把握党的建设基本规律，目的就是坚持全面从严治党，继续推进新时代党的建设新的伟大工程。

一以贯之推进党的建设新的伟大工程必须始终不忘初心，牢记使命。不忘初心，就是不要忘了我们共产党是什么人，加入共产党究竟是干什么的；牢记使命，就是要始终牢记中华民族伟大复兴的历史重任，走好我们这一代共产党人的长征路。中华民族伟大复兴，绝不是轻轻松松、敲锣打鼓就能实现的，全党必须准备付出更为艰巨、更为艰苦的努力。牢记使命，才能永远奋斗；不忘初心，方得始终。

一以贯之推进党的建设新的伟大工程必须勇于自我革命。“中国共产党的伟大不在于不犯错误，而在于从不讳疾忌医，敢于直面问题，勇

---

① 中国共产党党内法规体系．人民日报，2021-08-04（1）.

于自我革命”[①]。中国共产党始终保持自我革命精神，一次次拿起手术刀革除自身的病症，一次次依靠自身力量和与群众结合的力量解决自身问题，攻克了一个又一个看似不可攻克的难关。只有不断增强自我净化、自我完善、自我革新、自我提高的能力，中国共产党才能始终成为时代先锋、民族脊梁，始终成为马克思主义执政党，长期拥有旺盛的生命力和强大的战斗力。

一以贯之推进党的建设新的伟大工程必须坚持人民立场。人民立场是中国共产党的根本政治立场，把人民对美好生活的向往作为奋斗目标，把党的群众路线贯彻到治国理政全部活动之中，才能够依靠人民创造历史伟业。坚持全心全意为人民服务的宗旨，善于组织群众、关心群众、依靠群众，就可以战胜一切困难，始终立于不败之地。

一以贯之推进党的建设新的伟大工程必须抓住关键少数。党员领导干部是领导干部中的“关键少数”。党员领导干部被赋予更大的权力，其言行更多地代表着党的作风和形象，也在更广的范围内对普通党员的思想行为产生影响。要把党建设好、建设强，必须从各级领导干部抓起。“火车跑得快，全靠车头带。”“信念过硬、政治过硬、责任过硬、能力过硬、作风过硬”，不仅是对高级领导干部提出的特别要求，也代表了党中央对全党各级领导干部的殷殷期盼。

四、在新的起点上深入推进党内法规制度建设

中国共产党的党内法规制度建设，体现了无产阶级政党的性质，是实现长期执政、保持党的先进性和纯洁性的需要，有利于实现党的全面

① 中共中央党史和文献研究院．十八大以来重要文献选编：下．北京：中央文献出版社，2018：589.

领导和维护党中央的集中统一领导，有利于推进党的自我革命，有利于实现国家治理现代化。适应时代和实践的要求，党内法规制度建设，要切实回答时代之问、人民之问、实践之问，坚守初心使命，牢记根本问题，完善体系建设，提高制度执行力，深化理论研究，为实现第二个百年奋斗目标和中华民族伟大复兴的中国梦提供坚实的制度保障。

治国必先治党，治党务必从严，从严必依法度。中国共产党的党内法规制度就是这个“法度”的重要内容。在百余年奋斗历程中，中国共产党始终注重运用党内法规管党治党、提高党的领导水平、提高党的长期执政能力。制度运用得好，党和国家的事业就会繁荣发展；制度遭到破坏，党和国家的事业就会受到损失，党的形象就会受到严重损害。党的十八大以来，中国共产党坚持从实际出发，围绕党和国家中心工作大局，深入推进党内法规制度建设，形成了比较完善的党内法规体系，在党内法规制度建设方面取得了显著成绩，积累了新的重要经验，从制度建设的角度科学回答了“建设什么样的长期执政的马克思主义政党、怎样建设长期执政的马克思主义政党”这一重大理论与实践问题。新的历史起点上，中国共产党既肩负着实现中华民族伟大复兴的重任，也面临着世界百年未有之大变局。应对前所未有的挑战，加强自身建设，始终成为时代先锋、民族脊梁，始终成为马克思主义执政党，尤其需要增强依规治党的自觉性和坚定性，继续推进党内法规制度建设，发挥好党内法规在维护党中央集中统一领导、保障党长期执政和国家长治久安方面的重大作用，在推进新时代党的建设新的伟大工程、落实全面从严治党方面的重大作用，确保党在坚持和发展中国特色社会主义的历史进程中始终成为坚强领导核心，为全面建设社会主义现代化国家、实现中华民族伟大复兴的中国梦提供坚强政治保证。

（一）牢牢把握“中国共产党是什么、要干什么”这个根本问题，坚持民主集中制，深入推进党内法规制度建设

党的十九届六中全会通过的《中共中央关于党的百年奋斗重大成就

和历史经验的决议》指出：推进中华民族伟大复兴，必须“牢记中国共产党是什么、要干什么这个根本问题”。坚持唯物史观和正确党史观，清醒认识中国共产党“是什么”，科学把握中国共产党“要干什么”这个根本问题，能够从党的奋斗中“看清楚过去我们为什么能够成功、弄明白未来我们怎样才能继续成功”，激发实现第二个百年奋斗目标和中华民族伟大复兴中国梦的磅礴力量。持续推进党内法规制度建设，必须坚持贯彻民主集中制。

民主集中制是中国共产党的根本组织原则和领导制度，是党内政治生活正常开展的重要制度保障，也是群众路线在党的生活中的运用。首先，坚持民主集中制是党内法规制度体系的重要内容。1927 年，《中国共产党第三次修正章程决案》明确规定，“党部的指导原则为民主集中制”；1945 年，党的七大通过的《中国共产党党章》在“总纲”中指出，“中国共产党是按民主的集中制组织起来的”；1956 年，党的八大通过的《中国共产党章程》明确指出，“中国共产党的组织原则是民主集中制”；党的二十大通过的《中国共产党章程》将“坚持民主集中制”列为党的建设必须坚持的一条重要原则，明确提出：“党是根据自己的纲领和章程，按照民主集中制组织起来的统一整体。”其次，坚持民主集中制是党内法规制度建设的基本要求。《中国共产党党内法规制定条例》明确规定，党内法规制定工作应当“坚持民主集中制，充分发扬党内民主，维护党的集中统一”。该党内法规规定：要充分发扬民主，“广泛征求意见”。同时，党内法规制定工作要坚持“党中央集中统一领导”。《中央党内法规制定工作五年规划纲要（2013—2017 年）》的指导思想，就强调党内法规制度建设要“以民主集中制为核心”，全面提高党的建设科学化水平、加强和改善党的领导。最后，坚持民主集中制是党内法规制度建设实践探索的基本经验。1938 年党的扩大的六届六中全会通过的《关于中央委员会工作规则与纪律的决定》等组织法规，都是在充分吸收党的自身建设实践经验基础上形成的。2013 年的《中央党内法规制定工作五年规划纲要（2013—2017 年）》、2018 年的《中央党内法规制定工作第二个五年规划（2018—2022 年）》，以及 2017 年的《中共中央关于加强党内法规制度建设的意见》等，都是回应实践需要而做的顶层设计。

中国共产党党内法规制度建设的历程，是一个不断回应和解决不同历史时期实践问题的历史进程，是一个从需要制度、建构制度到完善制度的历史进程，是一个充分发扬民主、坚定维护集中统一、坚持民主集中制的历史进程。持续深化党内法规制度建设，深入推进新时代党的建设新的伟大工程，必须始终“牢记中国共产党是什么、要干什么这个根本问题”，坚持贯彻民主集中制，使党内法规体系更加完善、制度执行更为严格、制度优势更好转化为治理效能。坚持贯彻民主集中制，必须讲政治。加强党的政治建设，必须坚持党对一切工作的领导，切实维护党中央权威和集中统一领导。要坚持党性和人民性的统一。必须始终保持自我革命精神，积极应对各种风险与挑战。

（二）紧紧抓住“法治体系建设这个总抓手”，坚持纪法贯通，深入推进党内法规制度建设

建设中国特色社会主义法治体系，建设社会主义法治国家，是全面依法治国的总目标。中国特色社会主义法治体系，既包括完备的法律规范体系、高效的法治实施体系、严密的法治监督体系、有力的法治保障体系，也需要形成完善的党内法规制度体系。将“党内法规制度体系”纳入“中国特色社会主义法治体系”具有重要的意义。党内法规制度建设体现了全面依法治国的根本要求，有利于促进中国特色社会主义法治体系的建设和实践探索。

党内法规制度建设贯穿于中国革命、建设和改革的全部历史进程

中，体现着党对共产党执政规律、社会主义建设规律和人类社会发展规律认识的不断深化。“党内法规既是管党治党的重要依据，也是建设社会主义法治国家的有力保障。”① 党的十一届三中全会提出“健全党规党法，严肃党纪”，党的十九届四中全会提出“突出坚持和完善支撑中国特色社会主义制度的根本制度、基本制度、重要制度”，无不深刻表明一个道理：适应时代和实践的要求，积极推动党内法规制度体系建设，才能够运用制度的力量应对风险挑战。坚持党的领导，是社会主义法治的根本要求，是党和国家的根本所在、命脉所在，是全国各族人民的利益所系、幸福所系，是全面推进依法治国的题中应有之义。只有在党的领导下依法治国、厉行法治，人民当家作主才能充分实现，国家和社会生活法治化才能有序推进。依法执政，既要求党依据宪法法律治国理政，也要求党依据党内法规管党治党。坚持依法治国和依规治党有机统一，在实践中就需要坚持纪严于法、纪法贯通。法律是对全体公民的要求，党内法规制度是对全体党员的要求。党章等党规对党员的要求比法律要求更高，党员不仅要严格遵守法律法规，而且要严格遵守党章等党规。党规党纪严于国家法律，党的各级组织和广大党员干部不仅要模范遵守国家法律，而且要按照党规党纪以更高标准严格要求自己，坚定理想信念，践行党的宗旨。全面推进依法治国，必须努力形成国家法律法规和党内法规制度相辅相成、相互促进、相互保障的格局，必须要尽快健全党内法规制度体系，推动依规治党、制度治党和依法治党一体化建设。

发挥依规治党对党和国家事业发展的政治保障作用，形成国家法律法规和党内法规制度相辅相成的格局，必须坚持以党章为根本构建党内法规制度体系，使党内法规制度与国家法律法规相衔接，使党内法规制

① 中共中央关于全面推进依法治国若干重大问题的决定．人民日报，2014-10-29（1）.

度体系与全面依法治国战略相协调。既要注意体现党章的基本原则和精神，符合国家法律法规，也要同其他方面法规制度相衔接，使实体性法规制度和程序性法规制度、综合性规定和专门性规定、下位法规制度和上位法规制度相互协调、相辅相成，提升法规制度整体效应。必须善于运用党内法规把党要管党、全面从严治党落到实处，促进党员、干部带头遵守国家法律法规。必须注重提高党内法规的执行力，提高党的建设科学化、制度化、规范化水平。依规治党深入党心，依法治国才能深入民心。

（三）始终坚持“维护制度的严肃性和权威性”，不断提高制度执行力，深入推进党内法规制度建设

制度的生命力在于执行，在于制度能够在实践中有效运转、发挥效能、产生影响。有了好的制度如果不抓落实，只是写在纸上、贴在墙上、锁在抽屉里，制度就会成为“稻草人”“纸老虎”。党内法规制度严肃性不足、权威性缺失，既有法规制度不健全、不完善的问题，例如法规条文过于原则、缺乏具体标准，法规之间缺乏衔接、相互脱节，法规内容过于笼统、“牛栏关猫”等；也有法规制度未能得到有效执行的问题，例如法规意识淡薄、缺乏制度素养，凌驾于法规制度之上、法规制度形同虚设，落实法规阳奉阴违、选择性执规执纪，违纪违规逃避惩戒、形成“破窗效应”。一分部署，九分落实。制定制度很重要，更重要的是抓落实。

提高制度执行力，要做到以下两点：首先要依法依规设定权力、规范权力、制约权力、监督权力，把权力关进制度的笼子里。如果没有党内法规的约束，没有宪法法律的约束，权力的滥用就会肆无忌惮。党内法规制度建设，要把权力运行的规矩立起来。能做什么事、不能做什么事，哪些事该这样做、哪些事该那样做，都要规定得清清楚楚。党内法规制度建设，要实现立治有体、施治有序、前后衔接、左右联动、上下配套、系统集成。制定制度要广泛听取党员、干部意见，从而增加其对制度的认同。其次要让制度、纪律成为带电的“高压线”，坚持执行制度没有例外，使制度对象心有所畏、言有所戒、行有所止。制度不在多，而在于精，在于务实管用，突出针对性和指导性。不留“暗门”、不开“天窗”，坚决纠正有令不行、有禁不止的行为，使制度成为硬约束而不是橡皮筋。

提高制度执行力，具体来说，包括以下几点：一是要强化法规制度意识。要通过党内的各种组织生活、党校系统的集中培训和专题培训、高校的专业教育，系统地开展党内法规制度宣传教育和学习，提高广大党员干部对于党内法规的认知水平，树立制度意识、规则意识，营造尊崇制度、遵守制度、捍卫制度的氛围。“关键少数”应当发挥模范带头作用，越是领导干部，越要自觉增强法规制度意识，善于依法规制度谋事、依法规制度管人、依法规制度用权，自觉维护法规制度的严肃性和权威性。二是要加大法规执行力度。党内法规一经制定，就要让铁规发力、让禁令生威、让保障生效，确保各项法规制度落地生根，维护法规制度公信力。“坚持法规制度面前人人平等、遵守法规制度没有特权、执行法规制度没有例外。”[①] 三是要加强监督检查。党内法规制定之后，怎样学习贯彻、怎么推动落实、怎样监督检查，决定了法规的执行效能。落实监督制度，加强日常督察和专项检查，用监督传递压力，用压力推动落实，对违规违纪、破坏法规制度踩“红线”、越“底线”、闯“雷区”的，要坚决严肃查处，才能够确保法规执行规范有序起作用。四是要健全问责机制。问责是提高法规制度执行力的强大动能。问责既要对事，也要对人，要问到具体行为者。只有严肃追究主体责任、监督责任、领导责任，才能够在新的伟大工程中充分展现党内法规的制度性

① 中共中央党史和文献研究院．习近平关于全面从严治党论述摘编：2021 年版．北京：中央文献出版社，2021：444.

力量。

（四）切实贯彻“守正和创新相统一”，持续深化经验总结与理论提升，深入推动党内法规制度建设与时俱进

中国共产党是一个善于不断总结长期以来形成的历史经验和成功做法并结合新的形势任务和实践要求加以创新的政党。思想建设的经验总结是如此，政治建设的经验总结是如此，制度建设的经验总结也是如此。例如《关于加强党内法规制度建设的意见》明确赋予副省级城市和省会城市党委在基层党建、作风建设等方面的党内法规制定权，为改革创新提供了坚实的保障，这方面的试点经验要及时总结。通过系统总结党内法规制度建设的实践探索和理论思考，看看哪些法规制度经过实践检验是必须长期坚持的，哪些是需要进一步完善并上升为制度规定的，哪些是需要结合新的情况继续深化的，及时地把比较成熟、普遍适用的经验提炼上升为制度。“行之有效的制度要坚持、要落实，同时要针对新情况新问题以改革创新精神补齐制度短板，健全制度，有力执行，真正使党的组织生活和党员教育管理严起来、实起来。”① 同时，要加强党内法规制度建设的理论研究和宏观设计，形成定期评估、清理、修订机制，该填充的填充，该链接的链接，该替换的替换。适应时代和实践的要求，使党内各项法规制度便利管用，在全面从严治党的过程中发挥更大作用，在变化中寻求稳定，持续推动党内法规制度建设实现与时俱进。“我们只有观察过去才能找到未来的智慧之光。过去的经验是我们得到关于未来智慧的唯一途径。”② 深入推动党内法规制度体系建设的经验总结与理论探索，要善于提炼和概括出具有中国风格、中国气派的

---

① 中共中央文献研究室．习近平关于全面从严治党论述摘编．北京：中央文献出版社，2016：36.

② 汤因比．变革与习俗：我们时代面临的挑战．吕厚重，译．上海：上海人民出版社，2016：3.

中国概念和话语。将中国经验上升到理论高度，有助于更好地理解中国自身的发展经验，有利于中国的国家治理现代化与未来发展[①]。具有坚实学理支撑的中国话语，一方面是对理论本身的丰富与发展，另一方面也拓展了与国际学术开展对话和交流的空间。中国的经验也只有放在世界和全球的框架中，才能够凸显出其自身价值和解释力。

实现党内法规制度建设与时俱进，要坚持“守正和创新相统一”。守正是创新的基础，创新使守正充满活力。坚持守正和创新相统一，体现了中国共产党运用党内法规管党治党的历史自觉。在百余年奋斗历程中，中国共产党始终坚持以马克思主义为指导，坚持以人民立场作为党的根本政治立场，坚持把马克思主义基本原理同中国具体实际相结合、同中华优秀传统文化相结合，坚持党要管党、全面从严治党，守正和创新始终贯穿于管党治党的实践主题之中，开辟了马克思主义政党建设与发展的新境界。在党内法规制度建设实践中，必须坚守党的性质宗旨、理想信念、初心使命不动摇，例如始终坚持以党章为根本依据，突出尊崇党章、贯彻党章、维护党章等。同时要以新的理念、思路、办法、手段解决好党内法规制度建设中存在的各种矛盾和挑战，例如坚持统筹协调，加强党内法规制度建设的顶层设计，推动党内政治生活和党内监督制度化、规范化、程序化，着力处理好新准则、新条例和老准则、老条例以及其他党内法规的关系，等等。

全面从严治党是完成党的初心使命的必然要求，党内法规制度建设是落实全面从严治党的治本之策。党的十八大以来，党内法规制度建设在制度规划、制度清理、制度建构和制度实践等方面取得了显著的进步，有效解决了党的领导弱化、党的建设缺失、管党治党不力等突出问题。全面从严治党的丰富实践又为党内法规制度创新完善和发展提供了

---

① 陈家刚．政治学研究中的中国经验．中共福建省委党校学报，2018（5）．

新鲜的资源，实践探索的成就不断转化为制度规范，实现了党内法规建设与时俱进。新时代党内法规制度建设迈上新台阶，还要在实践探索的基础上深化理论研究，围绕党内法规制度建设的哲学基础、理论结构、制度框架、体制机制和程序设计等内容，提炼出具有中国特色、中国气派的核心概念、基本原理，推动构建党内法规制度建设的话语体系、理论体系和学术体系。

中国共产党是有革命理想和铁的纪律的马克思主义政党，组织严密、纪律严明是党的优良传统和政治优势。党内法规制度是传承优良传统和发挥政治优势的坚强保障。党内法规制度建设，有利于体现无产阶级政党的性质，永葆党的先进性和纯洁性；有利于实现党的全面领导，维护党中央的集中统一领导；有利于推进党的自我革命，锻造强大的马克思主义政党；有利于实现自我净化、自我完善、自我革新、自我提高，加强长期执政能力建设，跳出治乱兴衰的“历史周期率”。党内法规制度建设，要不断适应时代和实践的要求，切实回答时代之问、人民之问、实践之问，为实现第二个百年奋斗目标和中华民族伟大复兴的中国梦提供坚实的制度保障。

第九章　党内法规制度建设评估：基本框架与技术路径

党内法规制度建设评估是党的制度建设的重要内容，主要是指对党内法规制度建设进行客观、科学的观察和评判，既包括对党内法规制度建设总体规划、制定过程的评估，也包括对党内法规贯彻实施和发展完善的评估；既包括对党内法规制定主体的评估，也包括对党内法规实施客体的评估；既包括基于客观数据的评估，也包括基于主观感受和认知的评估。党内法规制度建设评估，有利于正确认识党内法规制度建设的实际效果，有利于发现党内法规制度建设实践状态与目标状态的差距，有利于引导党内法规制度建设的发展方向，有利于彰显我国新型政党制度的优势，有利于推动党的建设学科的发展。党内法规制度建设评估，应始终坚持客观性、导向性、规范性和前瞻性的原则，建构科学系统的基本评估框架，并将体现无产阶级政党先进性和纯洁性、平等权利观念、从严要求、激发党内活力等内在精神价值贯穿于评估之中。

一、问题的提出

政党治理现代化的一个关键特征就是制度化。在当代中国的政治结构中，执政的中国共产党一方面要始终发挥着核心领导作用，不断地解决外在环境变化和内部关系调整所带来的问题，另一方面要顺应国家治理现代化和政党治理现代化的趋势，不断推动自身制度建设的规范性、实践性和前瞻性。党内法规制度建设是中国共产党推动实现政党治理现代化的重要基础。党内法规制度建设的水平和质量，决定着政党治理现代化的水平和质量。党内法规制度建设评估就是解决这一问题的重要手段。

在持续推动全面从严治党的背景下，中国共产党构建了以《中共中央关于加强党内法规制度建设的意见》为引领，以《中国共产党党内法规制定条例》、《中央党内法规制定工作五年规划纲要（2013—2017年）》和《中央党内法规制定工作第二个五年规划（2018—2022年）》为主干，以《中国共产党党内法规执行责任制规定（试行）》为支撑的党内法规制度建设总体架构。上述规范性文件和党内法规，对党内法规制度建设的基本原则、总体目标和基本结构进行了全面的规划和设计，同时也提出了对党内法规的执行或实施进行评估的要求，例如“对党内法规执行情况、实施效果开展评估”① 以及“积极开展党内法规实施后评估工作，并根据评估反馈情况及时修改完善相关党内法规”②。2019年发布的《中国共产党党内法规执行责任制规定（试行）》提出：“党内法规制定机关可以视情对党内法规执行情况、实施效果开展评估，督促党组织和党员领导干部履行执规责任，推动党内法规实施。”同时还进一步明确了应当列入实施评估范围的党内法规类型、开展专项评估或一揽子评估以及形成评估报告等具体方案③。

虽然目前党内法规制度建设规划所提出的评估具有高度的原则性，未对如何开展评估提出系统的、清晰的、可操作的路径和方案，但是学

---

① 中国共产党党内法规制定条例．人民日报，2019-09-16（3）．

② 中央党内法规制定工作五年规划纲要（2013—2017年）．人民日报，2013-11-28（10）．

③ 中国共产党党内法规执行责任制规定（试行）．人民日报，2019-09-16（4）．

术界的研究工作在此原则性规定的引导下进行了一些积极的探索。深圳大学研究者对评估研究进行初步梳理后指出：截至2020年，学界和相关实践部门已形成了7个较为系统的党内法规评估指标体系。这些指标体系的构建呈现出两个主要共性：一是“充分借鉴了发展相对成熟的立法后评估，构建的目的是通过党内法规实施后评估关照和回应党内法规的制定”。二是“现有党内法规评估指标体系呈现出指标趋同的明显特征。由于现有的指标体系带有强烈的法学逻辑和法学思维，党内法规文本质量评估在指标体系中占主导地位”①。从总体上讲，党内法规评估的研究具有非常重要的价值。其一，将评估工作纳入研究视野，既为党内法规制度建设提供了支持，也开拓了理论研究的新空间；其二，在初步研究的基础上，对党内法规评估指标体系进行了探索性的构建，从而为评估提供了基本的依据和标准；其三，评估工作的实际展开，进一步地检验了各种指标体系构建的科学性和适应性。例如中国人民大学法治评估研究中心在“党内法规体系”下设立了四个二级指标，并通过公众问卷、专家问卷和执业者问卷来了解群众对于党内法规的评价②。

从实际研究现状来看，党内法规评估还存在可以进一步完善的地方。第一，理论维度还需要进一步拓展。（1）目前研究成果对于为什么要开展党内法规制度建设的评估说理不透，评估的必要性不仅仅是因为党内法规制度规定有要求，更多的是评估能够促进制度完善、制度发展。（2）对于评估什么存在分歧。党内法规评估对象是谁？是党内法规的文本，还是文本的实施？是党内法规制定全过程，还是党内法规的实

① 林蓉蓉，谷志军．从文本质量到实施效果：党内法规实施后评估指标体系的构建．探索，2020（3）：98－106.

② 朱景文．关于党内法规实施及其效果评估的几个问题．陕西师范大学学报（哲学社会科学版），2019（4）：21－28.

施阶段？如何对规模庞大、类型多样、层次不同的党内法规开展评估？这些问题都需要从理论上解释清楚。(3) 对于评估要体现什么样的价值诉求需要深入探讨。党内法规本身所内含的精神价值，如何体现在评估之中？怎样的价值诉求能够更好地促进党内法规制度建设？

第二，指标体系设计的环节需要进一步完善。(1) 主观化评估倾向。虽然评估是对客观事实的一种评判，必然包含着人们的主观认知和评价的成分，但是对党内法规制度建设的评估，除主观测量例如单纯的被访者问卷调查、“了解被访者对法治特别是党内法规实施各个方面的评价，即对它们的主观感受”① 之外，还要注重客观的数据和绩效。评估要避免完全主观化的倾向。(2) 碎片化评估倾向。有研究提出，党内法规实施后评估的类型化是指按照不同的标准对实施后评估进行分析、拆解，并进行具体分类和构建类型化体系的过程②，也就是说，根据不同的党内法规，分类进行评估。党内法规规模庞大、领域不同、层次不同的客观事实，不能作为“很难通过同一套指标体系进行统一的评价”③ 的理由。如果分类评估，不仅需要构建多样化的评估标准和指标体系，而且评估结果会因为缺乏统一的基础而无法进行充分的比较，无法对党内法规制度建设提出更具有指导性的建议。(3) 单纯质量评估倾向。党内法规评估既包括评估法规文本，也包括评估法规的实施，还应当关注到行为主体。但目前的法规指标体系，或者文本质量评估的指标占比过大。例如，在某研究者设计的指标体系中，29 个二级指标中涉及文本质量的指标数量是 23 个，约占 79.31%；在另一项指标体系的 56 个二级指标中，文本质量评估相关的指标高达 89.29%④。

---

① 朱景文．关于党内法规实施及其效果评估的几个问题．陕西师范大学学报（哲学社会科学版），2019（4）：21－28.

②③ 王建芹，王钰．党内法规实施后评估类型化研究．理论与改革，2019（4）.

④ 林蓉蓉，谷志军．从文本质量到实施效果：党内法规实施后评估指标体系的构建．探索，2020（3）：98－106.

第三，基于评估指标的实践评估还存在一定的滞后性。虽然研究者设计了一系列的指标体系，但是真正在实践中操作并加以检验的，还是少数。中国人民大学法治评估研究中心 2015—2017 年连续 3 年对全国各地 28 个省市自治区中国法治满意度进行评估，其中包括对党内法规的评价进行问卷调查①。2017 年，重庆市委以《关于党政机关领导班子主要负责人不直接分管人财物等工作的暂行规定》为对象，“首次探索开展了党内法规执行效果评估工作”②。有关党内法规评估指标体系在实践中的应用还需要进一步推动。

推动党内法规制度建设的评估，需要深入分析和探讨一系列具有密切相关性的问题。例如从理论上阐释清楚评估对象，即仅仅对“党内法规的文本及其实施效果”进行评估，还是围绕“党内法规制度建设”进行评估。如果围绕党内法规制度建设进行评估，还需要从理论上解释清楚为什么要开展党内法规制度建设的评估，其内在逻辑是什么，同时，也需要明确党内法规制度建设的价值取向、基本框架和基本原则等问题。

二、评估什么：党内法规制度建设

党内法规制度建设是党的建设的重要内容。党内法规制度建设得怎么样，自然会受到普遍的关注和重视。这就涉及对党内法规制度建设的状况进行评估。明确评估对象是进行评估的先决条件。对不同的评估对象，采用的评估方式不同，得出的评估结果不同，对于推动党内法规制度建设的实际效果也不相同。

---

① 朱景文．关于党内法规实施及其效果评估的几个问题．陕西师范大学学报（哲学社会科学版），2019（4）：21－28.

② 重庆市委办公厅法规处．用好效果评估 推动制度落实：重庆市委开展党内法规执行效果评估的实践与探索．秘书工作，2017（2）.

已有的党内法规评估研究主要包括以下几个方面：一是从过程角度来看，主要是“对党内法规执行情况、实施效果开展评估”[①] 和“党内法规实施后评估工作”[②]。二是从评估内容来看，主要针对的是“法规文本质量”“党内法规制定质量”[③]。三是从评估方式来看，主要是由“党内法规制定机关”来组织的，采取“专项评估”或“一揽子评估”等方式进行，最终要形成评估报告等[④]。但是，上述视角都存在需要拓展的环节。从过程看，党内法规制度建设既包括执行和实施，也包括规划、计划和制定这些环节，同时还包括进一步完善的环节。评估如果不是全过程的，那么就无法真实地展现制度建设的状况。从内容看，党内法规制度建设既包括党内法规文本质量的建设，也包括文本贯彻落实的质量的建设。评估如果仅仅关注静态结构和形式，而不聚焦动态过程与进程，同样无法深入探讨制度建设的状况。从方式看，党内法规制度建设既包括建设法规制度，也包括约束法规制度规范下的行为者，这些行为者既有领导者、组织者和实施者，也有参与者、遵守者和执行者。评估如果局限于制度，而忽略了制度中的人，如果依然由制定机关进行自我评估，而不开放第三方的社会评估，同样也无法客观分析制度建设的状况。因此，评估应该超越“党内法规”本身而聚焦“党内法规制度建设”。

第一，党内法规制度建设评估，意味着从时空两个方面对党内法规制度建设进行科学评判。中国共产党 1921 年成立至今，党内法规制度建设像一根红线贯穿党的建设全过程，是提高党的建设质量的重要保障。党内法规制度建设有两个显著特征。一是时间性，体现纵向发展历程，不仅包括法规制度的建立健全，还包括法规制度的完善与发展。从

① 中国共产党党内法规制定条例. 人民日报，2019-09-16 (3).

② 中央党内法规制定工作五年规划纲要 (2013—2017 年). 人民日报，2013-11-28 (10).

③ 王建芹，李羿的，杨佳成. 党内法规实施后评估指标体系的构建. 中共天津市委党校学报，2019 (5).

④ 中国共产党党内法规执行责任制规定 (试行). 人民日报，2019-09-16 (4).

总体上讲，党内法规制度建设的全过程可以分为党内法规的规划、制定、宣传学习、实施等重要阶段。而从单一法规制度来看，全过程主要包括计划、组织起草、前置审核、审议批准、审核签批、公开发布等各个环节。二是空间性，体现横向建设布局，包括中央党内法规制度的建设，也包括地方党内法规制度的建设，还包括中央授权的特定主体在某些领域制定党内法规的探索。因此，对党内法规制度建设进行全方位的评估，才能够从整体上掌握主要信息、把握基本动态。

第二，党内法规制度建设评估，意味着对党内法规制度建设中的“制度”和“行为者”进行双重评估，既要评估党内法规制定质量、文本质量，也要评估制度建设过程中各方行为者的认知和态度。“党内法规是党的中央组织，中央纪律检查委员会以及党中央工作机关和省、自治区、直辖市党委制定的体现党的统一意志、规范党的领导和党的建设活动、依靠党的纪律保证实施的专门规章制度。”① 这种专门的规章制度，在名称上表现为党章、准则、条例、规定、办法、规则、细则。但是，除了上述专门的制度规范，党内法规制度建设还应该包括党内的规范性文件，以及相关的具体管理制度。“规范性文件，指党组织在履行职责过程中形成的具有普遍约束力、在一定时期内可以反复适用的文件。”② 规范性文件在党内也具有普遍约束力。这样，就进一步拓展了党内法规制度建设评估的范围，也就可以在更为系统的层面深入推进党的制度建设。另外，党内法规制度建设的过程，是充分发扬党内民主、集中党内智慧的过程。其最基本的要求是：“要坚持走群众路线，深入实际、深入基层进行调研，充分听取各方面意见，切实做到集思广益。”③ 制度评估也要从关注制度本身延伸到关注制度背后的“行为

---

① 中国共产党党内法规制定条例．人民日报，2019－09－16（3）.

② 中国共产党党内法规和规范性文件备案审查规定．人民日报，2019－09－16（3）.

③ 中央党内法规制定工作五年规划纲要（2013—2017年）．人民日报，2013－11－28（10）.

者”，这个“行为者”既包括党的组织，也包括党员和党员领导干部。

第三，党内法规制度建设评估，意味着评估必须是在遵循客观数据与事实基础上的主观认知和感受。评估不只是为了了解和掌握人们对于党内法规及其实施的主观认知和感受。首先，需要对党内法规制度建设的客观事实进行评判。例如党内法规的完备程度如何，基础主干党内法规是否健全，配套的党内法规是否系统，实践需要的党内法规是否出台，制度质量是否有提高，执行力是否明显提升，系统性、整体性、协同性是否明显增强，等等。其次，需要对党内法规制度建设过程中党内民主发扬到何种程度做出评判。例如在采取不同方式征求特定范围意见的环节，党员、党员领导干部或者群众参与法规制定过程的程度如何。最后，需要对党内法规制度背后的“人”的主观感受做出评价。例如在党的组织和各级机关执行党内法规的过程中，组织党内法规学习情况如何，宣传教育情况如何，党员、党员领导干部对于党内法规的认知、感受和评价如何，甚至在某些环节还应该对民主党派和部分党外群众的感受做出评价。将客观的数据与主观的认知结合起来进行党内法规制度建设的评估，既可以避免单纯的主观评估因为缺乏事实依据而可能出现臆测或者认识偏颇，也可以避免纯粹的客观评判因为忽视制度中的“人”而使法规制度缺乏活力和动力。

党内法规制度建设的评估，是全过程、多侧面、成体系的评估。其着力点在于总体结构、系统过程、宏观绩效的评估。需要注意的是，党内法规制度建设的评估，不同于党内法规制定过程中的“前置审核”，也不同于党内法规和规范性文件报备过程中的“审查”。前置审核和审查重点是根据政治性、协调性、针对性、规范性等要求对具体的党内法规文本形式进行审核，是党内法规制定过程中的审核环节、法规和规范性文件报备过程中的审查环节。《中国共产党党内法规制定条例》第二十七条规定的审核内容，以及《中国共产党党内法规和规范性文件备案审查规定》第十一条所明确的审查内容，不应当成为评估的直接依据。例如，法规或规范性文件的“名称使用是否适当，体例格式是否正确，表述是否规范”不应当作为党内法规制度建设评估的标准；法规或规范性文件内容方面的政治性审查、合法合规审查，也不应当作为评估的标准。党内法规制度建设评估应该侧重于是否坚定推动党内法规的实施，以及实施过程是否存在不协调、相冲突的情况或环节。

三、为什么要进行党内法规制度建设评估

加强党内法规制度建设，是全面从严治党、依规治党的客观要求，是建设中国特色社会主义法治体系的重要内容，是推进国家治理现代化的重要保障，事关党的长期执政和国家的长治久安。从理论上梳理清楚为什么要开展党内法规制度建设评估，搞清楚党内法规的制定是否科学、执行是否有力、效果是否显著，对于做好评估体系建设和开始评估实践工作、推进党内法规制度建设的完善和发展具有重要的意义。

第一，开展党内法规制度建设评估，是实现党内法规制度体系建设目标的重要内容。2013 年印发的《中央党内法规制定工作五年规划纲要（2013—2017 年）》提出了“到建党 100 周年时全面建成内容科学、程序严密、配套完备、运行有效的党内法规制度体系”建设目标，其中，明确要求建立健全“解释评估机制”并有效运行[①]。推进党内法规制度建设评估工作，构建党内法规制度建设评估框架，是实现制度建设目标的重要内容和环节。同时，根据《中共中央关于加强党内法规制度建设的意见》的要求，“到建党 100 周年时，形成比较完善的党内法规制度体系、高效的党内法规制度实施体系、有力的党内法规制度建设保

① 中央党内法规制定工作五年规划纲要（2013—2017 年）．人民日报，2013－11－28（10）．

障体系”[①]。上述各种制度体系建设状况如何，是否涵盖了党的建设和党的工作主要领域，是否适应管党治党的现实需要，也只有凭借科学客观标准的评价，人们才能够做出合理的判断和分析。另外，党内法规制度实践取得了怎样的成绩、形成了怎样的经验，也需要通过科学的评估，才能以此为基础总结提炼具有普遍的规律性的逻辑。积极开展党内法规制度建设评估，既是我们认识和评价制度现状与实效的重要前提，也是推动党内法规制度建设体系化，使党内生活更加规范、党内民主更加完善、权力运行受到更加有效的制约和监督的重要条件。

第二，开展党内法规制度建设评估，有利于引导党内法规制度建设的发展方向。一般来说，所有类型的评估都具有鲜明的导向性。党内法规制度建设的评估，不管是理论研究，还是评估框架和指标体系的构建，实质上都遵循一定的政治价值导向，而且在很大程度上反映着政治文明的发展趋势。首先，中国共产党是无产阶级性质的政党，党内法规制度建设评估，要体现出无产阶级政党所内含的先进性、纯洁性的要求，体现出纪律严明、从严治党、有效约束权力的价值导向。其次，中国共产党是掌握着国家权力的现代政党，现代政党是依靠规则建立起来的，在国内的活动有宪法和法律的约束，在党内有党章和纪律的约束，党内法规制度建设评估，要体现出法治意识、制度意识和规则意识的价值导向。最后，对于中国共产党来说，党内民主是党的生命。党内民主的实现程度如何，体现了政党治理现代化和文明进步的程度。党内法规制度建设评估，要体现出党内平等观念、党员权利保障、党员利益表达、党内政治参与、党内激励机制等价值导向。从总体上讲，严格约束自己、充分发扬民主、激发党内活力最终都要服务于无产阶级性质政党的最高目标，即实现人的自由与解放。

① 中共中央印发《关于加强党内法规制度建设的意见》. 人民日报，2017－06－26（1）.

第三，开展党内法规制度建设评估，有利于分析和评判党内法规制度建设现实与理想的差距，明确制度建设的改革路径。从法规制定来看，理想的状态是抓住质量这个关键环节，“保证每项党内法规制度都立得住、行得通、管得了”[①]。从体系建设来看，理想的状态是形成结构化的党内法规制度体系、实施体系和保障体系。从目标要求来看，理想的状态是为国家治理现代化提供坚强保障，实现党长期执政和国家长治久安。但是，在目前的党内法规制度建设实践中，还存在一定程度的“观赏性立法”和“盆景式”法规，“牛栏关猫”的制度设计也导致实施绩效不佳。党内法规制度建设评估就是要具体地衡量制度建设的这种现实与理想要求的差距，发现法规制度建设中存在的问题，走出党内法规的绩效困境，化解党内法规动力难题，收集完善法规制度建设的建议，深入思考党内法规的改进路径，从而更好地推动党内法规制度建设。

第四，开展党内法规制度建设评估，有利于彰显我国新型政党制度的优势，讲好中国政党治理的故事，丰富和发展世界政党模式。现代政治的一个重要特征就是政党政治，不同的国家，政党模式会因为历史传统和国情的差异而呈现出不同的特征。各种不同的政党模式共同构成了世界政党模式的文明成果。中国共产党领导的多党合作和政治协商制度是我国的政党制度，是新型政党制度，是世界政党模式的重要一极。但是，怎样更好地展示这种新型政党制度的优势呢？只有构建既符合一般规律又体现特殊性的评估框架和指标体系，才能够展现政治话语和政治评价的多样性选择，拓展政党间的合作与交流；才能够发现不同国家之间在政党模式和治理方式方面的异同，学习借鉴不同政党制度建设有益成果；才能够更好地尊重和包容不同政党治理模式，推动政党治理现代化进程。

---

① 中共中央印发《关于加强党内法规制度建设的意见》. 人民日报，2017-06-26（1）.

第五，开展党内法规制度建设评估，有利于推动党的制度建设理论研究，进而推动党的建设学科的发展。党内法规制度建设是党的制度建设的重要体现，是党的建设学科的重要方向和维度。推动科学的党内法规制度建设评估，是将党的建设学科概念、理论规范和基本观点与现实政治分析相结合的过程，是检验并提升政治理念的过程，实际上也是将政党治理的理念与现实运作机制相结合的过程，是检验、完善政党制度和治理模式的过程。党内法规制度建设评估过程，是运用科学的评估方法，将客观数据、案例和素材与主观认知、感受和评价有机结合的过程。评估，从一个侧面为党的建设学科、党内法规制度研究奠定了坚实的方法论基础，使党的建设研究成果更具说服力、权威性和影响力。

四、使党内法规制度建设评估运转起来

使党内法规制度建设评估运转起来，需要从三个方面着手。其一，明确党内法规制度建设评估的主要原则；其二，构建党内法规制度建设评估的基本框架，并以此为基础形成具体的评估指标；其三，构思党内法规制度建设评估的基本路径，并付诸实施。

（一）党内法规制度建设评估的主要原则

1. 客观性原则

党内法规制度建设评估，是针对党内法规制度建设的客观事实以及对这种事实的主观认知和感受的评判。这种事实包括党内法规所赖以存在的制度环境、党内法规制度文本及其实施、具体的组织和人的活动、党内外各种关系及其变化以及针对党内法规的认知和感受，它们是党内法规制度建设评估的基础维度。同时，这种事实还包括党内法规制度建设的实践取得了哪些成效、改进了哪些方面的工作，党内法规制度建设实践中存在的不足和挑战，例如基础主干法规尚未健全、配套法规出台

不及时，规模越来越庞大而质量有待提高，法规制度建设滞后于管党治党的实践需求，等等。客观性原则要求对党内法规制度进行具体的、实事求是的、理性的分析和判断。

2. 导向性原则

党内法规制度建设评估要坚持目标导向，紧紧围绕党和国家的中心工作大局。既要突出党的制度建设本身的内容，也应当反映党的建设整体工作和党在国家政治生活中的领导作用。《中央党内法规制定工作五年规划纲要（2013—2017 年）》和《中共中央关于加强党内法规制度建设的意见》都明确提出了党内法规制度建设的目标，所以，党内法规制度建设的评估工作也要围绕这个目标展开，使评估有利于推动制度建设目标的实现。而且，评估是为了改进工作，党内法规制度建设评估还要明确问题导向，要将实践本身存在的“问题清单”作为评估重要内容，实现以评促改，进一步完善党内法规制度。另外，党内法规制度建设评估还要遵循价值导向，既要检验党内法规制度内涵的价值是否得以体现，也要在评估过程中坚持公平公正客观的准则。

3. 规范性原则

党内法规制度建设评估既要坚持形式规范性，也要坚持实质规范性。前者意味着评估的框架和指标体系简便、实用，具有可操作性，数据材料容易获得，评估活动切实可行。根据不同的评估维度、评估重点、评估内容，评估机构可以设计出包含几十上百个具体指标的评估框架，也可以做到全覆盖。但是，科学的评估并非指标数量越多越好，而是抓住若干核心环节、关键指标。后者意味着要符合党的制度建设的基本规律，符合党内法规制度建设的目标，同时符合评估的基本逻辑和规律。要将无产阶级政党先进性和纯洁性、平等权利观念、从严要求、激发党内活力等内在精神价值贯穿于评估过程之中。

4. 前瞻性原则

党内法规制度建设评估，既要回应现实需求，解决现实问题，也要聚焦未来发展，把握方向和趋势。前瞻性原则着力于三个方面的核心内容。其一是在立足管党治党的现实需求推进建章立制的基础上，谋划管党治党的整体设计。其二是立足国家治理现代化建设目标的实践要求，着力克服困难和弥补短板，增强党内法规制度建设的预见性。其三是立足人类政治文明建设的大趋势，使党内法规制度建设的价值规范、制度品质、实践经验有助于丰富人类政治文明成果。

（二）党内法规制度建设评估的基本框架

1. 党内法规制度建设评估的主要维度

确立党内法规制度建设的评估框架，主要包括四个维度以及由此衍生的若干重点关注的内容。第一，合法性，主要考察党内法规制度建设是否实现依法治国与依规治党的有机结合。“制度合法性，主要是指制度在社会层面存在的法理与价值基础。”[①] 党内法规制度建设要符合全面依法治国的要求，党必须在宪法法律范围内活动，任何人和组织不得凌驾于宪法法律之上；党内法规制度建设要遵循依规治党的要求，中国共产党章程是最根本的党内法规，是党内法规的总依据；党内法规制度建设要体现全党的意志，要得到广大党员干部的认同和支持。第二，完备性，主要考察党内法规制度建设是否实现系统化和结构化。例如比较完善的党内法规制度体系、高效的党内法规制度实施体系、有力的党内法规制度建设保障体系是否形成，根本性的党内法规、主干型的党内法规、配套型的党内法规和辅助型的党内法规是否协调，组织法规制度、领导法规制度、自身建设法规制度和监督保障法规制度是否齐备，中央党内法规和地方党内法规制度建设是否同步。从制度运行逻辑来看，即是否“同时满足自相容、自运行、自成长”[②] 三个要求。第三，实效

---

① 辛鸣．制度论：关于制度哲学的理论构建．北京：人民出版社，2005：15.

② 宋功德．党规之治．北京：法律出版社，2015：294.

性，主要考察党内法规制度建设的可执行性与实践效果。具体来讲，党内法规制度建设的实效性通过以下三个方面来衡量：党内法规的制定是否符合实际需要、是否能够执行到位并解决突出问题、是否取得党内外满意的效果。第四，责任性，主要考察责任担当和违纪违规的问责。一方面，义务性规定衡量党组织、党员领导干部和党员个体在贯彻落实和执行党内法规方面的职责，是否在自身之责任范围内履行了领导、实施、检查督促、贯彻执行等责任。另一方面，惩戒性规定衡量违纪违规的责任追究和问责。具有明确回应性和责任性的制度才能够规范和引领党的建设实践。

2. 党内法规制度建设评估框架构想

目前作为研究成果提出的党内法规评估指标体系，总的特点是希望尽可能地覆盖党内法规制度建设的方方面面，由此也就产生了实际上的一级指标不在同一维度、二级指标偏重某一方面、关键测量指标不突出、指标数据来源不清楚等问题。因此，为了更好地推进党内法规制度建设评估，这里提出一个初步的评估框架（见表 9-1）。

表 9-1　党内法规制度建设评估框架

序号	评估维度	评估内容	评估属性	数据来源
1	合法性	是否违反宪法和法律	客观	文本/案例
		是否与相关法律相协调	客观	文本
		是否遵循党章和上位法规	客观	文本/案例
		是否广泛听取党内意见建议	客观/主观	文本/问卷
		是否广泛听取党外意见建议	客观/主观	文本/问卷
2	完备性	制度/实施/保障体系是否完备	客观	文本
		根本性/主干型/配套型/辅助型法规是否协调	客观	文本/案例
		组织/领导/自身建设/监督保障法规是否齐备	客观	文本
		中央、地方党内法规是否同步	客观	文本/案例

续前表

序号	评估维度	评估内容	评估属性	数据来源
3	实效性	是否及时发布	客观	文本
		是否纳入党校、干部学院培训课程	客观/主观	文本/问卷
		是否开展广泛的学习讨论	客观/主观	文本/问卷
		是否有具体的贯彻落实部署措施	客观	文本
		是否有效解决存在的突出问题	客观/主观	文本/问卷
4	责任性	党委（党组）是否切实履职尽责	客观	文本/案例
		督促检查措施是否明确	客观/主观	文本/问卷
		党员个体是否有明确的规则意识	主观	问卷
		违纪违规是否及时追究和处理	客观	文本

党内法规背后反映着特定的政治关系，例如党内关系，政党与国家、政党与社会的关系。这些关系也必然会在党内法规制度建设的评估中体现出来。党内法规制度建设评估框架的设计，既要反映制度建设的基本理念和价值诉求，也要包括体制机制的具体建构，既要有客观基础，也要有主观认识。而要真正开始评估活动，还需在评估框架基础上设计出科学化的指标体系，确保评估内容的科学性和评估结果的可靠性。但是，编制出行之有效的指标体系是非常困难的工作。党内法规制度建设评估指标的编制，与我国的国情有很大关系，与我国新型政党制度的特殊性有很大关系，同时也与理论研究的价值取向、研究能力有很大关系。构建党内法规制度建设评估指标体系，需要深入的研究和艰苦的探索。

（三）党内法规制度建设评估的基本路径

1. 自我评估与社会评估相结合

2012 年发布的《中国共产党党内法规制定条例》第三十二条规定："党内法规制定机关、起草部门和单位可以根据职权对党内法规执行情况、实施效果开展评估。”[①] 而2019年修订的《中国共产党党内法规制定条例》第三十六条规定，“坚持制定和实施一体推进，健全党内法规执行责任制，加大党内法规宣传、教育、培训力度，对党内法规执行情况、实施效果开展评估，加强监督执纪问责，确保党内法规得到有效实施”[②]，删除了“制定机关、起草部门和单位”的字样。评估工作由“制定机关、起草部门和单位”组织实施，属于自我评估，通过评估加强对党内法规实施和效果的督促检查。除了上述机关和单位，其他机构例如高校、科研机构、智库机构等也可以开展第三方独立评估。自我评估与社会评估相结合，可以将自我检查、自我督促与社会评估、社会监督有机统一起来，更好促进党内法规制度建设。

2. 主观认知与客观事实相结合

党内法规制度建设评估，既要反映党内法规制度建设的客观实际，例如出台的法规数据、实施情况、实际效果，也要反映党政官员、普通党员、社会大众对党内法规制度的主观认知。因此，党内法规制度建设评估要坚持主观评价与客观评估相结合，对评估结果的研究应坚持定性分析与定量分析相结合，以及保证具有可持续性的动态评估与静态评估相结合。只有这样，才能够提高评估指标体系的可操作性和可行性，有利于收集汇总法规制度数据资料，提升理论探讨和实证研究的信度与效度，增强对于制度实践的引导力。

3. 突出重点与保持平衡相结合

党内法规制度建设评估涉及方方面面，需要评估的内容也非常多，如果平均用力，指标权重设计平均化，则实现不了评估的目标。因此，评估要有重点。一般来说，党内法规制度建设有两个重点内容，一是法

---

① 中国共产党党内法规制定条例．人民日报，2013-05-28（6）.

② 中国共产党党内法规制定条例．人民日报，2019-09-16（3）.

规制度本身，二是法规制度的制定实施及效果。评估框架和指标体系建设应该突出这两方面的权重，其他则起支撑和辅助作用。同时，党内法规制度建设评估要保持平衡，即实体法规与程序法规的平衡、权力与责任的平衡、权利与义务的平衡、约束与激励的平衡、时间与空间的平衡。

4. 立足实际与学习借鉴相结合

评估工作既需要客观的标准，又体现着特定的价值导向。党内法规制度建设评估，应立足中国改革开放的实际和新型政党制度建设的实际，同时要充分借鉴较为成熟的评估经验。中国的政党制度、政党运作机制具有自己的特色，明显不同于其他国家的政党模式。对执政党的党内法规制度建设进行评估，要最大限度地反映中国的实际和特色。同时，建构一个评估框架和指标体系，还应吸收借鉴已有的优秀文明成果，应该反映人类社会政治发展的基本规律和共同价值，并使之具有可比较性、可借鉴性、可分析性，从而对丰富和发展人类文明有所贡献。

党内法规制度体系是我国社会主义法治体系的重要组成部分，党内法规制度建设是一个具有自身价值准则、内在逻辑和运行特点的制度构建过程。党内法规制度建设评估，既有助于执政党改进和完善党内法规制度建设，也有利于普通民众观察、分析和评价执政党建设之实际，还能够为理论研究和学术讨论提供充分的资料与素材。党内法规制度建设评估，要避免使人们只看到问题的一面，而忽略执政党在法规制度建设方面所付出的努力；避免局限于对既有工作的总结性评论与分析，而不对未来发展进行测量；避免在纵向横向比较评估之后缺乏对于完善和发展的具体部署。只有这样，才能够进一步推进党内法规制度体系的完善与发展，进一步推进中国特色社会主义法治体系建设。

第十章　党内法规学：构建全面从严治党的知识逻辑

在长期的生产活动中，人类逐渐积累了关于自然、社会和自身的各种不同经验以及形成了基于经验的差异性认知。随着对于客观现实之认识的持续性积累，就产生了对这种认识的抽象与概括，进而就形成了知识和知识体系。学科是关于知识体系的类型学划分。新的实践产生新的知识，新的知识形成新的学科，学科的发展、变化和完善是实践和时代的产物。在对现实提出的问题做出回应的过程中，新的知识、理论和学科就会应运而生。作为以马克思主义为指导思想的无产阶级政党，中国共产党在革命、建设和改革的历史进程中关于党的领导和党的建设等问题的实践探索与理论思考，产生了对于中共党史党建学科建设的需求；而中国共产党关于党的领导和党的建设的制度实践与理论思考，则产生了对于党内法规学的需求。适应时代、实践和理论要求，亟须积极推动党内法规学的建设和发展。

一、党内法规学应运而生的内在逻辑

当我们讨论学科和学科建设的时候，既意味着作为相对独立的知识体系和话语范畴的对象性存在，也意味着围绕这种知识和话语的组织、研究、教学与传承。党内法规学是以中国共产党的党内法规制度建设及其内在规律作为研究对象的专门学科。党内法规学的兴起与发展，体现了历史逻辑与现实逻辑的统一、政党逻辑与国家逻辑的结合、理论逻辑与学术逻辑的契合。

（一）党内法规学既是中国共产党制度建设历史演进的必然结果，也是新时代党内法规制度建设的现实要求

中国共产党是一个高度重视制度建设并坚持通过制度建设严格要求自己的政党。1921年，党的一大通过了具有党章性质的《中国共产党第一个纲领》；1922年，党的二大通过了第一部《中国共产党章程》。新民主主义革命时期的创设与奠基、社会主义革命和建设时期的发展与波折、改革开放和社会主义现代化建设新时期的重塑与改革、中国特色社会主义新时代的成熟与定型，生动地展现了党内法规制度建设不断演进的历史政治过程。中国特色社会主义进入新时代，《中央党内法规制定工作五年规划纲要（2013—2017年）》《中共中央关于加强党内法规制度建设的意见》《中央党内法规制定工作第二个五年规划（2018—2022年）》《中央党内法规制定工作规划纲要（2023—2027年）》等先后印发，党内法规制度建设的任务书、路线图、时间表更加明确。比较完善的党内法规体系已经形成。学习和研究中国共产党历史，一方面要在经验总结的基础上科学认识中国共产党的党内法规制度建设，另一方面要从理论上就“党内法规与全面从严治党”“党内法规与国家法律的关系”“党内法规制度建设应然与实然的张力”等问题给予有说服力的回答。

（二）党内法规学既是中国共产党加强自身建设、实现政党治理现代化的内在要求，也是推动国家治理现代化的现实需要

“政党是现代民族国家中最有效的政治实体”[①]，是国家政治生活的

---

① 沃拉斯．政治中的人性．朱曾汶，译．北京：商务印书馆，2009：54.

中心。在世界各国政党治理的实践中，制度问题是共通性的因素。制度表达的价值观念是人们形成政党认知、评判的重要依据。无产阶级政党，“制定一个原则性纲领”，“就是在全世界面前树立起可供人们用来衡量党的运动水平的里程碑”①。党内法规制度是中国共产党内部的规矩、纪律和规范，但它同时具有强烈的外部效应，即通过党的建设的规范化、制度化、程序化，通过党的领导干部和广大党员行为的规范化，增强政党认同和支持。国家治理现代化是在坚持和完善中国特色社会主义制度的基础上，不断增强制度运行能力的过程。国家治理现代化既包括国家治理体系的现代化，也包括国家治理能力的现代化。实现国家治理现代化，必须加强和改善党的领导，充分发挥党总揽全局、协调各方的领导核心作用。中国共产党的党内法规制度建设，既要建构系统完备、科学规范的党内法规制度体系，也要在党的领导和党的建设实践中使这些制度有效运转起来，进而在实现政党治理现代化的基础上推动实现国家治理现代化。

（三）党内法规学既是中国共产党理论创新的需要，也是哲学社会科学发展的必然趋势

“理论在一个国家实现的程度，总是决定于理论满足这个国家的需要的程度。”② 坚持理论创新是中国共产党百余年奋斗的宝贵经验。中国共产党带领人民艰苦奋斗、开拓创新，取得辉煌成就，根本就在于不断推进理论创新并且善于用新的理论指导新的实践。回答“建设什么样的党、怎样建设党”这个理论命题是中国共产党理论创新的重要内容。党内法规学建设，能够为党的领导和党的建设理论创新提供坚实的学理支撑。而中国共产党百余年历程中制度建设的经验积累、当下推进全面

---

① 马克思，恩格斯．马克思恩格斯文集：第 3 卷．北京：人民出版社，2009：426.
② 马克思，恩格斯．马克思恩格斯选集：第 1 卷．2 版．北京：人民出版社，1995：11.

从严治党的制度实践以及未来发展对于制度的要求，实际地使党内法规学的建设成为新时代哲学社会科学发展的重要任务。党内法规学首先使中共党史党建学科建设更加体系化，结构更加平衡，同时使法学学科建设明晰了新的思考边界，使政治学学科建设丰富了自身的知识基础。党内法规学的知识、规范和话语对于立足中国实际，解决中国问题，不断推动知识创新、理论创新、方法创新，建构中国自主的知识体系，推动形成中国特色哲学社会科学具有重要价值。

二、党内法规学面临的多维挑战

正如其他任何一门新兴学科面临的情势一样，党内法规学也面临着各种挑战。这些挑战主要来自人们的观念认识、学科知识基础和知识体系建构等维度。

（一）党内法规学的定位尚未达成完全共识

早在 2011 年，就有学者指出，一门称为党内法规学（或简称党规学、党法学）的学科的诞生是必然的，只是时间迟早、慢快问题，一切取决于相关研究人员和实务人员的热情、经验积累和认识成熟程度[①]。正因为党内法规学是一门兴起不久的学科，在归属与定位这个问题上就存在着差异性的认识和主张。

第一，作为独立的一级学科的党内法规学。党的十八大之后学术界对党内法规和党内法规制度建设的研究，多集中于党内法规制度本身，如概念、文本、历史和实践等主题。从学科建设角度开展的研究并不多见。2024 年 3 月，在中国知网，以“篇名”检索“党内法规学”得到的发表文章中，有 14 篇在实际地讨论学科建设问题，而以“主题”检

① 叶笃初．党内法规建设述略：为纪念中国共产党诞生 90 周年而作．江汉论坛，2011 (7).

索“党内法规学”得到的文章只有27篇。这些研究成果首先主张党内法规学作为独立的一级学科。“由于党内法规学具有独立的研究对象、独特的学科价值和专门的研究方法，因此其已具备成为独立学科的学科基础。”[①] 把党内法规学作为“研究方向”或者任何一级学科下的“二级学科”，都无法适应党内法规在管党治党中的重要地位。党内法规学必须是区别于法学、政治学、马克思主义理论等学科以外独立的一级学科，这是党内法规学应有的学科建制定位[②]。党内法规制度具有相对独立性，自成一体，“党规理论研究有必要、有可能成为一门独立的学问和学科”[③]。

第二，作为二级学科的党内法规学。“党内法规学作为一门新学科的出现，为国内法学研究、政治学研究乃至历史学研究等多个学科的研究提供了新的研究方向。”[④]（1）法学一级学科下的二级学科。有研究主张：“把党内法规作为法学的二级学科，从师资队伍、人才培养、科研平台和学术研究等方面着手建设。”[⑤] 有学者指出，党内法规现象是一类政治现象、制度现象，但本质上是一类特殊的法现象，“从学科的归属而言，应将之纳入法学学科”[⑥]。（2）多学科下的二级学科。党内法规学科应当作为“政治学、党建学或者法学的一个分支学科”[⑦]，或者说，“在法学及政治学一级学科目录中明确设置党内法规的二级学科”[⑧]。更明确的观点是，“可以直接把‘中国共产党党内法规’作为二级学科或者采用更具包容性的概念——‘中国特色政党制度’作为二级

---

①② 周叶中，邵帅．党内法规学学科独立论．江汉论坛，2020（8）．

③ 宋功德．党规之治．北京：法律出版社，2015：432．

④ 马彦，刘长秋．作为新学科的党内法规学：研究现状、学科成因与发展趋向．观察与思考，2018（5）：70－76．

⑤ 姬亚平．论党内法规学的学科建设．中国法学教育研究，2018（2）．

⑥ 欧爱民．论党内法规学的学科定位．党内法规理论研究，2020（1）．

⑦ 肖金明．法学视野下的党规学学科建设．法学论坛，2017（2）．

⑧ 刘长秋．论加强党内法规学科建设．观察与思考，2018（11）．

学科的名称，放置于政治学一级学科之下”[①]。（3）实质上作为研究方向的党内法规学。例如，有研究主张，“探索在思政学科建设的逻辑体系和研究视域中，实现党的建设二级学科体系下党内法规研究学科体系的系统构建”[②]。

第三，作为新兴交叉学科的党内法规学。“相较于其他学科而言，党内法规学是一门跨越法学、政治学、党史党建、马克思主义，以及伦理学、管理学等在内的多个学科的新学科，属于新兴交叉学科。”[③] 推动将党内法规学科纳入教育部学科目录体系范围内，“不应纠结于放在马克思主义理论、法学哪一个一级学科下面，可以考虑作为第十四个学科门类中的‘交叉学科’下的新设学科”[④]。有学者指出，目前的研究基础、研究机构等应有的实质条件已基本满足，“党内法规学应定位为新兴交叉一级学科”[⑤]。

党内法规学定位的认识差异，主要源自这样几个因素。首先，制度实践的演进和拓展是使认识呈现差异性的根本原因。从 1921 年成立至今，中国共产党走过了百余年的奋斗历程，党内法规制度建设也形成了独具特色的演进路径。党内法规学定位的认识差异，体现了人们对于党内法规制度实践中党内法规的结构与功能、党内法规与国家法律、党内法规与中国共产党制度建设等的认识异同。其次，研究者自身学科背景和知识结构是使认识呈现差异性的主要原因。党内法规学科建设主题上的研究成果，多是具有法学学科背景的研究者的思考和讨论，几乎没有中共党史党建、政治学等其他学科背景的学者的理论研究成果。围绕党

① 王立峰．打造中国特色理论话语体系的党内法规学．检察日报，2019－06－25.

② 褚尔康．基于思政学科体系的党内法规学科属性逻辑证成．晋阳学刊，2020（2）.

③ 刘长秋．党内法规研究机构应当如何发展．党内法规理论研究，2021（1）.

④ 王立峰．党内法规学科建设的定位、价值与路径：打造具有中国特色的交叉学科．党内法规理论研究，2021（1）：170－188.

⑤ 周叶中，陈若琪．关于党内法规学学科建设与理论研究的几点思考．党内法规理论研究，2021（1）：13－27.

内法规学学科定位、归属进行的讨论在起点上就具有了非平衡性特征。最后，学科建设在未来发展中所能形成的资源网络和话语影响力，是使认识呈现差异性的重要因素。当下的讨论、争论和分歧，在一定程度上也体现了对于该学科未来发展可能出现的资源聚集的积极预期。明确的党内法规学的建设路径，对于扩大研究队伍、拓宽研究领域、创新研究方法和丰富研究成果，构建学科体系、学术体系、话语体系，提升学术影响力具有重要意义。不同的观点和结论，不同的立场和倾向，甚至个体认知的前后转换，都体现出某种一致性诉求和对于未来影响力的预期。“党内法规学要成为与法学、政治学、马克思主义理论以及中共党史党建并列的一级学科，还是归入其中一门学科作为二级学科建设，这有待进一步研究。”①

（二）党内法规学的边界尚未明晰

党内法规学的知识基础主要涉及中共党史党建、政治学、法学等学科，同时还会关联到马克思主义理论、社会学、历史学等学科。党内法规学作为一门新兴学科，与这些学科在研究对象和研究内容上存在密切联系，兼具这些学科的某些性质和部分特点，这些学科的知识、逻辑和机理对党内法规学具有重要的借鉴意义。中共党史党建、政治学和法学等学科的特点各不相同，在推动党内法规学科建设的实践路径上，必然会出现立场明确、边界清晰和逻辑迥异的论证思路。也正是因为学科差异的现实，在概念阐释、理论分析和方法运用上，上述各学科都是本着各自的逻辑，从各自的维度和侧面共同推动党内法规学科建设的。

党内法规学既是回应中国特色社会主义实践中产生的新问题与新需求的产物，又是中共党史党建、政治学与法学等相关学科交叉的结果。

---

① 邓斌，郭星海．党内法规学学科建设的辩证逻辑．邵阳学院学报（社会科学版），2022（1）.

党内法规学具有自己独立的研究对象和研究内容，具有独立于这些学科的内涵和特质，既不能将其简单归入这些既有学科，也不能简单照搬套用这些学科的概念、观点和原理①。党内法规的理论研究横跨多门学科，每一门学科的知识积累、思维路径和建设模式都在某些维度上有助于党内法规学的建设和发展。中共党史党建学科在明确无产阶级政党的定位和属性、中国共产党的奋斗历程、党的领导和党的建设理论思考和实践探索等方面的学术积累，能够为党内法规学的发展构造最坚实的知识基础；政治学在对政党与国家的研究、对约束公权力的制度分析和民主发展的思考中形成的成熟的分析范式，有助于党内法规学深入讨论权力关系；从法学学科来看，法理学、宪法学、行政法学、监察法学等领域的基础知识有助于在比较中深化党内法规学的学习和理解，法学理论、法治思维和法治实践能够在遵守执行和实施，技术规范、解释方法等方面有助于党内法规学科的建设。

党内法规学的知识基础具有交叉性，不同学科在不同程度上以自己的特色和优势推动党内法规学的建设，但基础性的知识体系应该以中共党史党建学科为主要支撑。党内法规学要构造支持自身发展的知识基础、知识结构和知识逻辑，既要明确学科交叉呈现出的非平衡性所带来的优势和发展动能，也要清醒认识到此种特征所带来的挑战。

（三）党内法规学的学科基础还较为薄弱

在教育主管部门的指导性文件中，“党内法规”还是相关学科下的研究方向，尚未明确为专门的学科。虽然部分高校已经实际地推动了党内法规学的建设，在理论研究、教学招生、平台支撑、队伍建设、学术交流等方面取得了长足进展，但是与作为一门专门学科的要求相比，党内法规学的学科基础还较为薄弱。

---

① 宋功德，张文显．党内法规学．北京：高等教育出版社，2020：6.

第一，理论研究的基金项目设置、学术研究的成果发表在数量上的增长趋势明显，但在规模分布和质量上还有很大提升空间。(1) 从支持研究的基金项目设置来看，规模逐年扩大，选题覆盖面越来越广。初步检索 2006—2022 年有关党内法规研究的科研立项可以发现：2006—2021 年，国家社会科学基金批准立项的党内法规课题共 59 项，除 2006 年 1 项、2011 年 1 项、2013 年 2 项，从 2015 年开始，各年度都有此类主题的科研立项；国家自然科学基金 2018 年和 2019 年共批准 4 项关于党内法规的研究课题立项；教育部人文社会科学基金从 2013 年到 2021 年批准立项的相关课题共 30 项；中国法学会和全国党建研究会也开展了党内法规主题的委托项目和自选项目。在这些项目中，一般性项目居多，重大和重点项目较少。项目关注的主题中，现实性、政策性课题较多，基础理论性课题较少。(2) 学术论文、学位论文等成果直接体现了党内法规学的进展。党的十八大以来，党内法规主题的学术论文在广度、深度等维度上都取得显著成绩。2012—2024 年，中国知网中以"党内法规""依规治党"为篇名，检索"CSSCI"类别显示，发表论文分别有 440 篇、98 篇。中国知网中以"党内法规""依规治党"为题名，检索 2012 年至 2024 年间的硕博学位论文，分别有 233 篇和 33 篇。(3) 党内法规学术著作逐渐增多。根据中国人民大学图书馆及数据库、武汉大学图书馆、当当网、京东网等不完全统计，党内法规主题著作类出版物共 50 部；学习手册、系列丛书以及制度文本汇编约 40 部。例如，《党规之治》(宋功德，2015/2021)、《改革开放后中国共产党的执政转型（1978—2012）——基于党内法规与类法规文件的分析》(何哲，2016)、《中国共产党党内法规研究》(王振民、施新州，2016)、《党内法规与国家法律关系论》(欧爱民，2018)、《党内法规学》(宋功德，2020)、《读懂党内法规》(秦强，2022)、《党内法规概论》(秦强，2023)。此外，还有各种关于党内法规的文本汇编，例如《中央党内法规和规范性文件汇编》等。

第二，党内法规学人才队伍逐渐扩大，但总体规模与现实需要之间还存在一定的差距，梯队建设尚未成形。学科的建设和发展离不开有高度认同感和积极参与度的研究队伍。从理论研究、学术交流和教学实践的角度观察，党内法规学科的研究队伍目前主要是由以下几个方面的人员构成的。一是高校、党校和科研院所的研究者作为研究主体发挥着积极的作用。高校系统的党内法规研究者主要包括清华大学、中国人民大学、中国政法大学、武汉大学、山东大学、吉林大学、华东政法大学、西南政法大学等的研究者。党校系统的党内法规研究者主要包括中央党校（国家行政学院）和相关地方党校（例如中共上海市委党校等）的研究者。中国社会科学院、上海社会科学院等研究人员也积极参与到党内法规研究之中。二是具有丰富的实践经验的党内法规领导和工作部门的研究者。党内法规领导和工作机构的研究者在工作中积累了丰富的经验，善于在实践中推动党内法规制度建设。中办法规局公开发表的系统总结党内法规制度建设历程和基本经验的成果，具有高度的权威性，引领性和导向性强。三是党内法规研究后备人才培养。在目前的梯队中，中年学者为研究骨干，越来越多的青年学者开始积极涉足党内法规研究，研究生培养则是宝贵的潜在力量。2018 年，教育部决定在中央党校、中国社会科学院和 8 所高校开展党内法规专业方面的研究生培养试点。武汉大学、中国人民大学、中国政法大学、华东政法大学、西南政法大学、中国社会科学院大学等开展了党内法规硕士生、博士生招生培养工作，但在培养的规模和方式上都还处于探索阶段。

第三，教学培养体系建构与教材体系的特色性尝试效果显著，但一体化建设仍然需要大力推进。虽然党内法规专业的硕士、博士招生工作在逐步展开，但是党内法规的培养方案设计、课程教学设计存在显著的差异。中国人民大学、中国社会科学院大学设计了较为完善的党内法规专业培养方案，例如：中国人民大学的“党内法规研究方向博士学位研究生培养案”“党内法规研究方向硕士学位研究生培养案”“党内法规研究方向博士学位研究生（直博）培养方案”，中国社会科学院大学的“党内法规专业培养方案”等。在党内法规教学队伍和课程教学体系的建设方面，中国人民大学和中国社会科学院大学在硕士生和博士生教学中系统地开设了党内法规学、党内法规的制定与实施、领导法规制度、组织法规制度、自身建设法规制度、监督保障法规制度、党内法规研究专题、党内法规理论前沿、政党与党内法规经典文献、党规与党史专题、党的领导和党的建设专题等课程。但是其他部分高校的党内法规研究生培养，主要是依托研究中心，或者依托已有学科课程教学选修某些课程，作为共同性要求的规划设计仍然需要积极推进。作为学科基础设施的教材建设方面，2020 年，马克思主义理论研究和建设工程项目，宋功德、张文显主编的《党内法规学》（高等教育出版社）出版，该书是国内第一本党内法规统编教材，对党内法规理论研究和制度建设实践起到重要的引领和推动作用。其他例如《党内法规教程》（王勇，2019）、《党内法规学原论》（章志远，2020）、《党规原理论》（王立峰，2021）等也相继推出。

第四，党内法规学的学术共同体建设取得明显进展，但在结构上形成有机联系和增强内聚力还有提升空间。首先，党内法规研究机构在全国各地普遍成立。各类研究机构的成立是党内法规学科建设的一项基础性工程，是组织、协调和联系研究者并构建学术共同体的重要机制。“全国范围已有 27 个省区市设立党内法规研究机构或学术团体，现有党内法规研究会、研究中心等 82 个”[①]。例如清华大学法学院党内法规研

① 开辟新时代依规治党新境界：党的十八大以来党内法规制度建设成就综述．人民日报，2021－06－17（1）.

究中心、中国法学会党内法规研究中心、中央党校党章党规研究中心、上海社会科学院法学研究所党内法规研究中心、黄冈市党内法规研究中心、许昌市党内法规研究中心、云南省党内法规研究中心、四川省党内法规研究智库等。其次，常态化、持续性学术交流逐步形成稳定机制。全国的高校、研究机构、地方党委部门等围绕“党内法规”主题多次主办、合办学术研讨交流会议。这些活动包括有稳定届次的研讨会，例如“全国党内法规研究机构建设东湖论坛”“全国党内法规青年学者论坛”等；学术年会中举行的党内法规研讨活动，例如吉林省法学会党内法规研究会 2019 年年会“党的领导法规与国家治理现代化”学术研讨会等；专题性党内法规研讨会，例如清华大学举办的“新时代加强党的领导与宪法的发展”学术研讨会等；党内法规学学科建设的研讨会，例如中国社会科学院大学举办的“党内法规学科建设与理论前沿”学术研讨会、中国人民大学举办的“党内法规学：现状、挑战与前瞻”学术研讨会等。最后，学术成果发布平台与机制逐渐形成。从期刊来看，中办法规局的《党内法规研究》既提供了业务工作平台，也提供了学术成果发布平台；武汉大学的《党内法规研究》获得正式刊号，2022 年 7 月正式发行创刊号；《中国法学》《法学论坛》等法学类期刊，《中共党史研究》《党的文献》等中共党史党建类期刊，《中共中央党校（国家行政学院）学报》及《新视野》，以及《中国社会科学报》《求索》《社会主义研究》等综合性期刊都开始刊载党内法规研究成果。从报纸来看，《人民日报》《光明日报》《学习时报》，以及地方省报等也都有发表党内法规的理论性文章。党内法规研究成果的发表是近年来受到高度关注的。

（四）党内法规学的话语体系建构相对滞后

话语是观念和思想的表达，话语体系是观念体系和思想体系的外在系统化形式。不同的学科有不同的概念、范畴和原理，话语体系和表达方式也就呈现出不同的特征。党内法规学的话语体系建设应当包括核心的概念与范畴、基本的原理、内含于话语中的价值观念等。构建一套完善的党内法规学话语体系，一是要系统梳理中国共产党党内法规制度建设的历史演进，从历史变迁中吸取和总结出特定的概念和范畴；二是要深入总结党内法规制度实践，从制度的现实运转中总结和提炼出特定的范畴和理论；三是要运用辩证的思维方式，从哲学高度抽象出具有一般性、共通性的概念体系理论和原理；四是要在比较研究中，形成既反映特色又具有普遍解释力的话语和公理体系。

党内法规制度建设的实践进展并不意味着党内法规学话语体系建构与之具有同步性。作为一门新兴的学科，党内法规学的话语体系建设，一定程度上是滞后的。党内法规学的话语体系建设，涵括马克思主义理论、中共党史党建、政治学、法学等各个学科的知识、理论、材料和方法。从马克思主义理论话语体系、中共党史党建话语体系、政治学话语体系和法学话语体系中抽象和提炼出符合党内法规学的学科话语体系，无疑具有巨大的挑战性。影响这种话语体系建设的因素，既有党内法规制度创新带来的变动性与理论抽象的稳定性之间的张力问题，也有党内法规学的核心范畴与概念何以具备普遍解释力的问题。构建党内法规学的话语体系，仅仅立足于已有社会科学领域的概念具有明显的局限性，超越既有模式发展既具有特殊性又具有一般性的分析概念需要付出极大的努力。话语体系建构是一个经验总结的过程、抽象思维的过程和学术积累的过程，而这个过程是长期的。

三、党内法规学前瞻：转变、体系与平衡

党内法规学是一门新兴的、基于多元学科知识基础的专门学科，是人们认识中国共产党党内法规制度建设的重要维度，是推动中国共产党管党治党、全面从严治党的重要路径。党内法规学的建设和发展水平反

映了实践进展、文献积累、理论思考和科学方法的发展程度，积极推动党内法规学的建设和发展已经成为各个方面的共识。但是，党内法规学建设依然任重道远。当然，挑战本身恰恰为发展提供了更充分的空间和机会。

（一）实现从“研究方向”到“独立学科”的转变

根据 2018 年国务院学位委员会印发的通知，“党内法规”只是有条件的高校在法学、政治学和马克思主义理论三个一级学科下自主设置的“研究方向”。一方面，表明了国家对党内法规学科建设的重视，同时也为党内法规学的建设和发展预留了充分的探索空间，有利于党内法规学的生长。另一方面，也可以认为党内法规学作为一门独立学科尚未得到明确肯定，这种模糊性的结果就是任何一个相关学科可能都不会将其作为建设的重点而投入物力、财力和精力。2022 年“纪检监察学”和“中共党史党建学”两个一级学科的设立，则使党内法规学的建设面临着更大的挑战。首先，在“纪检监察学”已经明确的四个二级学科中，只有“党的纪律学”与党内法规学存在部分关联性，无法体现党内法规学的完整内容；其次，在“中共党史党建学”学科建设中，设置哪些二级学科目前尚未明确。中国学位与研究生教育学会官网公布的《研究生教育学科专业简介及其学位基本要求（试行版）》在“法学”一级学科下明确列出来“党内法规学”，学科独立性迈出重要一步。

党内法规学与时代和实践具有高度的关联性，积极推动独立学科设立，才能够发挥党内法规学对实践、理论和学术的正向的作用。从实践角度看，党内法规学建设，能够系统梳理中国共产党党内法规制度建设的历史脉络、制度文献和实践经验，能够深入探讨党内法规制度建设现象背后的深层逻辑，能够形成方向性的政策。从理论角度看，党内法规学建设，能够积极推进中国共产党的理论创新，能够从制度维度丰富和发展马克思主义中国化的理论内涵。从学术角度看，“事实描述”、“因果解释”和“理论建构”是该学科学术思维的基本逻辑。在中国共产党依法治国和依规治党的实践中，党内法规学有三种基本功能：描述、解释和指导。描述功能，主要是指党内法规学关于中国共产党党内法规制度建设现象即发生了什么的梳理和描绘，在描述中重点突出相似性或差异性。解释功能，即解释不同历史时期的党内法规、不同类型的党内法规存在相似性与差异性的原因。例如解释为什么《中国共产党纪律处分条例》在不同时空条件下执行或实施效果存在显著差异。指导功能，即党内法规学能够给中国共产党的领导、建设，以及中国共产党的治国理政提供理论上的指导与政策方面的建议。相比较来说，描述功能是基础性功能，解释功能体现创造性，而指导功能则指向现实性。严格的科学思维锻炼和规范的分析方法应用，是党内法规学保持活力和潜力的重要条件。

（二）推动学科体系、学术体系和话语体系的一体建设

马克思曾深刻指出：“主要的困难不是答案，而是问题。”“问题就是时代的口号，是它表现自己精神状态的最实际的呼声。”① 现实生活产生了对于党内法规现象和内在规律研究的理论需求，这种需求就会在理论思维上形成初步的结构，进而发展出关于该领域的基本概念、核心概念、基本原理、理论体系和研究方法。党内法规学的独立和成熟很大程度上取决于其学科体系、学术体系和话语体系建设的提升与完善。

1. 推动党内法规学的学科体系更加完备

从总体上讲，我国哲学社会科学学科体系建设要形成“基础学科健全扎实、重点学科优势突出、新兴学科和交叉学科创新发展、冷门学科代有传承、基础研究和应用研究相辅相成、学术研究和成果应用相互促

---

① 马克思，恩格斯．马克思恩格斯全集：第40卷．北京：人民出版社，1982：289－290.

进”[①] 的基本格局。具体门类的学科自当形成自己的体系，独立的党内法规学应当由“党内法规学原理”、“党内法规制度史”、“党内法规制度体系”、“党内法规实务”、“比较政党法规”和“方法论”六大板块构成完备的体系。在“党内法规学原理”方面，主要是形成该学科的基本原则和核心理论，重点关注和研究核心概念、基本范畴、基本原理、公理体系；在“党内法规制度史”方面，重在系统梳理中国共产党自成立以来的制度演进、思想历程及其内在逻辑，其中包括中国共产党党内法规历史“文本”的收集、整理和研究，关于党内法规制度建设的思想演进历程的研究，关于党内法规所规范的组织发展史和个体活动史的研究；在“党内法规制度体系”方面，主要是构建党章学、各部门法规（如党的组织法规、领导法规、自身建设法规和监督保障法规），以及制定体系、执行和实施体系、监督体系等；在“党内法规实务”方面，主要关注党内法规的制定、实施和评估等技术性要件，重点关注党内法规的应用和实操；在“比较政党法规”方面，应该坚持比较的方法，开展不同国家政党内部规章制度的比较研究，解释不同国家的政党在维持自身存在合理性、合法性，保持自身掌握政治的能力等方面的相似性和差异性，同时分析背后的因果机制；在“方法论”方面，重在形成体系化研究路径，即在坚持辩证唯物主义和历史唯物主义方法论的基础上，形成以阶级分析理论、制度理论、系统理论、治理理论等中层理论为支撑，以调查问卷、田野调查、访谈、口述史等定量、定性研究为技术的方法论结构，使党内法规学科的研究建立在科学的思维方式和规范的研究路径基础之上。当然，任何一种研究方法所达到的深刻，都只能是“片面的深刻”。当我们采用某一种方法对政治现象、党内法规制度现象做研究时，仅仅提供了某种观察、分析和思考。

---

① 习近平．习近平谈治国理政：第 2 卷．北京：外文出版社，2017：345.

2. 实现党内法规学的学术体系创新发展

学术体系建设重点在于能否建设体现主体性和原创性的知识结构。党内法规是由政党、政治与法的三重属性所规定的规范性结构，党内法规学建设需要建构基于中共党史党建、政治学与法学等学科的概念范畴和知识体系。从基本概念和范畴来看，党内法规学应该从“党规党法”“党内法规”“规范性文件”“党内法规制度”“党的规矩”“党的纪律”“党的政策”等既有术语、短语的表达与实践探索的对比中，抽象概括出具有一般解释力的基本范畴。从党内法规制度体系来看，党内法规学要处理中国特色社会主义法治体系下“党内法规体系”与国家法律体系之间的关系。二者都涉及权力与权利、权利与义务，但内在逻辑需要理清。从比较视角来看，党内法规学建设应该充分借鉴人类政党政治文明的有益成果，形成既体现共通性又体现多样性的知识结构。虽然党内法规学的建设刚刚起步，但是并不意味着没有学术门槛。理解党内法规学、建构党内法规学，首要的和最为基础的就是具备中共党史的基础性知识、党的建设的总体性知识、中国政治制度知识；需要深化的理论结构，例如政治学和法学的理论训练，既要了解宏观理论，也要掌握中层理论。宪法理论、国家理论、政党理论、制度理论、治理理论、比较政党理论等都是党内法规学进一步拓展发展空间的知识基础。夯实党内法规学的知识结构，不能因为某个学科的优势而遮蔽其他学科的作用。

3. 形成具有解释力和传播力的话语体系

话语体系是知识体系和思想理论体系的外在表达。知识、思想和理论是本质与内容，语言、概念和判断是载体与符号。党内法规学的话语体系包括实践话语、理论话语和学术话语三种类型。实践话语源自中国共产党党内法规制度建设的实践，生动、形象、易理解，例如“红红脸、出出汗”“咬耳扯袖”“党纪严于国法”“纪在法前、纪严于法”等；理论话语是党内法规制度建设的政策表达，具有正式性、规范性，例如

“党的领导”“党的建设”“党内法规体系”“政治纪律”“政治规矩”等；学术话语是基于党内法规实践而抽象概括出来的具有普遍解释力的概念和范畴，重在生产知识和推动理论创新，例如“党内法规”“权利”“参与”“民主”“权威性”“执行力”“组织力”“备案审查”“效力位阶”“法规解释”等。目前在部分研究文献中，三种类型话语存在混合使用的现象。推动党内法规学话语体系建设，需要下力气提炼出具有标识性和解释力的概念与范畴。

4. 构建党内法规学的保障机制

《中共中央关于加强党内法规制度建设的意见》提出了“成立全国党内法规研究会”、“增加党内法规研究项目”、“实施党内法规理论研究人才支持计划”和“抓紧在相关学科设置党内法规研究方向”[①] 等一系列有利于加强党内法规研究的举措。相关高校和研究机构在推动保障机制建设方面也取得了显著成效。党内法规学建设的体制机制保障分为两个方面。首先，最重要的组织体系，一是高校的教研单位、研究机构的建设，二是研究成果出版和发表的平台建设，三是运用大数据技术构建资源共享的信息化平台。其次，最关键的运作机制，一是创新科研经费分配、资助、管理体制，加大科研投入，提高经费使用效率；二是互联网时代作为交流机制的学术共同体建设；三是建立科学权威、公开透明的评价体系，在竞争中推动学术发展。

（三）在保持平衡中促进发展

1. 保持科学性与现实性的平衡

党内法规学是一门新兴的专门学科，自当遵循社会科学研究的基本逻辑。从其科学性上来讲，在知识基础方面，注重实现原理性知识、历

---

① 中共中央党史和文献研究院．十八大以来重要文献选编：下．北京：中央文献出版社，2018：515.

史性知识、实务性知识的有机统一；在概念体系方面，应当形成基础概念、核心概念、辅助型概念和创新型概念相互支持的框架；在理论结构方面，应当在宏观理论、中观理论和微观理论之间寻求平衡；在解释范式方面，中共党史党建、法学、政治学不同的分析范式应该从不同维度深化对于党内法规的解释。从其现实性上来讲，党内法规学与中国共产党的自我治理有着密切的关系。党内法规学必须时刻关注和研究当下具体的制度规范、政策文件、观念认知和经验资源。"没有明显的理由证明经验的或科学的取向本质上与规范的取向是不相合的。它们能够相互取长补短。不了解经验取向的分析提供的事实，政治哲学容易变得不切题，甚至愚蠢。不关心政治哲学家（无论是古人还是今人）提出的若干基本问题，经验分析就会有退化到钻牛角尖的危险。"① 保持科学性，不可回避现实性，关注现实性，不可忘记科学性。

2. 保持理论性与政策性的平衡

党内法规学的理论探讨，既包括本体论和价值观念等哲学层次的抽象研究，也包括涉及基本概念、原理、制度功能、程序等制度体系的理论探讨，还包括对于党内法规制度的规划、制定、实施、评估等政策现实的研究。把握理论性，重在运用规范的方法、充分的论据，进行符合逻辑的分析和判断。把握政策性，重在导向性，学科建设应当服务于中国共产党的自我治理和治国理政。"没有学术的繁荣，就很难有实务的理性。不可能以学理之昏昏带来实践之昭昭，不可能以学理之贫血成就实践之强壮。"② 好的理论研究能够为政策提供坚实的支持，而明确的政策现实，能够为理论研究提供丰富的研究资源。

3. 保持独立性与开放性的平衡

新兴学科的发展，要保持独立性，这就意味着有明确的学科意识、

---

① 达尔．现代政治分析．王沪宁，陈峰，译．上海：上海译文出版社，1987：181.

② 宋功德．党规之治．北京：法律出版社，2015：403.

积极的态度和扎实的努力；而要保持开放性，则意味着不管是作为独立的一级学科，还是作为某个学科下的二级学科，党内法规学的建设应包括各种可能性建构路径。中共党史党建学科还综合体现了马克思主义理论、政治学、历史学等多学科的优势，既可以满足独立性要求，又具备开放性条件。可以充分依托中共党史党建一级学科大力推动党内法规学的教学、研究与交流。同时，正确处理好组织化推动与个体化创造之间的关系、规划式布局与内生性成长之间的关系，鼓励和支持各相关学科结合自身特点实际地多维度地推动党内法规学科的发展。

4. 保持本土性与国际性的平衡

政党政治是现代政治文明的重要组成部分。世界各国政党模式相比较而存在，相竞争而发展，共同推动人类政治文明的发展。不同的政党体制，各政党内部不同的制度建设路径，都是观察、思考和借鉴的重要资源。保持党内法规学科建设的本土性，即从中国出发，从中国的经验现实中生发出符合时代和实践的学科。理解中国，不能仅仅依靠移植西方的术语，它是一种与众不同的生命体。中国政治必须根据其内部的发展和变化来理解。保持国际性，即从世界看中国，借助比较研究，把握国际研究的前沿问题，在比较中推进党内法规学科建设。“哲学社会科学的特色、风格、气派，是发展到一定阶段的产物，是成熟的标志，是实力的象征，也是自信的体现。”① 保持国际性，既是学习和借鉴，也是交流和传播。

理论和实践的双重需要迫切要求推动党内法规学科建设。考虑党内法规制度背后的政党逻辑、政治逻辑、法律逻辑、社会逻辑和观念逻辑，党内法规学建设应当纳入中共党史党建学科，综合考虑相关学科因素，形成多向度多维度的发展路径。党内法规学科建设应当在密切关注

---

① 习近平．在哲学社会科学工作座谈会上的讲话．人民日报，2016-05-19（2）.

现实法规制度的同时，保持与既有制度的时空距离，通过知识积累和理论建构推动自身发展。党内法规学科建设体现了研究者与实践之间的知识生产与再生产过程。缺乏竞争性的知识产出，可能会出现信息堆积或者表面化知识；缺乏深入思考而过于仓促性的成果发布，可能会导致知识谬误或低水平重复。党内法规学科建设应当遵循哲学社会科学日臻成熟的专业化标准，守护理论思考和学术研究的专业性。

后　记

全面从严治党，是中国共产党把握历史方位，适应时代主题，以强烈的历史自觉和历史主动所做出的战略部署。全面从严治党，体现了马克思主义建党学说的理论品质、无产阶级政党政治实践的内在要求、政党治理竞争性模式的超越性价值。

中国特色社会主义进入新时代，我们面临的各种挑战是复杂的。从政党内部治理来看，党内存在的思想不纯、组织不纯、作风不纯等突出问题尚未得到根本解决；从政党与国家的关系来看，党面临的执政考验、改革开放考验、市场经济考验、外部环境考验是长期的和复杂的，党面临的精神懈怠危险、能力不足危险、脱离群众危险、消极腐败危险是尖锐的和严峻的。影响党的先进性、弱化党的纯洁性的因素是多重的、多层的、多维的。“打铁必须自身硬”，坚持问题导向，保持战略定力，推动全面从严治党向纵深发展，是中国共产党永葆生机活力、清醒应对各种挑战、走好新的赶考之路的必然选择。

全面从严治党，是坚守党的初心使命的本质要求。中国共产党是为中国人民谋幸福、为中华民族谋复兴的党，代表着中国最广大人民的根本利益。这就决定了它能够以彻底的自我革命精神检视自身、直面矛盾问题，自觉以全面从严治党凝聚党心民心。全面从严治党，是巩固党的长期执政地位的必然选择。不断增强忧患意识，居安思危，时刻保持解决大党独有难题的清醒和坚定，才能够把全面从严治党向纵深推进，确保党和国家长治久安。全面从严治党，是实现中华民族伟大复兴的根本保障。在实现第二个百年奋斗目标、中华民族伟大复兴的新征程上，必须把党建设好建设强，永葆党的先进性、纯洁性和强大生命力。

全面从严治党，首先是一种理念、认知和观念。而观念的东西要变成现实，必然需要具体的制度载体。治国必先治党，治党务必从严，从严必依法度。这个“法度”主要就是中国共产党的党内法规制度。全面从严治党，不管是思想从严、管党从严、执纪从严、治吏从严，还是作风从严、反腐从严，最终都需要落实到制度建设上，落实到党内法规制度建设上，因为制度能够确立目标要求、明确行为框架、激发创造动能、增强稳定预期。

制度确立目标要求，全面从严治党有方向。中国共产党是无产阶级政党，是中国工人阶级的先锋队，同时是中国人民和中华民族的先锋队。中国共产党的党内法规制度，不同时期、不同阶段的制度性规定，都旗帜鲜明地提出奋斗目标，提出纪律要求，提出党纪准绳。全面从严治党，就是要通过制度建构，锻造一个始终走在时代前列、得到人民衷心拥护、勇于自我革命、经得起各种风浪考验、朝气蓬勃的马克思主义执政党。

制度明确行为框架，全面从严治党有规范。制度是观念、行为和经验的规则化。制度是一种规范、一种约束。党内法规制度是一套有机构成的规则体系，是具体的、明确的、普遍的规范，因为有了这些规范，政党组织的活动、政党成员的行为才能够具有明确的边界，偏离、扭曲、肆意行为才能够得到矫正。增强党内法规权威性和执行力，不断提升全党的纪律意识、规矩意识、法治意识，必须不断扎紧扎牢制度的笼子，将权力关进制度的笼子里，在法规制度形塑的框架内深入推动全面从严治党的实践进程。

制度激发创造动能，全面从严治党有活力。制度是一种激励、一种预期。制度是为了巩固党而不是削弱党的。良善的制度规则，能够明确目标、利益结构、行为规范和激励机制，从而能够在激发活力中创造价值和秩序。对话语表达正确性要求越高，敢说话、说真话的人可能就会越少；对行为和实践正确性要求越高，敢做事、做成事的人可能就会越少。制度是对正轨、常态、规范行为的支持和激励。全面从严治党不是要把人管死，让人瞻前顾后、畏首畏尾，搞成暮气沉沉、无所作为的一潭死水，而是要营造积极健康、干事创业的政治生态和良好环境。强化责任约束的同时鼓励创新、宽容失误。

制度增强稳定预期，全面从严治党有信心。全面从严治党，既是应对政党治理面临的严峻挑战的战略部署，也是更好健全政党与国家关系、政党治理与国家治理关系的有力举措。全面从严治党，目的是推动政党建设更加现代、更加科学、更加有效。以高水平的政党治理体系和治理能力引领经济发展、推动社会进步、实现国家繁荣富强。制度具备规约和激励双重功能，在以中国式现代化推动实现中华民族伟大复兴的目标下，制度的价值在于约束权力越界、激发创新动能、体现发展预期。

从党内法规的视角探讨全面从严治党这个主题，既是理论思考回应实践课题的需要，也为理论自身的发展开辟了新的空间。研究党内法规，进而研究党内法规对于党的建设新的伟大工程、全面从严治党、自我革命等问题的价值，是时代和实践提出的问题。研究党内法规，进而研究党内法规的基本范畴、知识结构、重大问题和研究范式，也是党内法规学建设，进而也是“中共党史党建学”一级学科建设的现实需要。

“全面从严治党与党内法规制度建设”是“四个一批”人才项目的自选研究课题。由于工作的变动，对这一课题的研究始终未能系统地、深入地开展起来。目前的成果也只是初步的尝试和探索。尝试是开端，虽然并不完善，但对这个主题的关注和研究不会停止，希望后续关于党内法规学基础、中国共产党党内法规制度史、党内法规制度体系建构的教学与研究，能够有新的突破、新的拓展。《全面从严治党与党内法规制度建设》的顺利出版，要感谢郭晓明先生、牛晋芳女士、潘慧凡女士等不辞辛苦的工作。初入中共党史党建学科，文字难免存在不足和瑕疵，望学界同人多多批评指正。

陈家刚

2024 年 2 月 10 日于北京

图书在版编目（CIP）数据

全面从严治党与党内法规制度建设 / 陈家刚著. --
北京：中国人民大学出版社，2024.6
（党的自我革命与纪检监察研究丛书）
ISBN 978-7-300-32809-6

Ⅰ.①全… Ⅱ.①陈… Ⅲ.①中国共产党-党的建设
-研究②中国共产党-党的纪律-法规-研究 Ⅳ.
①D26

中国国家版本馆 CIP 数据核字（2024）第 094020 号

党的自我革命与纪检监察研究丛书
全面从严治党与党内法规制度建设
陈家刚　著
Quanmian Congyan Zhidang yu Dangnei Fagui Zhidu Jianshe

出版发行	中国人民大学出版社		
社　　址	北京中关村大街 31 号	**邮政编码**	100080
电　　话	010－62511242（总编室）		010－62511770（质管部）
	010－82501766（邮购部）		010－62514148（门市部）
	010－62515195（发行公司）		010－62515275（盗版举报）
网　　址	http://www.crup.com.cn		
经　　销	新华书店		
印　　刷	北京昌联印刷有限公司		
开　　本	720 mm×1000 mm　1/16	**版　　次**	2024 年 6 月第 1 版
印　　张	17.75 插页 1	**印　　次**	2025 年 6 月第 3 次印刷
字　　数	227 000	**定　　价**	68.00 元